격이 다른 세일즈
그들은 다르게 판다

격이 다른 세일즈
그들은 다르게 판다

박주민 지음

DIFFERENT LEVEL DIFFERENT SALES

pazit

프롤로그

격이 다른 세일즈

이 책은 고객의 비즈니스 파트너로서 진정한 가치를 창출하는 지속 가능한 세일즈 패러다임을 지향한다. 본문에서 자세히 다루겠지만 팬데믹 이후 급격하게 AI 시대로 접어든 지금의 고객들은 자사의 비즈니스는 물론 회사 내 개별 구매 영향력자들의 개인적 성취self-interest를 충족시켜 줄 수 있는 인접된 지식adjacent knowledge을 갖춘 영업자를 원하고 있다. 달리 말해, 구매하고자 하는 제품과 서비스는 기본이고 그것들과 연계된 세일즈 너머의 주변부 지식과 경계를 넘나드는 통찰까지 갖춘 영업자에게 의존하는 경향이 커진 것이다. 이에 대처하기 위해선 격이 다른 세일즈로 다르게 팔아야 한다.

그들은 다르게 판다

'격이 다른 세일즈로 다르게 판다'는 것은 영업자가 시장과 고객에 대해 시종일관 '다르게 바라보고, 폭넓게 학습하고, 정밀하게 실행하는 것'을 의미한다. 이를 위해 제일 먼저 기존의 영업사원sales associate(이하 A)이라는 틀에서 벗어나 신뢰할 만한 사업 조언자trusted business advisor로서의 영업대표sales representative(이하 B)로 다시금 거듭날 필요가 있다. A가 판매라는 제한된 틀 속에서 단기적 성과에 집중하는 느낌이 짙다면 B는 장기적이고도 전략적인 사업적 릴레이션십을 위해 고객사 사업 전반에 깊이 있게 관여하는 독립 사업자 또는 스타트업 경영자의 모습에 가깝다. 기능적으로는 전략 영업 컨설턴트 또는 전략 영업 마케터로 지칭될 수 있다.

AI 시대에서도 대체되기 힘든 직업

AI 시대에서도 대체되기 힘든 직업으로 B가 언급되는데 그 이유는 다음과 같다.

첫째, B2B 영업으로 불리는 복합판매의 구조적 특성이다. 개별 기업고객의 데이터는 산업별·규모별로 파편화되어 있고 유동적이어서 표준화가 어렵다.

둘째, 암묵지tacit knowledge 역량의 중요성이다. 고객 접점에서 잘 드러나지 않은 고객의 문제를 포착하고, 고객의 고유한 맥락 속에서 이를 해석하며 해결책을 제시하는 능력이 핵심이다.

셋째, 형식지explicit knowledge와 암묵지의 조화다. 다양한 구매 영향력자들로부터 얻은 데이터 기반의 인사이트를 현장의 경험적 지식과 결합하여 전략을 수립하고 실행하는 창의적·통합적 역량이 필요하다.

이러한 복합판매 역량의 대부분은 AI가 제대로 따라하기 어려운 인간 고유의 영역으로 이 책이 추구하는 새로운 지향점이라고도 말할 수 있다.

이 책의 목표와 구성

이 책의 목표는 영업자가 A의 역할을 포함, B로서의 역량을 갖추어 격이 다른 세일즈를 할 수 있도록 돕는 데 있다. 아직까지는 A, B 두 개의 기능 모두 중요하고 필요하다. 하지만 시간이 흐를수록 AI 시대에서도 생존 가능성이 높은—전략 기획 역량을 중시하는—B의 역할이 매우 빠르게 중요해지고 있다. 그러므로 '바로 활용 가능한 실전 영업 테크닉' 같은 내용을 기대한다면 이 책이 적합하지 않을 수 있다. 참고로, 그러한 기대들은 이미 전작들을 통해 상당한 부분들을 해소해 드린 바 있다.

1부 관점 편에서는 '다르게 바라보기'를 돕는다. 이를 위해 고객의 마음을 움직이는 원리부터 성과를 실행하는 전략, 그리고 리더십을 통한 조직의 혁신까지 최근 변화하고 있는 구매 환경과 고객이 구매를 일으키는 근본적인 작용 원리를 바탕으로 영업자가 이전과는 다른 관점을 갖출 수 있도록 안내한다.

2부 통찰 편에서는 '폭넓게 학습하기'를 돕는다. 이를 위해 내실과 성찰을 통한 성장, 지속 가능한 커리어 개발, 미래를 선도하는 사고력의 향상까지 세일즈에 필요한 지식과 경험에 더해 세일즈의 경계를 넘나드는 다양한 영역들을 다룸으로써 영업자가 학습 기반의 통찰력을 기를 수 있도록 안내한다.

3부 전략 편에서는 '정밀하게 실행하기'를 돕는다. 이를 위해 복합 판매complex sale의 개념과 실행 방법을 산업별 시나리오와 함께 입체적으로 다룬다. 이를 통해 고객과 상호 원원하는 장기 거래의 핵심을 이해하게 되며 영업자가 이에 필요한 전략적 판매 프로세스를 수립할 수 있도록 안내한다.

이 책이 나오기까지

이 책은 최근 몇 년간 기업 교육 현장에서 핵심 메시지를 포함, SNS, 블로그, 유튜브, 사보, 뉴스 매체 등에 게재하고 기고한 글과 영상들을 분류하고 엮은 것이다. 특별히 3부에서는 책을 집필한 이후 처음으로 유튜브에 업로드한 영상들을 AI 기반의 언어 모델 LLM들에게 학습시킨 다음 공동으로 집필 작업을 해보았다. 그런데 역시 AI는 사용자의 주도적이고도 탄탄한 학습이 전제되었을 때에만 유의미한 도움을 받을 수 있다는 AI 리터러시의 본질을 깨달을 수 있었다. 덕분에 더 공부가 되었고 호기심까지 채울 수 있었다.

차례

프롤로그 — 5

1부
관점: 세일즈의 본질을 꿰뚫다

PART 1 고객의 마음을 움직여라   19

고객은 자신에 대한 이해가 깊은 사람을 선호한다   19
1. 고객이 당신을 지속적으로 찾게 하려면 ①   19
2. 고객이 당신을 지속적으로 찾게 하려면 ②   22
3. 고객은 현실과 원하는 성과 사이의 불일치를 인식했을 때에만 구매한다 ①   26
4. 고객은 현실과 원하는 성과 사이의 불일치를 인식했을 때에만 구매한다 ②   30

고객은 디테일이 있는 사람에게 이끌린다   34
1. 고성과자들의 차별화된 고객 접근법   34
2. 고객을 잘 설득하고 싶다면   36

3	고객을 내편으로 만드는 조언 구하기	40
4	점점 더 까다롭고 다양해지는 고객의 요구 대처법	42

고객은 성취를 제공하는 사람을 선택한다   46

1	고객을 잘 안다고 생각하는 착각	46
2	당신의 고객은 더 이상 많은 정보를 원하지 않는다	48
3	세일즈에서는 역지사지를 주의하라!	51

PART 2   성과를 실행하라   52

세일즈 성과는 약속잡기에서 시작된다   52

1	모든 세일즈의 진정한 시작은 약속잡기다(사보 기고문)	52
2	콜드콜이 MZ 세대 영업대표들에게도 중요한 이유	59
3	콜드콜 시 알아두면 유용한 스킬	63

전략 없는 시도는 헛발질이다   65

1	세일즈는 운이나 들이대기로 하는 것이 아니다	65
2	영업에서 말하는 전략이란?	67
3	좋은 전략과 좋은 전술의 조화	70

고객은 가격이 아닌 가치를 산다   73

1	당신의 세일즈를 차별화하라	73
2	우리 제품이 너무 비쌉니다, 어떻게 팔 수 있을까요?	76
3	관건은 지불할 만한 가치를 보여주는 것	78
4	영업의 막힌 혈을 뚫는 법	80
5	관계 영업에 대한 오해	84
6	B2B 영업 교육의 오해와 진실	85

PART 3 리더십으로 조직을 혁신하라 　　　　　　　　90

강한 영업 조직은 설계부터 다르다 　　　　　　　　90
1. 영업 조직의 전문화는 어떻게 구축되는가? 　　　90
2. 성과 나는, 이기는 영업 조직 만들기 　　　　　　93

고객 중심의 리더가 회사의 중심이다 　　　　　　　97
1. 경영 리더십의 축소판이 세일즈 리더십이다 　　97
2. 리더십의 원천 　　　　　　　　　　　　　　　98
3. 영업 인력들의 애로사항 　　　　　　　　　　　99

경쟁 우위는 인재 발굴로 지속된다 　　　　　　　102
1. 어떤 직원을 영업부서에 배치하면 좋을까? ① 　102
2. 어떤 직원을 영업부서에 배치하면 좋을까? ② 　104
3. 경쟁 우위 　　　　　　　　　　　　　　　　107

2부
통찰: 삶의 다양한 영역에서 탁월함을 추구한다

PART 1 내실과 성찰로 성장하라 　　　　　　　　111

결국 실력이 성장을 이끈다 　　　　　　　　　　111
1. 대기업 경력의 취약점 　　　　　　　　　　　111
2. 멈춤^{pause} 속에 실력과 성장이 있다 　　　　　114

3	진실을 파악하는 두 가지 전략	116
4	당신의 일을 보다 창의적으로 잘 해내고 싶다면	118
5	숙달에 이르는 보편적 원리	121

태도가 실력을 빛나게 한다 125

1	탁월함과 직업정신	125
2	프로가 착한 것이다	127
3	더하지 말고 빼라	129
4	변치 않는 가치로 변하는 것들에 대응하라	130
5	명함을 보지 말고 역할과 태도를 보라	132

자기주도 학습에서 명민함이 나온다 135

1	가수 소향에게서 발견한 학습 마인드 셋	135
2	감정 조절 역량 끌어올리기	137
3	머리 좋고 똑똑한 사람들에 대한 오해	140
4	강의나 발표를 잘하려면 어떻게 해야 할까?	143
5	사실과 인식을 구분하지 못하면 인생이 피곤해진다	147

`PART 2` 커리어를 개발하고 지속하라 153

커리어는 본원적 역량을 개발하는 것이다 153

1	AI 시대, 지속 가능한 커리어 역량은 어디서 만들어지고 어떻게 구축되는가?	153
2	내 급여는 누가 주는가?	157
3	핵심 역량에 대하여	161
4	고효율 고성과의 비결	163
5	을이 갑이 될 수 있는 조건	166

차별화된 커리어 속에 고유한 내가 만들어진다   169

1. 최상의 가치를 추구해야만 하는 이유   169
2. 워라벨은 틀렸다, 일에서 행복감을 누리려면   171
3. 왜 당신은 히든 챔피언이 되어야 하는가?   177
4. 큰물에서도 놀아봐야 한다   181
5. 하수 vs. 고수   182

진짜 커리어가 두려움 없는 전진을 가능케 한다   185

1. 솔.까.말 리더십에 대하여   185
2. 당신의 진짜 실력은 퇴직 후 홀로 섰을 때 밝혀진다   187
3. 직장 이·전직 vs. 개인 사업: 무엇을 먼저 고려해야 할까?   191
4. 변화하는 시대, 교수자에게 요구되는 전달 능력이란?   196
5. 두려움을 물리치고 역경을 돌파하는 법   198

PART 3 미래를 선도하는 사고력을 키워라   202

경쟁력은 폭넓은 시장 학습을 통해 강화된다   202

1. Samsung series ①:
   고객가치의 실현은 어떻게 이루어지는가?   202
2. Samsung series ②:
   혁신적 딜레마에 빠진 삼성 반도체의 위기   205
3. Samsung series ③:
   무언가를 제대로 안다는 것은 매우 어려운 일   208
4. 파타고니아처럼 하면 모두가 성공할 수 있을까?   212

탁월한 전략은 결국 우수한 인간의 통찰로 완성된다   215
1. 궁극의 경쟁 전략은 경쟁하지 않는 것   215
2. 어쩌면 리더십보다 조치십   217
3. AI 활용 중간 점검, 새삼 드는 생각들   219
4. 연구 사례와 도구는 얼마나 도움이 될까?   221

다수와 다른 사고에서 남다른 경쟁력이 길러진다   224
1. 진정한 전문가란?   224
2. 글쓰는 능력, 책쓰는 능력, 콘텐츠를 생산하는 능력   226
3. 일을 즐기면서 할 수 있을까?   228
4. 이제 바쁜 것을 미덕으로 바라보는 관점은 과거로 보내주자   230

3부
전략: 정밀한 복합판매 프로세스를 수행한다

1. 성공적인 세일즈를 위한 내재적 접근법   237
2. B2B 세일즈의 본질과 성공을 향한 생명줄   241
3. 전략적 판매의 실질적인 목표   244
4. 복합판매 수행 역량 이해 돕기   246
5. 선행학습: 산업별 복합판매 시나리오   248
6. 전투에서는 이기고 정작 전쟁에서는 패하는 판매   296
7. 복합판매 성공의 첫 번째 열쇠   300
8. 위기 감지 능력이 있어야 기회를 만들어낼 수 있다   304

9	성과는 시작일 뿐, 성취가 거래를 완성한다	308
10	전략적 파트너십을 위한 숨은 조력자를 찾아라	313

에필로그 | AI 시대, 대체되지 않는 영업의 조건 — **317**

1부

관점

세일즈의 본질을 꿰뚫다

다 르 게 바 라 보 기

PART 1
고객의 마음을 움직여라

고객은 자신에 대한 이해가 깊은 사람을 선호한다

1 고객이 당신을 지속적으로 찾게 하려면 ①

최근 미국에서 맥킨지의 대항마로 떠오르고 있는 경영 컨설팅 기업 코른 패리는 2023년 전 세계 600명의 영업 전문가들을 대상으로 영업 환경에 대한 설문 조사를 실시한 바 있다. 조사에 의하면 팬데믹 이후 고객들의 구매 패턴에 변화가 일어났는데 지금 고객들은 FOMO(fear of missing out)(놓치는 것에 대한 두려움)보다 FOMU(fear of messing up)(실패에 대한 두려움)를 더욱 경계한다는 것이다. 이것은 고객들이 구매 결정에 대해 이전보다 더욱 보수적으로 변모하고 신중해졌다는 것을 의미하는 것으로 여기에는 위협과 기회가 동시에 존재한다.

먼저, 위협 요인은 이전보다 고객의 구매 주기가 느려졌다는 것으로, 예전 같으면 1달 안에 구매할 것을 3달 혹은 그 이후까지 미루는 경향이 두드러졌다는 것이다. 당연히 세일즈를 하는 공급자 입장에서는 결코 달가운 소식이 아닌데, 아무래도 전 세계적으로 불어닥친 고금리, 고물가에 따른 설비 투자 등의 부담감 등이 크게 작용한 것으로 볼 수 있다. 다음은 기회 요인으로 영업자가 고객에게 특별한 포지션을 보여주었을 경우 고객은 영업자를 더욱 신뢰하게 되고 더 큰 구매를 할 가능성이 높아졌다고 한다.

그렇다면 그 특별한 포지션이란 건 과연 무엇일까? 이제는 영업자가 가치 있는 지식을 공유하는 지식 공유자가 되어야 하고, 그중에서도 인접한 지식(adjacent knowledge)에 밝아야 한다고 한다. 이해를 돕기 위해 개인적인 사례를 하나 들어보겠다. 한때 나는 로스터리 카페를 운영한 적이 있었다. 당시 바리스타이자 커피 빈을 직접 볶는 로스터이기도 했는데, 로스터기 구매를 고려하고 있을 무렵 여러 로스터기 판매업자가 우리 가게를 찾아왔다. 그런데 최종적으로 구매한 로스터기는 다소 사용하기 어려운 반자동식의 국산 제품이었다.

무슨 이유였을까? 국산 제품 영업자가 근본적이고도 개인적인 욕구를 잘 이해하고 충족시켜 주었기 때문이다. 당시의 구매 우선순위 항목은 매력적인 가격이나 눈으로 보기에 스팩만 우수한 제품이 아니었다. 어떻게 하면 각 나라별 빈의 특성에 맞는 최적화된 커피 맛을 재현할 수 있을까 하는 것이 근본적인 관심사였다. 사실, 당시의 로스터기 판매업자들은 제품이나 가격, A/S와 같은 기본적인 지식만 있어도 판매에 별 문제가 없었다.

그런데 여러 외산 제품 영업자와 달리 국산 제품 영업자는 커피 빈에 대한 실로 놀라울 정도의 지식을 보유하고 있었고 매우 전문적이었다. 커피 빈은 수분 밀도가 매우 중요하다. 같은 품종이라도 수입되어 들어오는 커피 백(보통 60kg짜리 마대)마다 수분 밀도가 다 다르다. 문제는 각기 다른 수분 밀도 조건에서도 항상 균일한 로스팅 포인트를 잡아 해당 품종 특성에 맞는 커피 맛을 얼마나 잘 구현하느냐 하는 것이었다. 항상 균일한 로스팅 포인트를 잡는 게 말처럼 쉬운 일이 아니다.

가격이 비싼 자동 로스터기를 쓰면 쉽게 해결이 될 것 같지만 꼭 그렇지만도 않았다. 국산 제품 영업자는 이에 대한 이해도가 매우 높았고 이내 그와 계약을 했다. 요약하면, 국산 제품 영업자는 제품에 대한 기본적인 영업 지식은 물론 고객의 근본적이고도 개인적인 욕구를 해결할 수 있는 신뢰할 만한 인접된 지식을 갖추고 있었던 것이다. 앞으로는 이러한 인접된 지식을 보유한 영업자들의 가치가 시간이 흐를수록 더욱 높아질 전망이다.

보고서에는 "고객들은 영업자가 인접된 지식을 보유했음을 보여주었을 때 비로소 그들을 전문가로 인식했으며 그런 그들에게 더욱 의존하고 싶어진다"라고 마무리했다. 그러니까 당신이 지금 현재 무엇을 세일즈하든 그 상품과 솔루션이 가진 혜택과 가치의 제공은 기본이 되는 것이고, 궁극적으로는 고객의 근본적인 욕구를 잘 이해하고 있다는 것을 인접된 지식으로 보여주었을 때 고객은 안심하고 당신을 지속적으로 찾게 된다. 점검해 보라! 지금 당신은 당신의 고객과 관련한 어떠한 인접된 지식을 갖추고 있는가?

"If you share valuable knowledge(that is a adjacent knowledge), they'll consider you an industry expert."

2 고객이 당신을 지속적으로 찾게 하려면 ②

가장 자신 있게 판매했던 '콜롬비아 타타마' 품종의 핸드드립 커피를 한 손님이 무척 좋아했다. 그런데 어느 날 이 손님이 다소 특별한 요청을 해왔다. "사장님, 이 커피를 우리 회사 워크숍에서

300명의 직원에게 맛보게 하고 싶어요. 현장에서 핸드드립으로 가능할까요?"

직접 300명분의 개별 핸드드립 커피를 준비하는 것은 매장과 같은 퀄리티를 제공하는 동시에 대량 서비스가 가능해야 했기에 쉽지 않은 도전이었다. 해법은 고객의 요청에 맞는 커피 전문성을 바탕으로 한 솔루션 개발에 있음을 직감했다. 그리고 고객의 요청을 수락했다.

전문성과 창의력이 만나 탄생한 솔루션

이 프로젝트에서 가장 중요한 것은 맛의 일관성을 유지하면서도 대규모 서비스를 효율적으로 운영하는 방법을 찾는 것이었고, 커피 로스팅 과정과 보관 방법에 대한 전문성을 최대로 발휘해야만 했다.

- 신선도와 숙성을 고려한 로스팅: 커피는 로스팅 이후 밀봉 상태로 냉동 보관하면 신선도가 유지되고 약 1주일 뒤 최적의 맛으로 숙성된다. 이 원리를 활용하여 행사 1주일 전 300인분에 해당하는 커피를 미리 로스팅하고 보관했다.
- 효율적인 핸드드립 프로세스 구축: 행사 당일, 직원들과 새벽부터 출근해 2시간 동안 핸드드립 원액을 추출했다.

이를 황학동에서 미리 구매한 대형 스테인리스 통에 담아, 검증된 비율로 물과 혼합해 현장에서 빠르게 제공할 수 있도록 프로세스를 설계했다.
- 현장 서비스의 유연성: 행사장에서 고객이 매장에서 느꼈던 맛을 최대한 재현하기 위해 컵 단위로 배분하되, 추출 원액과 뜨거운 물의 비율을 일정하게 유지했다.

결국 행사에 참석한 300명 모두가 크게 만족해 했다. 제안해 준 고객은 매장에서 즐겼던 커피와 약 90% 이상 동일한 맛이라고 평가했으며, 부족한 10%는 매장의 분위기를 재현할 수 없었던 점이었다며 행복한 웃음을 내보였다. 이를 통해 사실상 세계 최초의 핸드드립 커피 케이터링 서비스를 성공적으로 실현했다는 자부심을 가지게 되었다.

솔루션 개발의 핵심: 고객을 팬으로 전환시키다

이 사례가 보여주는 핵심 메시지는 명확하다. 솔루션 개발은 단순히 물건이나 서비스를 판매하는 데서 그치지 않는다. 고객의 니즈를 제대로 파악하고 그에 부합하는 맞춤형 해결책을 제시하면, 고객은 단순 소비자가 아니라 충성스러운 팬으로 전환된다. 즉, 고객이 행복해진다.

이를 구성하는 기본 요소는 다음과 같다.

① 전문성 기반: 고객의 문제를 해결하고자 하는 지식과 창의적 접근
② 맞춤형 접근: 고객이 처한 환경과 니즈를 정확히 파악하고 이를 반영한 서비스를 기획
③ 가치에 집중: 단순한 친밀감이 아닌 실질적인 가치 제공으로 고객의 만족도 높이기

솔루션 개발의 효과는 관련 연구에서도 잘 드러난다. 미국 SEC(Sales Executive Council)의 한 연구에 따르면, 고객은 구매 결정 시 관계보다는 실질적인 가치를 제공한 쪽에 더 큰 비중을 둔다고 한다. 관계가 아무리 좋아도 구매 결정을 좌우하는 것은 결국 창의적인 문제 해결 능력에 달려 있다.

결론: 고객이 당신을 지속적으로 찾게 하는 방법

솔루션 개발의 최종 목표는 영업자가 고객의 신뢰를 얻고, 고객이 스스로 의존할 수밖에 없는 전문가가 되어 행복을 주는 존재가 되는 것이다. 이는 단순히 관계를 쌓는 것이 아니라, 관계의 질을 높이고 실질적인 가치를 전달하는 것임을 의미한다. 고객의 필요에 맞춘 창의적인 해결책, 그리고 이에 기반한 신뢰가 고객이 지속적으로 의존하게 만드는, 즉 단골 고객으로 만드는 최고의 비결이다.

3 고객은 현실과 원하는 성과 사이의 불일치를 인식했을 때에만 구매한다 ①

강의 현장에서 다음과 같은 질문을 자주 한다. "고객은 언제 구매를 고려하게 될까요?" 그동안 수많은 교육생의 답변들을 일목요연하게 정리하면 다음과 같다.

① 제품이나 서비스가 비즈니스 목표에 기여하거나 ROI를 높일 수 있을 때
② 운영 비용을 절감하거나 효율성을 높일 수 있는 가능성이 있을 때
③ 기업이 직면한 특정 문제를 해결하거나 필요를 충족시킬 수 있을 때
④ 높은 품질과 신뢰성을 보장하며, 지속적인 성과를 제공할 수 있을 때
⑤ 우수한 고객 지원과 서비스, 문제 해결을 위한 빠른 대응이 있을 때
⑥ 경쟁사 대비 우위를 제공하거나 차별화된 기능이 있을 때

등이다. 하지만 이러한 답변들은 고객의 니즈를 표면적으로만 한

정해 답변하는 것으로 고객의 속 깊은 문제를 파악하고 세일즈를 실질적으로 진전시키는 데에는 아무런 도움을 받을 수 없다. 가장 올바르며 적확한 답변은 "고객은 현실과 원하는 성과 사이의 불일치를 인식했을 때에만 구매한다"이다. 이 답변의 개념을 정확하게 이해하기 위해서는 먼저 고객사의 재정 상태가 어떻든 판매를 시도할 때에는 전반적인 회사에 대한 인식이 아닌 판매와 관련된 모든 구매 영향력 행사자들 개개인의 인식을 파악하는 문제가 보다 더 중요함을 숙지하고 있어야 한다.

즉, 지속 가능한 양질의 판매를 이어가기 위해 시도하는 B2B 전략적 판매에서는 현실에 대한 회사의 인식과 같은 것은 없고 오직 개개인들의 인식만이 존재할 뿐이다. 그러한 개개인의 인식을 모두 취합해 해당 시점에서의 정확한 영업 전략을 수립하기 위해 영업자는 매우 섬세한 영업 활동을 요구받는다. 자, 그럼 그림1을 함께 살펴보도록 하자. 먼저 고객사 내 A라는 구매 영향력자가 지금 성장 상태에 있다라고 하자. 현재 시점에서 A의 상황은 주문량이 밀려 넘치는 행복한 고민 상태에 있기 때문에 이때에는 영업자가 고객이 안고 있는 양적/질적 개선을 제공해 주면 구매 가능성이 높아진다. 바꿔 말해, 이미 고객은 달성하고 싶은 성과와 현실의 불일치를 인식한 상태이기 때문에 영업자는 그에 상응하는 솔루션을 제공하기만 하면 판매로 연결될 가능성이 높다.

반면, 또 하나의 중요한 불일치 상태가 있다. A가 성장 상태에서 곤경 모드로 빠졌을 때이다. 주문량이 밀려 넘치는 것까지는 좋았는데, 생산 과정에 과부하가 걸려 라인이 멈추어 버리고 만 것이다. 원인은 생산관리 소프트웨어의 에러 때문이었다. 이때에는 영업자가 고객이 안고 있는 바로 그 문제를 즉시 해결해 주면 역시 구매 가능성이 높아진다.

위의 예시처럼 성장과 곤경 모드는 회사 내 구매 영향력자 한 사람에게서도 발생하지만 보통은 두 사람 이상의 구매 영향력자 사이에서 시시각각 변화에 따라 발생한다. 회사 경영진 입장에서야 언제나 성장이 환영할 만한 일이겠지만 생산 관리자에게 라인 멈춤이라는 악재는 눈앞에 닥친 긴급한 곤경이기 때문이다. 그러므로 영업자는 개인적인 성장과 회사(주로 경영진)의 성장을 혼동하지 않도록 늘 주의해야 한다.

요컨대 구매가 확실해 보이는 고객사를 성장 상태에 있다고만 가정하면 예기치 못한 개개인별 곤경을 놓쳐버림으로 인해 판매를 그르칠 수 있기 때문이다. 이것이 복합 판매 complex sale(3부에서 구체적으로 다루게 된다)가 지닌 가장 큰 특징 중의 하나요 직시해야 할 핵심 포인트다. 결정적으로 곤경 모드에 있는 이들은 영업자에게 "저 지금 곤경 모드에 있어요"라고 친절하게 말해주지 않는다.

이들 각각의 성장과 곤경 모드가 B2B 전략적 판매에서 제안을 성사시킬 수 있는 확률이 가장 높은 판매 시점이다. 그렇지만 소위 정통 복합판매에서 말하는 B2B 전략적 판매의 확률적 판매 개념을 운에 맡기거나 의존한다는 뜻으로 이해하면 큰 오산이다. 오히려 영업자는 이와 같은 운의 요소를 최소화시키기 위한 섬세한 포지션(영업자가 해당 시점의 고객사 주요 4가지 구매 영향력자들의 개별 인식 상태를 파악하는 것) 활동을 수행해야 한다. 지금까지 두 가지 상태를 아주 단순하지만 매우 핵심적으로 요약해서 설명해 보았다.

 지금은 잘 모르겠으나 예전 국내의 많은 영업 현장과 영업 교육에서는 고객의 요구를 파악할 때 고객의 성격이나 성향 파악의 중요성을 강조하고는 했다. 그런 이유로 예전에는 DISC나 에니어그램 같은 진단 프로그램을 영업 현장이나 교육에 활용하는 경우가 많았다. 그 이전에는 주로 고참 영업자의 축적된 주관적 경험치에 의해서 판단을 내리기도 했다(요즘은 MBTI 등을 활용할지도 모르겠다). 하지만 이러한 접근은 고객 구매 이유에 대한 정확한 판단을 내릴 때 많은 오류를 불러일으키곤 한다.

역지사지해 보면 간단히 이해될 수 있는 문제다. 회사에서 근무하는 구매 영향력자 대부분은 평범한 직장인들이다. 이들은 언제나 회사의 필요에 따라 상사에 대한 보고를 늘 염두에 두고 일을 하기 마련이다. 즉, 영업자의 판매 제안은 해당 시점에서 개별 고객의 필요와 회사의 필요를 저울질해 판단을 내리는 경우가 대부분이지 그들의 성격이나 성향은 본질적으로 별개의 문제다. 고객의 성격이나 성향은 고정되어 있지 않고 계속해서 변화한다.

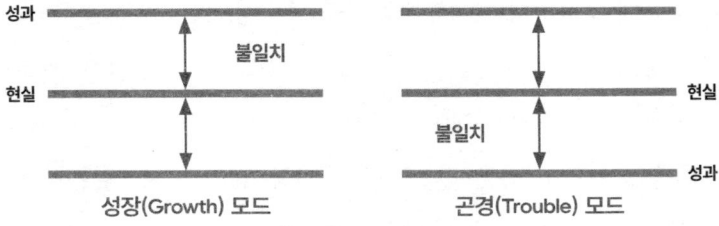

그림 1 | 고객이 구매를 고려하는 반응모드 2가지

4 고객은 현실과 원하는 성과 사이의 불일치를 인식했을 때에만 구매한다 ②

전편에서 "고객은 언제 구매를 고려하게 되는가?"를 질문하면서 다음과 같이 가장 적확한 답변을 공개했다. "고객은 현실과 원하는 성과 사이의 불일치를 인식했을 때에만 구매한다" 개인적으로 이 개념이 지난 100년간 세일즈 역사에서 고객 구매 심리에 관한 가장 위대한 정의라고 늘 생각해 왔다. 그 이유는 영업자가 고객사를 상대로 판매를 시도할 때 해당 시점에서 다양한 구매 영향력자들 개개인의 인식 상태를 파악하는 것이 그 무엇보다 중요하다는 것을 일깨워 주었기 때문이다.

그 인식 상태를 '반응 모드'라 하는데 여기엔 총 4개의 모드가 있다. 그중 이미 소개한 성장 모드와 곤경 모드가 〈그림 1〉에서 보듯 지금의 현실과 필요한 성과 사이에 불일치 상태에 있기 때문에 고객이 구매할 가능성이 가장 높다는 것을 설명했다. 지금부터는 그 반대편에 있는 두 가지 모드, 순항 모드Even Keel mode와 과신 모드Overconfident mode를 마저 소개하고자 한다. 다시 한번 강조하지만 각각의 모드들은 구매 영향력자들 개개인의 성격이나 선호가 아닌 해당 시점에서 영업자가 제안할 혹은 제안된 판매 건에 대한 고객의 인식이며 이는 언제든 바뀔 수 있다는 점을 염두에 두기 바란다.

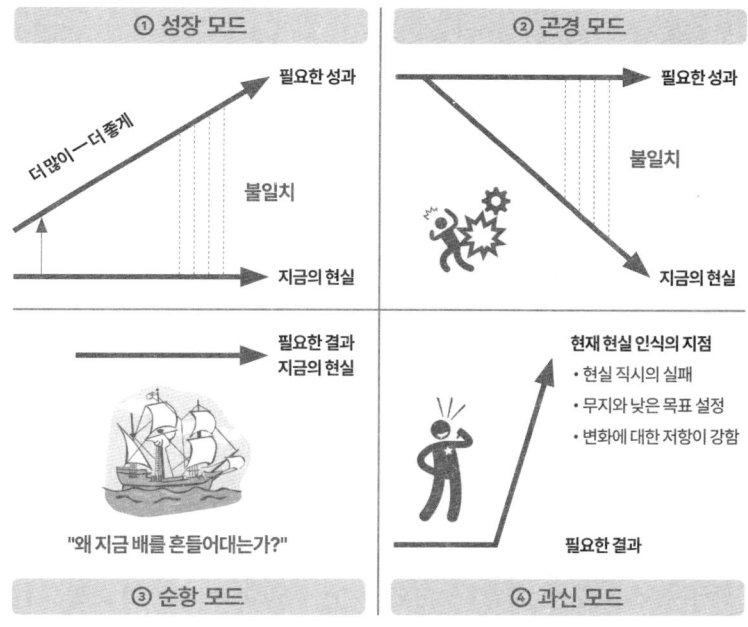

그림 2 | 고객의 반응모드 4가지

먼저 순항 모드다. 〈그림 2〉에서 보듯 유유히 순항하는 배처럼 고객의 인식 상태는 평온하다. 현실과 원하는 성과 사이에 괴리가 없으므로 당연 변화에 대한 수용도가 낮을 수밖에 없다. 이때에는 영업자가 고객에게 아무리 좋은 제안을 하더라도 돌아오는 답변은 다음과 같을 것이다. "배가 잘 가고 있는데 왜 그러시오?" 그렇다면 이런 경우 영업자가 구매 가능성을 높이려면 어떻게 해야 할까? 조금 있다가 소개할 과신 모드와 더불어 가장 바람직한 방법을 소개하겠지만 순항 모드에 있는 고객을 상대로 해볼 수 있는 몇 가지 좋은 전략이 있긴 하다. 그중 하나를 소개한다면, 구매자가 앞으로 닥칠 성장이나 곤경을 예측할 수 있도록 해주면 된다.

예를 들어, 현재 순항 모드에 있으며 하루에 제품 500개를 무난하게 생산 중인 생산 관리자가 곤경이 다가올 상황을 인정하기는 어려울 것이다. 그러나 경쟁사가 당신이 판매한 장비로 하루에 700개 이상을 생산하고 있다는 이야기를 들려준다면 인식이 달라질 수도 있다. 다음으로 과신 모드다. 과신 모드는 순항 모드보다 훨씬 심각한데, 과신에 찬 구매자는 현실이 원하는 결과를 훨씬 능가한다고 인식하고 있기 때문에 영업자의 판매 제안에 대해 눈길조차 주질 않는다. 사실상 현실을 직시하지 못하는 착시 상태에 빠져 있다고 볼 수 있는데, 심한 경우 영업자를 반쯤 이상한 사람으로 취급할 수도 있으니 주의하기 바란다(비현실 상태이기에 여기선 그림만 보고 불일치로 판단하면 안 된다).

어쨌거나 정도의 차이가 존재하는데 순항 모드, 과신 모드에 빠진 고객을 상대로 각각 그들의 안전지대 또는 완고한 인식 영역을 깨뜨리기란 현실적으로 매우 어렵다. 그러므로 이 두 개의 모드에 놓여 있는 고객들에게 영업자가 취해야 할 가장 바람직한 전략은 '관망과 기다림'이다. 이때 주의할 사항으로는 방치나 방관이 안 되도록 이들 구매자들과 꾸준히 의사소통 창구를 계속 열어두면서 부담을 주지 않아야 한다. 그렇게 시간이 어느 정도 흐르면 특히 과신 모드 고객의 경우 곤경 모드로 전환되는 경우가 많으므로 이때를 놓치지 않도록 영업자는 늘 적정한 거리에서 관찰 가능한 포지션에 있기만 하면 된다.

1편과 2편을 정리하면 다음과 같다. B2B 영업이라 불리는 정통 복합판매의 세계에서 영업자는 반드시 모든 구매 영향력자 개개인별 인식 상태부터 우선적으로 파악해야 한다. 그 개념적 기준은 "고객은 현실과 원하는 성과 사이의 불일치를 인식했을 때에만 구매한다"에 있으며 이를 통해 고객의 제안 수용도 상태(=인식 상태)를 4가지 모드로 나누어 파악하도록 한다. 당연, 제안 수용도가 높은 성장 모드와 곤경 모드에 있는 구매자를 찾아 먼저 제안하고 제안 수용도가 낮은 순항 모드와 과신 모드는 '관망과 기다림' 전략을 필두로 다양한 후속 전략을 기획해 접근하도록 한다.

고객은 디테일이 있는 사람에게 이끌린다

1 고성과자들의 차별화된 고객 접근법

 고객사에서 전략적 영업 상담 과정의 일환으로 고객 니즈 파악 역량 강화 프로그램을 진행했을 때다. 이렇게 물었다. "고객과의 영업 상담에 임하기 전 여러분은 제일 먼저 무엇을 준비하시겠습니까?" 보통은 다음과 같은 답변이 돌아온다. "어떤 제품을 제안할지부터 고려합니다" 이는 고성과를 달성하는 영업대표들의 접근 방식과는 상반되는 답변이다.

 고성과자들은 "누구를 대상으로 제안할 것인가?"와 같이 고객사의 구매 영향력자들의 관점에서부터 생각하기 때문이다. 즉, 그들은 가망고객사의 문화, 환경, 정서와 같은 큰 틀에서부터 시작해 경제 구매자는 누구인지, 사용 구매자는 누구인지, 고객 조직에서 기술 평가를 할 수 있는 사람은 누구인지, 누가 기존 장비의 신뢰성에 대해 불만을 품고 있는지 등과 같이 특정 대상들을 구체화시켜 가는 데 초점을 맞춘다.

 물론 처음부터 모든 정보를 구체적으로 파악하기란 어렵다. 하지만 밖으로 드러난 정보들만 제대로 취합해도 공략 대상 기업의 대략적인 판매 컨셉을 잡는 데에는 큰 문제가 없다. 이후 가능하다면 직간접적인 채널을 동원해 주요 구매 영향력자들에 대한 정보까지 파악할 수만 있다면 사전 상담 준비로서는 나무랄 데가 없을 것이다. 왜 이러한 사전 준비 활동이 필요한 걸까?

우선 일반적인 영업자들은 "일단 고객을 만나서 우리 제품을 설명하다 보면 어떤 기회들이 생겨나겠지?"와 같이 다소 막연한 생각을 한 채 고객 어프로치를 감행한다. 말 그대로 용기 있는 행동이 아닐 수 없다. 반면, 고성과자들의 경우 취합된 정보들을 바탕으로 다음의 핵심 질문 3가지 요소를 기본 틀로 해서 잠재 고객사의 상황에 맞게 질문 리스트를 준비해 간다.

① 고객은 경쟁사가 아니라 왜 우리에게서 구매해야 하는가?
② 고객에게 우리의 메시지가 경쟁사들과 동일하게 취급되지 않으려면 어떻게 해야 하는가?
③ 우리의 제품과 솔루션은 고객의 문제를 어떻게 해결할 수 있을까?

이때, 이 질문들을 최대한 창의적이고 깊이 있게 자문하는 과정이 필요하다. 즉, 자사의 상품 안내서나 홈페이지에서나 볼 수 있는 상투적인 내용이 되지 않도록 해당 질문들을 고객의 상황에 맞게 고려해 가면서 작성하는 게 핵심이다. 지금 단계에선 스케치하듯 대략적으로 해도 무방하다.

  비유하면, 전자와 같은 일반적인 영업자의 접근 방식은 모든 고객에게 동일한 디자인과 사이즈의 기성복을 판매하려는 것과 같고, 후자의 고성과자들의 접근 방식은 고객의 체형과 취향을 측정해 맞춤형 수제복을 판매하려는 것과 같다. 여러분이 보기에는 전자와 후자 중 누가 더 고객의 니즈에 부합한 영업 상담을 진행해서 바라는 목표를 더 잘 달성할 것 같은가?

2 고객을 잘 설득하고 싶다면

  세일즈를 공부할 때 빼놓을 수 없는 책이 있다. 바로 〈설득의 심리학Influence: The Psychology of Persuasion〉이다. 저자인 로버트 치알디니는 발로 뛰는 심리학자로 유명한데 그의 일화 중엔 특히 세일즈와 관련된 것이 많다. 이른바 고객으로부터 예스를 끌어내기 위한 설득의 원리를 터득하기 위해 그는 보험이나 자동차 세일즈를 직접 경험했고 심지어 불법적인 마케팅 조직에도 들어가 세일즈 교육을 받았다고 한다.

  개인적으로도 그의 설득 이론을 교육 현장에서 자주 활용하는 편인데 B2C뿐만이 아니라 B2B에서도 동일하게 적용할 수 있다. 예를 들어 콜드콜을 통해 신규 고객을 개척할 때 필요한 스크립트를 작성하거나 고객과의 상담을 위해 사전에 준비하는 영업 시나리오 등을 만들 때 그의 이론은 매우 유용하게 응용된다. 지금부터 설명하는 로버트 치알디니의 대표적인 설득 이론 원리들만 잘 숙지해도 고객은 물론 관계된 그 누군가를 설득할 때 역시 도움이 될 수 있다.

사회적 증거 법칙의 효과

- 컨셉: 다수의 행동이 선이다.

고객들에게 낯선 메시지 대신 익숙한 메시지를 적절히 활용하라는 뜻인데, 예를 들어 맥도날드나 스타벅스처럼 전 세계 어디에서나 볼 수 있고 향유할 수 있는 사회적 서비스처럼 고객의 사업과 관련해 다수가 참여하거나 공감할 수 있는 익숙한 것을 제시할 경우 고객의 저항은 그만큼 줄어든다.

편승 효과

- 컨셉: 자신과 비슷한 대상을 언급할 시 조건이 강화된다.

가령 영업대표가 동일한 업종 군에 속하는 A미용실에 가서 어떤 제품을 팔았는데 그것이 A미용실의 매출 향상에 기여했을 경우 가까운 거리에 위치한 B미용실에 가서 이 사실을 설명하면 B미용실의 오너는 영업대표의 설득에 편승되어 구매할 가능성이 높아진다.

칭찬 효과

- 컨셉: 칭찬은 고래도 춤추게 한다.

아이나 어른이나 개인이나 기업이나 칭찬은 매우 좋은 설득 기법이 된다. 단, 기업의 담당자에게 하는 칭찬은 더욱 조심스럽게 접근할 필요가 있다. 가장 안전한 방법은 고객사의 최근 이슈 중 칭찬할 만한 객관적 소재를 찾아서 칭찬한다. 상담 초반 섣불리 상호간 개인사를 언급하지 않는 게 좋다.

상실 효과

- 컨셉: 인간은 욕구 충족보다 상실의 고통에서 오는 관심도가 크다.

절대적인 것이 아닌 상대적인 개념에 기초하는데, 예를 들어 우리는 100을 경쟁사는 50을 가지고 있을 때 +50 차이가 주는 행복의 양보다, 우리는 150을 경쟁사는 160을 가지고 있을 때 -10 차이가 주는 고통의 양이 더 큰 상실감으로 다가온다는 뜻이다. 분명, 절대값은 전자가 훨씬 큰데도 말이다.

대조 효과

- 컨셉: 똑똑한 설득에는 비교 대상이 필요하다.

예를 들어, "전년 동기 대비 ○○%가 개선되었다" "귀사의 경우 최근 몇 년간 ○○자료에 의하면 ○○영역에 좀 더 많은 리소스를 투입할 필요가 있어 보인다" 등과 같이 근거와 자료를 통해 명확히 설명할 경우 고객은 설득될 확률이 높다.

질문 효과

- 컨셉: 질문을 통해 고객이 스스로 말하게 함으로써 마음의 문을 열게 한다.

세일즈는 질문 비즈니스다. 고객의 이성과 감성을 흔드는 최고의 명약은 고객의 눈높이에 맞춘 질 좋은 질문에 달려 있다. 구체적으로는 고객의 환경과 이슈를 바탕으로 잘 준비된 키워드들을 담은 질문이 되어야 하는데, 이러한 질문은 고객에게 경계심을 낮추고 호기심을 자극하여 마음의 문을 열게 하는 효과가 있다. 사실상 세일즈의 설득은 질문으로 진행될 때 가장 큰 성과로 이어진다.

3 고객을 내편으로 만드는 조언 구하기

핸디캡 투성이었던 사회 초년병 시절, 그 핸디캡들은 새로운 환경에 처할 때마다 내게 진땀을 흘리게 만들었다. 새로운 동료, 새로운 상사, 새로운 고객, 심지어 새로운 이성을 만날 때에도 어김없이 나를 따라다니며 힘들게 했다. 그런데 어느 순간부터인가 그 힘든 상황들로부터 자유로워짐을 느낄 수 있었다. 도대체 무슨 일이 있었던 것일까?

난 그들을 대할 때마다 조언을 구했던 것이다. 조언을 구하면 여러모로 장점이 많다. 특히 진심을 담아 조언을 구하면 그들은 내게 예외 없이 친절하면서도 진지한 답변을 해주었다. 사실 고백하자면 난 특정 상황에서 나의 무지함이 들통날까 두려워 조언을 구하는 경우가 많았다. 그러니까 나의 품위 유지를 위해 거의 본능적으로 튀어나온 일종의 처세라 할 수 있다. 하지만 그 혜택은 컸으며 무엇보다도 그들이 내게 호감을 갖는 것이 좋았다.

그들은 고무되었고 나를 대할 때마다 하얀 치아를 더 크게 드러내며 우리의 시간을 즐겼던 것을 기억한다. 그때 느낀 것이 '아 사람들은 조언을 구하면 존중받는 느낌을 받으면서 말이 많아지는구나'였다. 물론 과유불급이다. 입버릇처럼 조언을 구한다면 무능하게 볼 수도 있기 때문이다. 그래서 그 이후로는 선별적으로 사용하기 시작했다. 좋아하는 사람, 존경할 만한 사람, 놓치고 싶지 않은 고객 위주로 말이다. 이와 같은 조언 구하기는 기업 비즈니스 세계에서 활용할 때에도 매우 유용하다.

기업들은 소비자들이 자신들의 브랜드와 동질감을 느끼고 그에 따라 해당 브랜드를 충실히 사용하게 하고자 노력한다. 이때 협동학습효과cooperative learning effect 차원에서 고객의 참여를 유도하면 좋다. 가장 좋은 예로 소비자들에게 자사의 제품이나 브랜드 활동에 대해 조언을 구하는 것이다. 잊지 말아야 할 점은 의견이나 기대라는 형식이 아닌 반드시 조언이라는 형식이어야 한다는 점이다. 이 표현의 차이가 사소해 보이지만 조언이라는 형식이 소비자와의 일체감을 이루려는 기업의 목표를 달성하는 데 더욱 효과적이다. 이유는 다음과 같다.

조언을 하는 것은 그 사람(소비자)의 마음을 통합하며, 이는 그 사람(소비자)의 정체성을 상대방의 정체성과 연결되도록 자극한다. 반면에 의견이나 기대를 전달하는 것은 그 사람(소비자)의 마음이 자기 성찰적인 상태가 되도록 만들어서 스스로에게 더욱 초점을 맞추도록 한다. 결국 소비자 피드백을 조언의 프레임으로 만들 수 있느냐 없느냐에 따라 소비자와 브랜드 사이가 통합되느냐 분리되느냐가 결정되고, 이후에 소비자가 브랜드에 얼마나 몰입하는가를 좌우한다는 것이다.

실제 관련된 흥미로운 온라인 설문 조사도 있었다. 미국의 한 레스토랑은 건강식 메뉴를 내세워 다른 경쟁 업체들과 차별화하기를 원했는데 이러한 계획에 대한 피드백을 예비 소비자들로부터 받고자 한 것이다. 일부 참가자는 레스토랑과 관련한 조언을 요청받았고, 나머지 참가자는 레스토랑에 대한 의견이나 기대를 요청받았다. 마지막으로는 그들에게 레스토랑을 애용할 의향이 있는지까지 표시하도록 했다. 그러자 조언을 제공한 참가자들은 다른 형식의 피드백을 제공한 참가자들에 비해 훨씬 더 많은 수가 해당 레스토랑에서 식사를 하고 싶다는 피드백을 보내왔다.

조언을 하는 것이 해당 레스토랑에 대한 지원 욕구를 강화해 브랜드 친밀도를 높였기 때문이다. 기업 간 거래에서도 관계 관리 측면에서 고객들에게 조언을 구하면 좋다. 조언을 통해 해당 거래에서 책임감을 느끼는 것만큼 빠르게 동반자 의식을 형성하는 것도 드물기 때문이다.

4 점점 더 까다롭고 다양해지는 고객의 요구 대처법

어느 이른 아침 한 대기업 임원으로부터 전화를 받았다. 자신이 관장하고 있는 영업 조직과 관련해 이러이러한 고민이 있다는 것이었다. 들어 보니 교육으로만 해결할 수 없는, 생각보다 복잡한 문제들이 끼어 있음을 알 수 있었다. 나는 주로 글을 쓰고 교육을 하는 사람인데 어찌 보면 이 임원이 내게 주는 고민거리들은 그러한 범주를 넘어선 것이기도 했다. 해서 난 내가 해결할 수 있는 문제와 해결할 수 없는 문제들을 분류했고, 해결할 수 없는 문제는 업계의 전문가를 섭외하거나 다른 방안들을 찾아 제공함으로써 문제를 해결했다.

이번엔 모 중소기업 대표가 프론티어비즈 홈페이지에 남긴 내용이다. 사실 요즘은 이런 케이스가 상당히 많은데, 요약하면 "회사를 창업한 지는 꽤 지났으나 지속 가능한 성장을 위해 회사 내 영업의 기능을 강화하고 싶다. 그런데 뭘 어디서부터 어떻게 해나가야 할지가 막막하다"라는 것이었다. 들어보니 이 역시 교육 하나로만 풀 수 없는 문제들이 섞여있었다. 마침 나는 이 회사와 같은 업종에서 근무한 경험이 있었고 그때의 기억을 되살려 문제 해결을 위한 현실적인 솔루션을 고민해 제안을 했다. 대표이사를 포함 임원진들 모두가 흡족해하는 표정이었는데, 아니나 다를까 얼마 전 정식으로 협업 제안을 하겠다는 연락이 왔다.

마지막 사례로, 며칠 전 상장한 모 중견 기업의 교육 담당 리더로부터 전화가 왔다. 요는 이러이러한 교육을 설계하고 있는데 가능하냐는 것이었다. 첫 번째 제안서를 보낸 이후 한참 동안 연락이 없어 채택이 안 된 줄로만 알고 있었는데 어제 두 번째 전화 연락이 온 것이다. "저희는 단순한 지식 전달만이 아닌 현업 담당자들에게 자신감을 고취시키고 영감까지 불어넣어 줄 수 있는 분을 찾고 있었는데 그러한 분을 찾기가 매우 어렵더군요" 하며 적지 않은 차수의 특강 섭외가 왔다. 어떻든 상기의 내용들만 살펴봐도 기업 교육 시장에서 고객의 요구가 점점 더 까다롭고 다양해짐을 알 수 있다. 아마 다른 영역에서도 마찬가지일 거라고 생각된다.

이제 핵심을 정리해 보자. 보통 고객은 힘들게 번 돈을 쓰는 대가로 공급자에게 두 가지를 바라게 된다. 하나는 구입함으로써 느끼게 되는 '만족스러운 감정'이고, 또 하나는 자신이 가지고 있는 '문제의 해결'이다. 그런데 여기에 하나를 더 추가해야 한다. 고객은 무언가를 구매하기 전 단계에서 이미 공급자에게 '보이지 않는 기대감'을 가지고 있다는 것이다. 다른 말로는 공급자로부터 기대하는 '정리되지 않은 다양한 니즈'가 존재한다는 얘기다. 이를 보통 '고객의 기대를 관리한다customer expectation management'라고 표현한다. 그렇다면 이를 해결하려면 어떻게 해야 할까?

이제 우리 모두는 단순한 문제 하나하나를 해결하는 수준을 넘어선 신뢰가 가는 사업 조언자trusted business advisor의 위치에 서야 하고, 이를 위해 고객의 관점에서 고객의 사업을 도울 수 있는 보다 확장성 있는 전문가 혹은 전문가 집단이라는 믿음을 끊임없이 시장에 형성시켜 놓아야 한다. 만일, 여러분이 경영자의 위치라면 고객 접점에서 일하는 직원들이 그렇게 고객들로부터 인식될 수 있도록 훈련시키고 관리해야 한다.

이때, 고객의 관점에 서게 된다는 것을 단순히 고객의 문제를 기술적으로만 파악하는 수준으로 해석해서는 곤란하다. 민감한 사안 하나하나에 대해 감정 이입을 할 수 있어야 한다. 이에 대해선 일찍이 〈성공하는 사람들의 7가지 습관〉의 저자 스티븐 코비가 매우 적절한 표현을 한 바가 있다. "고객의 신발에 당신의 발을 넣어 보라." 땀이 차서 다소 축축할 수도 있는 고객의 신발 속에 자신의 발을 넣는다는 것은 매우 꺼려지는 행동이 아닐 수 없다.

  그렇지만 적어도 도움이 절실한 고객의 관점에 서려면 지식으로만 문제를 해결하고자 하는 영악하기만 한 다른 이들과 차별화할 수 있어야 한다. 개인적으로는 하루 중 대부분의 시간을 그렇게 도움이 절실한 고객사들과 미래 잠재 고객사들의 사업을 돕기 위해 그들의 축축한 신발 속에 나의 발을 넣는 시간들로 채우고 있다. 솔직히 말해 매우 진이 빠지는 시간이 아닐 수 없다. 하지만 까다롭고 다양한 고객의 요구에 대처하는 매우 실질적이고 가치 있는 시간이라고 생각한다.

고객은 성취를 제공하는 사람을 선택한다

1 고객을 잘 안다고 생각하는 착각

잠시 테스트를 해보도록 하자. 어떤 호텔에 300명 정도의 인원이 참석한 세미나에 여러분도 참석했다고 가정하자. 그리고 두 시간쯤 지난 후, 20분 정도의 휴식 시간을 갖게 되었다. 이때 세미나에 참석한 사람들을 대상으로 휴식 시간에 고객들이 원하는 것이 무엇인지를 알기 위해 간단한 설문 조사를 했다. 다음 중에서 여러분이 원하는 것들을 우선순위별로 차례대로 다섯 개만 골라 나열해 보라.

- ☐ 사무실과 손쉽게 연락할 수 있는 전화가 여러 대 제공되어 있다.
- ☐ 많은 인원이 쉽게 움직일 수 있다(문의 크기, 좌석 및 가구 배치 등).
- ☐ 휴식 서비스 공간이 멋있게 데코레이션 되어 있다.
- ☐ 따뜻한 커피와 차가 준비되어 있다.
- ☐ 많은 사람이 혼잡하지 않게 사용할 수 있는 화장실이 가까이 있다.

- ☐ 흡연 구역과 금연 구역이 철저하게 구분되어 있다.
- ☐ 우아하고 흠집이 나지 않은 커피 잔과 집기가 있다.
- ☐ 다른 참가자들과 자유롭게 의견을 교환할 수 있는 공간이 있다.
- ☐ 종업원이 친절하다.
- ☐ 최상급 브랜드의 커피와 잘 어울리는 다과류가 있다.

끝났는가? 실제로, 이 호텔에서 이러한 행사를 주관하는 연회부 직원들에게 동일한 설문을 요청했다. 그런데 그들이 알고 있다고 생각한 '고객의 요구'를 우선순위로 나열하였더니 다음과 같이 나왔다.

① 따뜻한 커피와 차가 준비되어 있다.
② 휴식 서비스 공간이 멋있게 데코레이션 되어 있다.
③ 종업원이 친절하다.
④ 우아하고 흠집이 나지 않은 커피 잔과 집기가 있다.
⑤ 최상급 브랜드의 커피와 잘 어울리는 다과류가 있다.

어떤가? 연회부 직원의 우선순위와 여러분의 우선순위에 차이가 있지는 않은가? 나 역시 직접 해봤는데, 첫 번째 항목으로 "많은 인원이 쉽게 움직일 수 있다(문의 크기, 좌석 및 가구 배치 등)"를 꼽았다. 이는 아예 고객의 우선순위에 들어가 있지도 않았다. 이 간단한 조사만으로도 연회부가 자신에게 주어진 직무에 국한하여 편의적으로 고객의 요구를 파악하고 있음을 알 수 있다. 고객을 잘 안다고 착각하지 말아야 한다.

2 당신의 고객은 더 이상 많은 정보를 원하지 않는다

우리 모두는 정보의 홍수 속에 살고 있다. 고객도 마찬가지다. 각종 기관에서 발표되는 백서와 리포트, 비용만 지불하면 손쉽게 클릭 하나로 구할 수 있는 유료 정보에 이르기까지 정보화 시대에 접어든 이후 오늘날의 빅데이터에 기반한 정보의 범람은 많은 사람들 특히, 고객들을 더욱 똑똑하게 만들어 버렸다. 사람을 만나기 어려웠던 팬데믹 기간이 겹치자 고객은 찾아오는 영업대표들을 신중하게 선별하기 시작했다. 심지어 어떤 경우는 영업대표보다 더 충실한 시장의 정보를 갖고 있기도 했다. 이른바 단순히 정보를 전달해 주는 영업대표들을 더 이상 필요로 하지 않게 된 것이다.

그렇다면 문제의 본질은 무엇일까? 최근 가트너가 1,100명의 B2B 고객을 대상으로 설문조사를 실시했는데 핵심은 이렇다. "정보가 많아 부담스럽다고 느끼는 고객은 후회가 적은 양질의 구매를 할 가능성이 다른 고객보다 54% 낮다"이다. 쉽게 말해 신뢰할 만한 정보는 늘어났지만 고객이 스스로 이해하고 소화하기엔 정보가 지나치게 많기 때문에 오히려 결정을 내리는 데 방해가 된다는 의미이다. 좀 더 해석해 보면 고객은 스스로 구매 결정을 할 수 있도록 선별된 지식을 줄 수 있는 신뢰할 만한 영업대표들을 원한다고 볼 수 있다. 이른바 콘텐츠 큐레이터로서의 영업대표다.

하나의 예를 들어보겠다. 당신은 CEO이고 직원 복지 차원에서 회사 내에 구비할 헬스 장비를 대량으로 구매하려 한다고 하자. 헬스 장비에 문외한인 당신은 우선 인터넷 검색을 통해 장비 구입처와 장비의 종류, 대략의 가격 비교를 마친 상태다. 솔직히 말해 헬스 장비는 그냥 적당한 것들로 채워 넣으면 되겠지 하는 생각일 뿐이다. 현재 상태는 오로지 가격과 크기만이 구매 결정 기준이라고 볼 수 있다. 그런데 어느 날 뉴스를 보다가 헬스 장비의 품질 불량으로 헬스클럽을 이용하던 고객이 큰 부상을 당했다는 소식을 접했다. 그 순간 당신은 헬스 장비의 구매 결정 기준이 품질, 그중에서도 내구성 쪽으로 확 바뀌어 버렸다.

급기야 몇몇 업체의 영업대표들을 불러 회사의 환경과도 맞고 내구성도 튼튼한 제품을 선정해 달라고 요구했다. 그런데 A영업대표는 시종일관 자사의 제품이 왜 좋은지에 대한 이야기만 강조했다. 얼마나 튼튼하냐는 질문에는 어른 20명이 한꺼번에 올라가도 무리가 가지 않는다는 둥 비과학적인 설명만 했다. 반면 B영업대표는 달랐다. 우선 공신력 있는 기관에서 측정한 다양한 브랜드의 제품별 탄소 강도 수치를 종합해서 보여주었다. 나중에 알고 보니 이건 어느 제품에서나 확인할 수 있는 내용이었다.

그러고 보니 A영업대표의 제품이나 B영업대표의 제품이나 별 차이는 없었다. 단지 B영업대표는 이를 재구성해 한눈에 여러 업체를 비교할 수 있도록 해준 것뿐이었다. 그렇지만 그 차이와 결과는 컸다. 그리고 이내 처음부터 설치할 장소를 살펴보더니 이리저리 줄자로 치수를 재가며 꼼꼼하게 노트에 적었다. 마침내 지금의 환경에서 최적의 장비 구성안을 1, 2안으로 나누어 제시해 주었다. 이변이 없는 한 당신의 구매 결정 기준은 당연 B영업대표가 제시한 것들로 확정할 것이다. 놀라운 건 원래의 구매 결정 기준인 가격에 따랐을 경우 당신은 A영업대표의 제품을 선택했을 것이라는 사실이다.

참고로 B영업대표가 제시한 비용은 A영업대표의 것보다 15%가 비쌌지만 전혀 아깝다는 생각은 들지 않았다. 영업대표의 영업 차별화를 보여주는 대표적인 예다. 물론, 실제 대형 규모의 영업 상황에서는 이처럼 단순하게 끝나는 경우는 거의 없다. 하지만 여기에서 주는 시사점은 크다. 첫째, 개별 고객 A를 상대로 그들의 구매 결정 기준에 적극적으로 개입한 점. 둘째, 경쟁 제품들과의 비교 평가를 통해 고객 니즈를 극대화한 점. 마지막으로, 영업대표가 제시한 구체적인 구매 가이드 라인을 통해 고객의 의사결정에 믿음을 준 점이다.

이때, 마지막 고객의 의사결정 과정에 믿음을 준 것이 결정적으로 중요한데, 이를 영업대표가 고객에게 주는 '신뢰 자본'이라고 한다. 결국, 이러한 과정을 통해 영업대표는 영업 차별화를 이루게 되고 고객은 구매를 결정할 확률이(혹은 당신의 제안을 받아들일 확률이) 높아지게 된다. 다시 한번 강조하건대 당신의 고객(파트너)은 더 이상 많은 정보를 원하지 않는다. 고객들은 스스로 구매 결정을 편안하게 내릴 수 있도록 선별된 지식을 줄 수 있는 신뢰할 만한 영업대표를 원한다.

3 세일즈에서는 역지사지를 주의하라!

세일즈에서 전문가 영업대표는 역지사지를 주의해야 한다. 자칫 감정이입이 과해진 나머지 내가 판단한 고객사의 객관적 성과 요소와 각각의 개별 고객들이 판단한 주관적이고도 개인적인 성취 요소들을 동일한 것으로 착각할 수 있기 때문이다. 예를 들어, 이번에 내가 제안할 솔루션이 분명 해당 고객사의 매출 향상에 도움을 줄 것이라는 믿음으로만 접근해서는 안 된다는 뜻이다. 그럼 어떻게 해야 할까? 우선은 객관적인 고객의 성과에 초점을 맞추되 다음과 같은 질문을 끊임없이 하면서 상황을 진전시켜 나아가야 한다 "주어진 객관적 성과를 내가 제공할 경우 이 구매자는 어떻게 성취를 얻을 수 있겠는가?"

PART 2

성과를 실행하라

세일즈 성과는 약속잡기에서 시작된다

1 모든 세일즈의 진정한 시작은 약속잡기다 (사보 기고문)

콜드콜링cold calling은 전화를 통해 낯선 가망고객에게 자사의 상품이나 서비스를 권유하는 일체의 아웃바운드 세일즈를 의미합니다. 좀 더 구체적으로는 의사결정권자와의 만남을 끌어내는 약속잡기 기술을 말하죠. 요약하면, '콜드콜링=약속잡기 기술'입니다. 그만큼 만남은 세일즈를 일으키는 중요한 관문이며, 만남을 위한 실질적인 약속잡기는 '전화 걸기'로부터 시작됩니다. 또한 만남이 잘 이루어지면 세일즈의 실적은 횟수에 비례해서 높아지는 것이 일반적입니다. 아무리 좋은 상품과 서비스를 보유하고 있어도 고객과 만나 프레젠테이션을 통해 설득할 기회조차 마련할 수 없다면 어떠한 성과도 바랄 수 없을 테니까요. 그런데 많은 영업인들이 전화하는 것을 여전히 힘들어합니다. 왜일까요? 여러 이유가 있겠지만 일반적으로는 거절에 대한 두려움 혹은 불편감이 가장 큰 것으로 나타났습니다.

"괜찮습니다. 지금 서비스에 만족해요" "좀 바쁘니까 나중에 전화 주시죠" "자료나 보내주세요" "관심 없어요, 뚜뚜 뚜뚜…" 이러한 거절을 계속해서 받게 되면 누구나 심리적으로 위축될 수밖에 없습니다. 하지만 전 세계적으로 고성과 영업자들은 이러한 거절에 위축되지 않고 오히려 이를 발판으로 삼아 더 많은 세일즈를 진전시키고 계약에 성공합니다. 특별한 멘탈 관리가 있어서일까요? 그렇지 않습니다. 그렇다면 어떻게 이러한 것이 가능한 걸까요? 저는 다음의 두 가지 역량을 갖출 것을 강조합니다. 각각은 농사꾼 역량과 사냥꾼 역량입니다.

먼저 농사꾼 역량입니다. 이는 세일즈가 농사를 짓는 행위와 비슷함을 의미하는 것으로 농부들은 토지 일구기, 씨앗 심기, 병충해 관리, 추수 저장 등 오랜 시간의 투입(input) 프로세스를 거쳐 가을에 곡식을 수확합니다.

그렇다면 세일즈에서 투입 프로세스에 해당하는 것은 무엇일까요? 그것은 ① 고객 발굴 ② 고객 조사 ③ 고객 컨택을 말하며 이 세 가지를 묶어서 프로스펙팅prospecting이라고 합니다. 그리고 이 중 세 번째에 해당하는 고객 컨택을 전화로 했을 때 우리는 콜드콜링이라고 부르는 것이죠. 자, 여기서 중요한 세일즈의 전략 포인트가 있습니다. 세 번째 프로세스에 해당하는 고객 컨택, 즉 콜드콜링이 원활하게 작동되려면 어떻게 해야 할까요? 그렇습니다. 첫 번째 투입 프로세스인 고객 발굴과 고객 조사가 면밀하게 이루어져야 합니다. 바꾸어 말해 고객 발굴과 고객 조사가 면밀하게 이루어지지 않은 상태에서 고객을 컨택할 경우 '이 산이 아닌가벼'와 같은 거절의 상황을 더 많이 마주하게 되는 것입니다.

그래서 전문가 영업 레벨에서 프로스펙팅은 '적합한 고객을 찾고 부적합한 고객은 피하는 것'으로 정의됩니다. 이 프로스펙팅의 개념을 탑재하는 것이 영업자에게 매우 중요합니다. 이 개념을 탑재하는 순간 영업자는 콜드콜링을 단순히 전화를 거는 기법으로만 생각지 않게 됩니다. 즉, 하나의 단일 세일즈를 성공적으로 이끄는 전체 프로세스 중 하나로만 인식하게 되어 고객의 거절이 불쾌감으로 다가오지 않게 됩니다. 예를 들어, 고객의 완강한 거절을 받았을 경우 영업자는 '이 고객은 내게 적합한 고객이 아니구나'군으로 분류하고 다음 고객을 찾아 또다시 프로스펙팅을 하면 그만이기 때문입니다. 한마디로 마음의 상처를 받을 하등의 이유가 없어져 버리는 것이죠. 그래서 넓은 의미로 콜드콜링을 정의하면 '약속을 잡기 위한 프로스펙팅'이 됩니다.

두 번째는 사냥꾼 역량입니다. 여기서 사냥꾼은 목표 고객을 찾아 프로스펙팅을 하는 영업자를 의미합니다. 평소에 영업자가 프로스펙팅 활동을 성실하게 잘 해왔다면 자신에게 적합한 목표 고객을 반드시 발견하기 마련입니다. 목표 고객이 발견되었다면 영업자는 지체 없이 사냥꾼처럼 탄약을 장전한 후 목표물을 향해 쏴야 합니다. 콜드콜링에서 이 탄약에 해당하는 것이 바로 스크립트입니다. 스크립트는 낯선 가망고객과의 약속잡기를 실현해 주는 강력한 무기라고 할 수 있습니다. 스크립트에는 낯선 가망고객으로 하여금 '이 영업자는 꼭 한번 만나보고 싶네' 하는 마음이 들게끔 하는 단계별 기법들이 녹아 있어야 합니다. 사실 이는 전문가 영업의 영역으로, 이를 제대로 하려면 설득 심리학에 기반을 둔 이론 교육과 상당량의 훈련을 필요로 합니다. 이 중 콜드콜링을 성공적으로 이끄는 중요한 세일즈 격언 한 가지를 말씀드리면 다음과 같습니다. "고객에게 팔려고만 다가가면 고객은 물러서고, 고객의 문제에 집중하면 고객은 다가온다."

오늘날에는 가족이나 지인 간에도 자신의 관심사와 반할 경우 그 순간을 참지 못하고 각자의 스마트폰을 보기 일쑤인 세상이 되어버렸습니다. 그런데 생전 처음 전화 음성을 통해 당신을 마주하는 낯선 가망고객은 오죽할까요? 당연 영업자는 고객이 지금 이

순간 가장 관심 있어 할 만한 주제나 최신 이슈를 찾아 이를 매개로 고객에게 접근해 들어가야 합니다. 이 과정이 앞서 기술한 프로스펙팅이며 그 가운데에서 찾게 된 적합한 고객에 대한 공부와 연구가 병행되어야 합니다. 공부와 연구라 해서 크게 부담을 가지실 필요까지는 없습니다. 여러분이 상대하는 주요 고객들에 대한 고민거리나 애로사항 등을 평상시에 잘 관찰하고 이를 키워드화해 스크립트에 반영한 다음 전문가 다운 마인드와 톤으로 접근해 들어가면 되는 것입니다.

정리하면, 콜드콜링을 통해 낯선 가망고객의 마음을 열고 약속을 잘 잡기 위해서는 평소에 고객 발굴, 고객 조사, 고객 컨택에 이르는 일련의 프로스펙팅을 성실하게 실천하고, 이후 자신에게 적합한 목표 타켓을 발견했을 때 해당 고객의 관심사를 찾아 이를 스크립트에 반영해 접근하는 것이라고 할 수 있습니다. 이렇게 되면 영업자는 고객의 거절이 두려움이나 불편감이 아닌 부적합한 고객을 분류하는 과정이 되기 때문에 언제든 부담 없이 콜드콜링에 임할 수 있게 됩니다. 저는 종종 콜드콜링을 MBC의 간판 예능 프로그램인 복면가왕에 비유하곤 합니다. 오랜 기간 사랑을 받아오고 있는 이 프로그램의 가장 큰 매력은 무엇일까요? 아무래도 출연진의 정보가 전혀 공개되지 않은 상태에서 오직 노래 실력 하나로만 평가받는 시스템에 있지 않을까 싶습니다.

이곳에는 과거의 배경이나 인기도, 혹은 화려한 외모나 그 이외의 어떠한 요소도 평가 대상이 될 수 없습니다. 오직 관객과 평가단의 마음을 훔칠 수 있는 노래 실력만이 필요할 뿐입니다. 저는 이 프로그램을 볼 때마다 콜드콜링의 특성과 매우 비슷하다는 생각을 하게 됩니다. 오직 전화선을 타고 들리는 목소리 하나에 의지한 채 단 수십 초 만에 가망고객의 마음을 사로잡아 미팅 약속을 잡아내는 능력. 그 바탕에 깔린 영업자의 자신감 있고 정중한 태도, 신뢰감과 호감이 느껴지는 목소리, 전문가 다운 당당한 스피치에서 어느덧 고객의 마음은 열리게 됩니다. 고객이 먼저 약속 날짜를 지정해 만나자는 제안이라도 해 오게 되면 이는 단순한 약속을 넘어 감동으로 다가오기까지 합니다.

세일즈의 본질은 무에서 유를 창출하는 것으로 우리는 영업자를 크게 두 부류로 나누어 볼 수 있습니다. 아침에 눈을 떴을 때 만날 수 있는 고객이 있는 영업자와 그렇지 못한 영업자입니다. 전자는 성과를 만들어내는 전문가 영업을 펼칠 수 있지만, 후자는 성과를 만들어낼 수 없는 아마추어 실업자가 되는 것. 이것이 본래의 세일즈가 가지는 근원적 특성입니다. 결국, 농사꾼의 프로스펙팅 역량, 사냥꾼의 스크립트 역량으로 무장된 영업자는 어느 곳에 가서든 언제나 마르지 않는 샘과 같은 풍부한 고객을 확보해 지속 가능한 성과를 창출합니다. 저는 대기업, 중소기업, 개인 사업, 지금의 1인 기업에 이르기까지 지난 27년 동안 실무자로서, 관리자로서, 경영자로서 영업과 관련된 일을 계속 해왔습니다. 제

경험에 비추어 볼 때 콜드콜링 역량을 갖춘 영업자들은 회사에서든 창업을 해서든 늘 기업가 정신을 가지고 움직이고 있음을 알 수 있었습니다.

기업가 정신을 가지고 움직인다는 것은 기회를 기다리지 않고 스스로 기회를 만들어가는 능력을 의미합니다. 그렇기에 세일즈는 수동적인 월급쟁이 마인드로는 한계가 있습니다. 비록 회사에 소속해 있을지라도 내가 직접 발굴하고 조사해 컨택하는 과정에서 생겨나는 고객을 향한 문제 해결 의지, 기여하고자 하는 마음가짐 등은 기업가 정신과 맞닿아 있습니다. 이런 마인드로 무장된 분들은 어디에 가서 무슨 일을 하더라도 제 몫 이상을 하게 되어 있습니다. 아마도 많은 사람들은 다양한 이유로 영업이라는 직업을 갖게 되었을 것입니다. 여러분은 행운아라고 감히 말하고 싶습니다. 왜냐하면 불확실성이 점점 더 고조되어 가는 오늘의 시대, AI가 인간의 직업을 대부분 잠식해 갈 미래의 시대에서는 새로운 시장과 고객을 개척할 수 있는 도전적이고 진취적인 사람들에게만 성취와 성공이라는 기회의 문을 열어줄 것이기 때문입니다. 그 중심에 세일즈 커뮤니케이션의 핵심을 담고 있는 콜드콜링이 있습니다. 부디 이 글을 접한 많은 영업자가 콜드콜링을 통해 성공적으로 약속을 잡고, 여러분의 진면목을 마음껏 펼쳐 목표로 하는 성과들을 달성할 수 있기를 바랍니다.

2 콜드콜이 MZ 세대 영업대표들에게도 중요한 이유

콜포비아라는 말이 있다. 이는 비대면 문화에 익숙해진 MZ세대들을 중심으로 발생하는 '전화 공포증' 현상을 말한다. 최근 〈동아일보〉에서 조사한 바에 따르면 이들은 주로 문자나 메신저 등 텍스트 위주의 소통 방식을 선호한다. 이어서 콜포비아의 구체적인 증상과 전화 통화에 어려움을 느끼는 이유 1위 항목들을 각각 살펴보니 '전화받기 전 높은 긴장감이나 불안을 느낌'이 62.6%, '생각을 정리할 틈 없이 바로 대답해서'가 59.1%로 나타났다.

그런데 사실 이러한 증상들은 정도의 차이만 있었지 예전 기성세대들에게서도 동일하게 볼 수 있었다. 다만, 최근 10년간 모바일 환경의 혁명적인 발전과 비대면 문화의 확산 등이 겹쳐지면서 요즘 세대들에게 더욱더 전화 사용이 불편하게 느껴졌다고 보는 것이 합리적인 판단일 것이다. 그런데 우리가 마주해야 하는 비즈니스 상황 속에서 전화 사용을 배제하기란 아직까진 상상하기 어렵다.

이에 대한 근거로 팬데믹 기간 동안 〈동아비즈니스리뷰〉에서 조사한 '코로나19 이후 B2B 세일즈 고객 채널 중요도 변화'에 관한 보고서를 보면 디지털 전시회를 비롯한 각종 온라인 기반의 웨비나Webinar 못지않게 전통적인 아날로그 기반의 전화 영업(콜드콜) 역시 함께 증가한 것을 볼 수 있다. 잠시 그 배경에 대해 생각해 보자. 가령 수십, 수백억에 달하는 거래 제안을 위해 한 번도 마주한 적이 없는 중대형 기업 고객 담당자에게 문자나 카톡으로 거래를 성사시키기는 매우 어려울 것이다. 그러니까 기업 거래에서 전화의 용도는 중대형 규모의 거래 제안을 위한 '약속 잡기' 도구로 사용된다는 의미이며 그것이 곧 기업 간 거래에서 콜드콜의 실제적인 정의이기도 하다.

상기의 내용들을 바탕으로 MZ세대 영업대표들에게 콜드콜이 여전히 중요한 이유를 크게 두 가지 측면에서 정리해 볼 수 있겠다. 첫째, 비동기식 소통 도구와의 시너지 측면, 둘째, 영업 역량의 강화적 측면이다. 먼저 비동기식 소통 도구와의 시너지 측면이다. 우리가 비즈니스를 할 때 카톡이나 문자와 같은 비동기식 asynchronous(시차를 두고 소통하는 방식) 매체는 고객에게 생각하고 판단할 수 있는 시간적 여유를 준다는 측면에서 긍정적이다.

하지만 낯선 가망고객에게 익숙하지 않은 혁신적인 제품, 서비스 등을 제안하기 위해서는 보다 더 적극적인 동기식 synchronous(시차를 두지 않는 소통 방식) 매체가 적절히 병행될 때 세일즈의 성과가 높아짐은 분명한 사실이다. 비유하면 오른손 왼손을 다 잘 쓰는 양손잡이 영업대표가 되는 것이 성과를 내는 데 더 유리하다고 말할 수 있다.

다음으로 영업 역량의 강화적 측면에서는 또 다시 두 가지 정도를 강조하고 싶다. 첫째, 콜드콜은 전반적인 영업 역량을 강화하는 전문가 영업의 핵심 도구가 된다. 전문가 영업에서 가장 중요한 것은 제품 중심의 사고에서 벗어나 고객의 환경 속에서 이슈를 발굴해 질문을 해내는 능력에 있다. 이를 위해서는 고객사에 대한 사전 학습이 무엇보다 중요한데, 콜드콜은 이와 같은 활동들을 비교적 짧은 시간 안에 스크립트 작성으로 향상시킬 수 있다. 그러므로 콜드콜 역량을 강화하면 고객사에 대한 분석 역량 더 나아가 전략적 판매 역량이 향상된다.

둘째, 신규 고객을 발굴하는 과정에서 승부사 정신을 강화한다. 기업의 꽃을 영업이라 한다면 영업의 꽃은 신규 개척에 있다. 콜드콜은 바로 신규 고객을 발굴하는 최고의 도구가 될 수 있는 것이다. 이때 필요로 하는 것이 승부사 정신인데 승부사 정신은 주로 영업 현장에서 그 빛을 발한다. 그런데 간혹, 승부사 정신을 무대뽀 정신 등에 비유하면서 콜드콜을 비효율적인 영업 방법으로 잘못 생각하시는 분들이 있는데 이는 콜드콜의 개념 및 방법론을 정확하게 학습하지 못한 결과에서 비롯된다.

즉, 콜드콜을 프로스펙팅(고객 발굴, 고객 조사, 고객 컨택의 총칭)의 관점이 아닌 단순한 전화 영업으로만 인식해서 그렇다. 이와 같은 인식은 콜드콜을 고객에게 자사의 제품이나 서비스를 설명하거나 설득하는 방식으로만 활용해 왔기 때문이며 이 과정에서 고객의 저항을 받았을 때 "역시 콜드콜은 어렵고 힘들며 효율적이지 않아" 하고 단정 짓게 되는 것이다. 하지만 프로스펙팅의 관점으로 접근하면 상황은 달라진다.

　프로스펙팅은 "적합한 고객과 부적합한 고객을 분류하는 것"으로 정의된다. 고객을 발굴하는 단계에서부터 면밀한 사전 조사를 바탕으로 해당 고객의 이슈를 키워드나 구문으로 정리하고 이를 검증된 스크립트 프레임에 잘 반영해 활용하는 순간 콜드콜은 효과적인 고객 발굴의 도구로서 어렵지 않게 사용할 수 있게 된다. 설사 고객의 저항이 발생하더라도 전혀 문제될 것이 없다. 왜냐하면 해당 시점에서 고객의 저항은 그저 부적합한 고객임을 알려주는 하나의 신호로만 간주하고 필터링하면 그만이기 때문이다.

　사실 이 과정에서 승부사 정신의 DNA라 할 수 있는 영업의 열정과 맷집이 자연스럽게 길러진다. 바야흐로 대면과 비대면, 아날로그와 디지털이 공존하는 하이브리드 세일즈 환경이 도래했다. 디지털에 익숙한 MZ세대들이야말로 데이터에 기반한 프로스펙팅(=콜드콜링 세일즈) 활동을 통해 더욱더 균형잡힌 영업 전사로 거듭날 수 있을 것이다.

3 콜드콜 시 알아두면 유용한 스킬

▷ **상황**

당신은 낯선 가망고객사에 성사시키고 싶은 중요한 제안이 있다. 지난주에 관련 메일을 보냈으나 1주일이 지나도 아무런 답변이 없다. 가장 일반적인 상황에서 보통 영업자 A와 프로 영업자 B의 접근이 어떻게 다른지 살펴보자.

일반 A: 안녕하세요 ○○기업 ○○○입니다.
고객: 네, 무슨 일이시죠?
일반 A: 지난주에 ○○건으로 메일을 보냈는데요, 혹시 검토해 보셨는지요?
고객: 죄송합니다, 바빠서 보지를 못했는데요.

프로 B: 안녕하세요 ○○기업에서 ○○일을 하고 있는 ○○○입니다.
고객: 네, 무슨 일이시죠?
프로 B: 지난주에 ○○건으로 메일을 보냈는데요, 아마 바쁘셔서 미처 검토하시지 못하셨을 것 같습니다.
(이제부터 콜드콜 기본 스크립트를 가동한다)

고객: 네, 그렇군요! 그렇다면 ○○도 가능한가요?

▶ **스킬의 핵심**

낯선 가망고객에게는 가급적 확인하는 형태의 질문을 하지 않는다. 라포가 형성되지 않은 가망고객에게 어떤 것을 확인코자 질문을 하는 순간 가망고객은 순간적으로 머뭇거린다. 분위기만 어색해진다. 귀찮은 경우 해당 메일을 봤음에도 안 봤다고 말할 수 있다. 실제 안 보고 휴지통으로 가는 경우도 많다.

대신 평서문으로 문장을 끝맺는다. "아마 바쁘셔서 검토하시지 못하셨을 것 같습니다." 이렇게 하면 가망고객으로부터 저항이 나올 수가 없다. 그때부터 준비된 스크립트를 이어가면 된다.

A는 또다시 리소스를 재투입해야 하는 번거로움과 저항을 맞이하게 되지만, B는 반대로 가망고객의 관심을 향해 작은 진전을 이루어간다.

전략 없는 시도는 헛발질이다

1 세일즈는 운이나 들이대기로 하는 것이 아니다

영업자들이 가장 힘들어하는 것이 무엇일까? 뭐니뭐니 해도 들쭉날쭉한 영업 실적일 것이다. 어떤 달은 성과가 좋다가도 또 어떤 달은 성과가 좋지 않을 때 이를 실적이 널을 뛴다고 하여 롤러코스터 현상이라고 한다. 롤러코스터 현상에 대해 많은 영업자들은 핑계를 대기 마련이다. 경기가 어떻고, 시장 매기賣氣가 어떻고, 우리 제품/가격이 어떻고 등등. 하지만 전문가 영업/전략적 판매 레벨에서는 이런 변명들이 통하지 않는다. 크게 두 가지 이유에서다.

① 정교화된 실적 관리 프로세스를 통해 운과 어림짐작이 개입되는 걸 막고
② 예측이 어려운 시장에 선제적으로 대응함으로써 불확실성을 최소화하기 때문이다. (물론, 직관의 영역도 중요하게 다룬다. 그러나 그것은 다른 영역의 문제다.)

오랜 세월 대한민국 기업에서 영업은 그 업이 지닌 전문성에 비

해 제대로 주목받지 못해 왔다. 그 이유는 뿌리 깊게 박힌 제조 중심의 문화 때문이다. 즉, 영업은 공장에서 만든 상품을 그저 밖에 나가 잘 팔기만 하면 그만이라는 식이었던 거다. 그러다 보니 많은 기업에서 영업 조직은 언제나 혁신의 대상에서 제외되기 일쑤였고, 소위 영업 인력들의 개인기에만 의지한 채 지식 기반의 학습 조직으로 성장하지 못해 왔다. 그러나 이제 세상이 변했다. 기술과 서비스의 상향 평준화로 인해 고객 입장에서 선택의 폭이 커졌고, 그 어느 때보다 고객 접점의 영업적 차별화가 중요해졌다.

분명한 것은 이제 지속 가능한 기업의 성장과 성공을 위해서는 영업 인력과 영업 조직의 전문화가 변수가 아닌 상수, 선택이 아닌 필수가 되었다는 사실이다. 이에 대해 문제점을 인식한 기업들이 어려움을 호소해 오는데, 요약해 보면 큰 기업 작은 기업 가릴 것 없이 다음과 같은 공통적인 고민거리들을 갖고 있음을 알 수 있었다.

① 새로운 시장에 대응하기 위한 영업 마인드의 혁신, 고객 대응력 강화가 필요합니다.
② 고객은 저만치 앞서가는데 우리의 영업은 아직까지도 과거의 안목과 영업 방식에서 벗어나지 못하고 있어요. 변화가 필요하다는 것은 알겠는데 구체적으로 무엇을 어디에서부터 어떻게 바꾸어야 할지 막막합니다. 도와주세요.

이에 대해 나는 해당 문제들을 극복하기 위한 장단기 측면에서의 전문가 영업/전략적 판매 로드맵과 단계별 접근 방식을 제시한다. 이를 통해 우리가 하는 세일즈가 얼마나 정교화된 프로세스로 이루어진 고도의 복합 판매 매니지먼트인지를 확인할 수 있다. 유일하게 세일즈에서 운이나 들이대기 효과를 기대할 수 있는 경우가 있기는 하다. 고도의 전략을 선제적으로 펼치는 것이다.

2 영업에서 말하는 전략이란?

고객사의 젊은 임원이 묻는 듯이 말한다. "저희 고객들의 수준이 그렇게 높지 않습니다. 우리 영업 직원들에게 과연 높은 수준의 전략 지식이 필요한지 모르겠습니다." 내가 말했다. "전략에 관한 지식은 고객을 상대로 영업이 잘난 체를 하기 위해 필요한 것이 아닙니다. 고객사 구매환경에 대한 이해와 분석을 바탕으로 고객의 눈높이에 맞춘 영업을 하기 위함입니다." 여기에 사례를 하나 곁들이니 함박 미소를 지으며 고개를 크게 끄덕인다.

사례는 다음과 같다. 삼성전자 재직 시절 영업부서로 처음 배치를 받아 맡은 일 중의 하나가 PDP 제품의 활성화였다. 당시 이 시장에서 강자는 LG였다. 삼성은 유통망을 중심으로, LG는 다양한 직판 시장에서 활발하게 영업 활동을 하고 있었다. 개인적으로 볼 때 LG는 영업을 잘하는 회사다. 나는 우리가 상대적으로 열세에 놓여있는 직판 시장에 도전장을 내밀었다. 사실 배경 설명이 재밌는데 지면 관계상 생략하고 요점 위주로 말하고자 한다. 제조사에서 B2B 영업을 잘하려면 총판이나 딜러 관리도 중요하지만 평소 최종 소비자에 대한 관찰 활동이 매우 중요하다.

우리의 제품이 어떤 시장에서 사용되며 누가 주로 공급하는지를 역추적하기 시작했다. 그 결과 종로의 낙원상가에 있는 모 악기상을 찾게 되었다. 겉으로 보기엔 작고 허름했지만 이곳을 통해 전국의 교회나 나이트클럽, 노래방 등으로 대량의 음향 기기와 함께 PDP가 공급되고 있음을 알게 되었다. 매출 규모도 상상을 초월했다. 사장님은 내게 말했다. "내가 이곳에서 20년 가까이 일하면서 삼성 담당자가 직접 찾아온 것은 이번이 처음이네." 그분의 말엔 뼈가 있었다. 주로 이곳은 경쟁사들이 다양하게 제품을 공급하고 있었는데, 나중에 알고 보니 삼성 직원들은 그동안 코빼기도 보이지 않았다며 내심 섭섭한 마음을 가지고 있었던 것이었다.

나의 전략적 분석은 이 시장의 규모와 경쟁사들의 공급 현황은 물론 우리들의 강약점을 파악하는 데 주력했고(처음엔 러프하지만 대략적인 스케치를 그린다), 이내 이곳 낙원상가 내 주요 악기상을 상대로 우리의 제품을 공급해야겠다는 결론을 내렸다. 참고로 당시 우리 제품은 제품력(이것도 관점에 따라 LG 제품이 더 우수하다는 평이 많았다)을 제외하고 가격이 제일 비쌌고 워런티 등 기타 비가격 지원 정책적 측면에서도 열세였다. 그만큼 펼칠 수 있는 전략은 매우 제한적이었다. 그래서 매일 태평로 삼성 본관에서 퇴근을 하면 낙원상가로 출근을 하다시피 하며 상가 내 사장님들께 눈도장을 찍기 시작했다. 개인적으로 음악과 악기에 대한 관심이 많았던 것도 일조했다.

그렇게 1달여 남짓 박카스 사 들고 꾸준하게 방문을 하며 이곳저곳을 돌았더니 전략적으로 타게팅 한 바로 그 고객사에서 오퍼를 주었다. 물량은 적었지만 매우 의미 있는 진전이었다. 최선을 다해 유관 부서를 찾아가 협조를 구했고 진력을 다해 고객의 문제들을 챙겼다. 이가 아니면 잇몸으로 해결하자라는 각오였다. 이후 물량을 차츰차츰 늘릴 수 있었고 급기야 해당 고객사 대부분의 물량을 당사의 제품으로 윈백시킬 수 있게 되었다. 훗날 사장님과 친해지면서 내게 통기타 선물을 주며 하신 말씀이 아직도 잊혀지지 않는다. "우린 열정적인 박주민 씨와 일하는 게 좋습니다."

이 사례에서 주는 시사점을 정리하면,

① 큰 틀에서 볼 때, 영업에서 전략은 고객사 구매 환경에 대한 이해를 바탕으로 경쟁사를 이기기 위한 기여 프로그램 기획의 차원으로 이루어져야 한다.
② 구체적으로 영업에서 전략은 우리의 강약점을 파악하여 우리가 잘할 수 있는 것들을 중심으로 팩트가 아닌 인식 싸움에서 승기를 가져오기 위한 전술 활동으로 이어져야

한다
③ 궁극적으로 영업에서 전략은 경쟁사와 경쟁하지 않는 것에 있다. 오직 개별 고객사에게 제공할 고객가치의 실현을 위한 목적에서 끊임없이 수정되어야 한다
④ 그러므로 영업 인력과 영업 조직의 전문화는 전략 학습을 통한 전략적 사고의 배양부터 이루어져야 한다

 이 모든 바탕에는 영업의 스피릿(spirit: 근성)이 굳건히 자리 잡혀 있어야 한다.

3 좋은 전략과 좋은 전술의 조화

좋은 전략에는 좋은 전술이 따라야 한다. 세일즈에서 말하는 전략을 영업대표의 입장에서 세분화한 개념을 포지션position이라 하는데, 이를 고객 접점에서의 고객을 향한 영업대표의 입장 정리라고 표현한다. 결국, 세일즈에서 좋은 전략은 영업대표의 여러 입장들을 모아 놓은 포지션들의 합에서 나오게 된다. 가령, 고객의 구매 결정 기준이 싼 가격인데 우리 제품이 제공할 수 있는 장점이 품질뿐이라면 당신은 어떻게 입장 정리를 분명히 하겠는가? 방법은 고객의 구매 결정 기준을 변경시키거나, 자사의 강점을 부

각시키거나, 경쟁사의 강점을 약화시키거나 하는 등의 전략을 펼쳐야 할 것이다. 그러니까 해당 시점에서 영업자가 자신의 입장(포지션)을 제대로 세우지 못하면 지금 언급한 적절한 전략들을 세우기가 어렵게 된다.

세일즈에서 말하는 전술은 이러한 전략들을 수립하기 위한 영업자의 스킬을 말한다. 세일즈 스킬에는 여러 가지가 있지만 그중에서도 단연 질문 스킬이 중요하다. 왜냐하면 질문을 통해 고객의 니즈를 먼저 그리고 깊게 파악해야만 하기 때문이다. 고객의 니즈에는 1차 니즈와 2차 니즈가 있다. 보통 마케팅에서는 2차 니즈를 원츠wants라고 표현하는데, 그 표현이 무엇이 되었든 중요한 건 고객 스스로도 정리되지 않은, 인식하고 있지 못한 여러 숨겨진 니즈들을 발견하는 데 초점을 두어야 한다. 이러한 것들을 파악할 수 있는 질문을 제대로 던질 수 있을 때 비로소 경청도 시너지를 낸다.

당연히 일반적인 질문 스킬들로는 이를 파악하기가 어렵다. 핵심은 영업자의 질문을 통해 고객의 머릿속에 문제 해결은 물론 부가된 특정 가치로 인한 긍정과 혜택의 이미지가 떠오르게 해야 한다. 그리고 결정적으로 그것을 고객의 입으로 말할 수 있게끔 해야 한다. 이와 같은 질문들은 고객의 관점에서 많은 궁리 끝에 설계돼야 하는데 기본적인 컨셉 질문은 다음과 같다. "왜 그것이 중요한가요?" "그것이 어떻게 도움이 될까요?" "~한다면 어떤 이

점이 있겠습니까?" 등이다. 이렇게 해당 이슈에 대한 입장 정리를 질문을 통해 계속해서 업데이트하게 되면 마침내 좋은 전략을 수립하게 되고 좋은 전략이 또 좋은 전술을 부르는 선순환의 구조에 들어서게 된다.

고객은 가격이 아닌 가치를 산다

1 당신의 세일즈를 차별화하라

경쟁 전략의 핵심은 차별화다. 이른바 시장에서 차별화는 4P를 통해 이루어진다. 제품 디자인에서 출발해 가격, 유통, 프로모션 전략 등이 세팅되면 사실상 마케팅팀 일의 한 사이클은 일단락된다. 과거엔 이 단계가 바로 세일즈팀의 전술이 되기도 했다. 심하게 말하면 세일즈팀은 마케팅팀이 주는 지침에 따라 고객을 만나고 정책을 전달하는 메신저 기능에 불과했다. 이와는 별도로 어떤 영업 직원은 거래처 사장과 호형호제하며 몇 달치 매출 실적을 끌어오기도 했다. 당시엔 이를 마케팅 전략의 차별화에서 나왔다기보다는 그의 개인기라고 보는 견해가 많았다. 그러나 오늘날에는 이러한 개인기조차도 잘 먹혀들지 않고 있다. 세대와 매체를 포함한 경쟁 환경 자체가 급속하게 바뀌어가고 있기 때문이다.

과거 미국에서 MBA나 마케팅을 전공하고 온 분들이 마케팅 서적을 많이 출간했다. 그런데 거기서 끝인 경우가 많았다. 실제적으로 중요한 차별화가 지금부터 펼쳐져야 하는데 이에 대해 언급을 하는 사람들이 별로 없었다. 무엇을 말하려는 것인가? 고객에 대한 세일즈 차별화를 언급하고자 함이다. 사실상 차별화가 더 중요해지는 시점은 제품이 고객에게 팔릴 준비가 되어 있을 때부터다. 제품 차별화가 디자인이나 가격, 광고 혹은 프로모션과 같은 전반적인 시장 차원에서 아무리 잘 세팅되었다 할지라도 개별 고객사들에 대한 가치 제공의 여부는 영업대표가 어떻게 세일즈를 하느냐에 달려 있다.

다시 말해 아무리 좋은 제품/가격/유통/프로모션 차별화가 잘 진행되었다 하더라도 한 고객(사)에게 엄청난 효과를 주는 차별화 요소가 다른 고객(사)에게는 전혀 중요하지 않을 수 있다는 말이다. 왜냐하면 세일즈는 사실을 넘어선 인식의 영역 싸움이며 각각의 고객사가 중요시하는 구매의 결정 기준이 저마다 다르기 때문이다. 심지어 계속해서 변화한다. 그것도 미묘하게. 표면적으로는 시장의 고객들이 거의 비슷한 결정 기준을 갖고 있는 것처럼 보이지만 자세히 들여다보면 그들에게는 영업대표가 효과적으로 사용할 수 있는 많은 개인차가 있다. 이를 고객사 내부에 존재하는 다양한 구매 영향력자들의 성취 요소라고 한다.

안타깝게도 성공적이지 못한 영업대표들은 자신들의 고객사들에게서 그러한 개인차를 발견하지 못한다. 그래서 그들은 오로지 가격이 고객의 모든 의사결정에 중요한 기준이라고 단정한다. 그러나 지금까지의 여러 연구에 의하면 그것은 사실이 아니다. 반면 유능한 영업대표들은 이러한 개별 고객(사)들이 가지고 있는 여러 개인차를 이용해 세일즈 차별화를 이루어 목표로 하는 성과들을 달성해낸다. 세일즈가 어려운 이유는 여러 요소가 있지만 고객이 생각하는 최우선 구매 결정 기준을 우리가 충족시켜 줄 수 없을 때이다. 마케팅 전략의 관점에서 보면 가격을 할인해 주는 방법 이외엔 더 이상 전진해 나갈 요소가 없어 보인다.

그러나 세일즈 영역에서는 그렇지가 않다. 유능한 영업대표라면 데이터와 직관 모두를 총동원해 현재 고객(사)이 중시하는 구매 결정 기준들을 자사가 유리한 쪽으로 변경시키거나 축소시킬 수 있기 때문이다. 여기에는 아주 다양한 차별화 전략, 취약점 극복 전략이 요구된다. 물론 이것이 쉬운 일은 아니다. 그렇다고 호형호제로 뚫을 수 있는 문제는 더더욱 아니다. 이는 철저히 전략의 문제이며 그렇기에 깊은 숙고의 과정과 전략 기획의 과정을 동시에 필요로 한다. 여기에 세일즈의 묘미가 있다. 객관적 기준에서만 놓고 보면 모든 항목 하나하나가 경쟁 업체에게 밀리는데도 불구하고 고객에 대한 세일즈 차별화를 제대로 이행할 경우 불리한 상황마저 우리 쪽으로 유리하게 전환시킬 수 있기 때문이다.

> **댓글** 당신의 회사가 그리고 제품이 경쟁 업체들에 비해 모든 면에서 열세인가? 이는 당신이 최고의 전략 영업 마케터가 될 수 있는 최적에 조건에 들어서 있음을 의미한다. 모든 조건이 충족된 온실 속에서는 결코 최고의 영업 전사가 만들어지지 않는다.

2 우리 제품이 너무 비쌉니다, 어떻게 팔 수 있을까요?

여러 경로로부터 자주 받게 되는 질문이다. "우리나 경쟁사나 품질에서는 거의 차이가 나지 않습니다. 그런데 우리 제품이 경쟁사보다 가격은 훨씬 더 비쌉니다. 이런 경우 어떻게 수주할 수 있을까요?" 결론부터 말하면 영업대표 스스로 아무런 차이가 없다고 확신하고 가격 이슈 이외의 다른 대안을 적극적으로 고려하지 않는다면 방법은 없다. 특히나 거래의 규모가 크고 계약에 이르기까지 긴 시간이 소요되는 중대형 기업 고객을 상대로 한 영업에서는 상담 자체를 처음부터 끝까지 전략적으로 준비해 이끌어갈 필요가 있다. 단순히 "우리는 이런 것도 좋고 저런 것도 좋아요" 하는 식이어선 곤란하다.

전략적 영업 상담에서 가장 난이도가 높은 단계가 있다. 우리가 충족시킬 수 없는 고객의 핵심적인 구매 결정 기준을 축소시켜야만 하는 경우다. 예를 들어, 지금처럼 고객은 가격을 최우선 구매 결정 기준으로 삼았고 우리는 그것을 도저히 충족시킬 수 없는 경우 어떻게 가격 이슈를 축소시킬 수 있을까? 크게 네 가지 전략을 전개해 볼 수 있다.

① 추월하기 overtaking 전략
② 재정의하기 redefinding 전략

③ 상충관계 이용하기trading-off 전략
④ 대안의 해결책 제시하기creating alternative solutions 전략

각각에 대해 간단히 설명하자면 추월하기는 자사의 차선책 B를 최대한 매력적으로 어필해서 고객의 구매 결정 기준 A를 흔드는 것을 말한다. 재정의하기는 새로운 요소를 투입하여 고객의 관점을 바꾸는 전략으로, 가령 고객이 오직 A만 바라볼 때 우리가 가진 B에 새로운 요소 C를 더함으로써 B+C 〉A가 되도록 인식을 바꾸는 것을 말한다. 상충관계 이용하기는 고객이 A나 B를 선택할 경우 이러이러한 제한적 요소가 있다거나 혹은 더 큰 이익이 있음을 상충적으로 보여주는 것을 말한다. 대안의 해결책 제시하기는 한마디로 B 〉A가 되도록 하는 것인데 가장 어려운 해결책이지만 동시에 가장 확실한 대안을 제시함으로써 고객의 관점을 완전히 뒤바꾸는 전략을 말한다.

결국, 고객을 내 편으로 만드는 전략적 영업 상담의 관건은 고객의 단계별 구매 결정 과정에서 얼마나 성공적으로 고객의 구매 결정 기준에 영향을 미칠 수 있느냐의 문제로 귀결된다. 그중에서도 난감한 상황은 고객의 핵심적인 구매 결정 기준을 경쟁사는 충족시켜 줄 수 있는 반면 우리는 그렇지 못한 경우라 할 수 있는데, 그럼에도 불구하고 포기하지 않고 상기의 네 가지 전략 프레임들을 통해 해결 방안을 강구하고 또 강구한다면 불리한 여건 속에서

도 전세를 역전시킬 수 있다. 이것이 바로 전략적 영업의 묘미이며 영업대표에게 요구되는 승부사 정신이기도 하다.

3 관건은 지불할 만한 가치를 보여주는 것

교육 진행을 위한 고객사와의 킥오프 미팅을 하다 보면 예상치 못한 사람들이 참석하는 경우가 있다. 가령, 대표이사나 임원진 등이 예정에 없이 들어오는 경우다. 오늘도 임원 한 분이 참석했다가 중간에 갑자기 나갔는데, 그러면서도 가장 많은 설명과 질문을 해왔다. 이 사례를 통해 공급자는 고객사의 현재 포지션(현재 이슈, 시급성, 예산 등등)에 따라 대응 수위(설명과 설득의 방식, 소요 시간)를 달리하면서 상황 대응 미팅을 유연하게 진행해야 함을 말하고자 한다.

이를 위해서는 어떠한 상황이 주어지더라도 고객의 고정관념과 의구심들을 해소시킬 수 있는 창의적인 대응이 필요하다. 참고로 우리가 진행하는 전문가 영업/전략적 판매 토탈 교육 프로그램은 비용이 적지 않다. 그렇다 보니 기업 입장에서는 비용 부담이 있기에 설사 관련 업계에 잘 알려져 있다 하더라도 최대한 검증을 하고 싶은 것이 당연하다. 그래서 오늘은 한쪽 손으로는 연습장을 세워 잡고 다른 한 손으로는 볼펜 판서를 병행해 가면서 마치 첨삭식 과외를 하듯이 이해를 도왔다. 중간에 박스 채우기

퀴즈도 냈다.

왠지 오늘은 이렇게까지 하지 않으면 자신들이 처한 상황을 객관적으로 파악하기가 어려워 보였기 때문이다. 대상자에 따라 정규 교육에서 3시간 정도는 설명해야 겨우 이해가 될 법한 내용을 단 한 장의 그림으로 딱 10분 만에 설명을 했더니 이사님이 떠나며 한마디를 남겼다. "왜 최고액의 강의료를 받으시는지 알겠습니다. 먼저 제 생각부터 바꾸어야겠네요. 앞으로 잘 부탁드립니다." 그다음부터는 어떻게 회의가 진행되었을지 짐작할 수 있을 것이다.

보통 이런 미팅은 30분에서 1시간 이내에 끝나는 것이 대부분이지만, 드문 경우 보드판에 판서를 하면서 거의 컨설팅 수준으로 이해와 설명을 돕는 경우도 있다. 그러다 보면 90분~120분 정도가 소요되기도 한다. 재밌는 건 미팅 후 담당자가 보내주는 문자의 내용이다. 다음은 오늘 받은 문자다. "오늘 덕분에 긍정적인 에너지 많이 얻고 배웠습니다. 덕분에 기분 좋게 하루를 마무리할 수 있을 것 같습니다. 한 편의 강의를 들은 기분입니다."

세일즈에 성공한 것이다. 바로 이것이 비즈니스 세계에서 점점 더 중요시되는 가격을 가치로 치환하는 소프트 스킬 역량에 해당한다. 요컨대, 비싸 보이는 가격을 지불할 만한 높은 가격으로 인식시키는 것, 이것이 실력이다!

4 영업의 막힌 혈을 뚫는 법

다음 이야기는 삼성전자 재직 시절 '삼성전자 100인의 영업인상'을 수상하는 데 많은 기여를 한 영업 사례 중 하나로, B2B 영업 활동 시 난관에 봉착했을 때 극복하는 노하우를 포함하고 있다. 반도체를 잘 만드는 삼성전자가 유독 약했던 기술 분야가 있었으니 바로 카메라로 대표되는 광학 기술 분야였다. 그런데 재밌게도 2000년대 초반 모니터를 위시한 디스플레이 제품군으로 엄청난 매출 증가세를 구가하던 삼성전자 디스플레이 사업부의 수장이 광학기술이 핵심인 프로젝터 제품의 국내 시장 M/S를 확장하라는 주문을 하게 된다. 당시 삼성은 프로젝터에 들어가는 핵심 광학 부품인 램프와 렌즈를 제대로 만들 수 없었는데, 일본의 NEC와 기술 협약을 맺고 ODM(엄밀히 말해 완벽한 ODM으로 볼 수는 없었지만) 방식으로 삼성의 로고를 붙여 국내 시장에 런칭하기로 한다.

문제는 모니터 매출만으로도 배가 부를 대로 부른 국내영업사업부 모니터 영업부 내에서 아무도 프로젝터 M/S 확장 프로젝트의 영업 PM을 맡으려 하지 않았다는 점이다. 그래서 내가 손을 들었다. 이유는 두 가지 때문이었다. 첫째, 이번 기회에 제대로 실력 발휘를 하여 뭔가 임팩트 있는 기여를 하기 위함이었고, 둘째, 기존에 하고 있던 일이 주는 매너리즘에서 벗어나 뭔가 새롭게 도전해 보고 싶다는 순수한 동기도 그 이유 중에 하나였다. 예상했던 대로 PM을 맡자마자 수많은 난관들이 닥쳐왔다. 우선 소니, 엡손, SANYO 등을 대표로 하는 일본산 제품들과 벤큐 등 저가 제품으로 무장한 대만산 제품들이 시장의 대부분을 장악한 상황에서 우리가 비집고 들어갈 틈이 좀처럼 보이지 않았다.

가장 큰 난제는 다음과 같은 시장의 부정적 인식이었다. "자체 기술도 없으면서 무슨 프로젝터를 한다고" "일본 제품인 걸 누가 모르나 불량 나면 제대로 A/S나 되겠어?" "삼성 제품을 누가 사나? 결정적으로 돈이 되겠냐고?" 이 모든 시장의 소문은 안타깝게도 사실이었다. 특히 프로젝터는 주문에서 설치까지 시스템 에어컨과 비슷한 메커니즘으로 운영되어야 하는데, 이러한 운영 노하우가 전혀 없었던 우리가 쓸 수 있는 카드는 매우 전형적일 수밖에 없었다. 즉, 탄탄한 영업망과 담보력 그리고 유지보수 능력을 갖춘 외산 총판과 계약을 맺는 것이었다. 하지만 그 어떤 총판도 삼성과 계약하기를 꺼렸다. 아니, 그들 입장에서는 계약을 할 필요성을 전혀 느끼지 못한 게 당연한 것이었다.

당시에는 그나마 삼성이라는 명함이 통할 때여서 문전박대는 면할 수 있었지만 프로젝터에 관해선 논의하는 것 자체가 무의미하다는 식이었다. 이때 눈에 들어온 곳이 하나 있었는데 바로 도시바 총판인 Y사였다. 담당 부장님과 오랜 시간 대화를 나누면서 그들의 속깊은 니즈를 파악할 수 있었다. 물론 그 니즈는 그들 스스로도 인식하지 못한 니즈였다. 이에 대한 나의 아이디어는 Y사에게 마진이 좋은 삼성 모니터를 함께 판매할 수 있도록(시장의 반발을 최소화할 수 있는 제한된 특약점의 형태) 해주겠다는 제안이었다. 그리고 마침내 제안을 받아들여 삼성 프로젝터 총판 계약을 하기로 했을 때 얼마나 기뻤던지…. 그런데 기쁨도 잠시. 수차례에 걸쳐 계약 조건을 검토하고 마침내 계약일을 앞둔 며칠 전 시점에서 청천벽력과 같은 전화를 받게 된다. "박 대리님 죄송하게 되었습니다. 이번 계약 못 하게 되었습니다."

이유인즉, 일선에서 물러난 왕회장님이 삼성과의 계약을 반대했기 때문이란다. 알고 보니 과거 삼성과 매우 안 좋은 기억이 있었다고 한다. 전혀 예상하지 못한 변수였다. 담당 부장님과 경희대 근처에서 밤을 새워 술을 마셨던 기억이 지금도 생생하다. "(거의 울먹이듯) 박대리 님과 정말 잘해보고 싶었는데 일이 이렇게 되어 진심으로 죄송합니다." 적지 않은 상처를 빨리 추스른 뒤 기존 삼성의 전형적인 총판 계약 방식을 벗어나 새로운 방식으로 시장을 인큐베이팅 해야겠다는 생각을 하게 되었다. 첫 번째로 한 일은 프로젝터를 사용하는 오피니언 그룹들의 커뮤니티를 서칭한 것이다.

마침내 포털 사이트 다음Daum 내에 프로젝터 전시 동호회를 발견하게 된다. 이곳에서는 정기적으로 국내에서 사용되는 모든 외산 프로젝터 제품의 사용 후기는 물론 회원들과 영화를 함께 보며 브랜드별 프로젝터의 등급을 매긴 후 리포트를 작성해 게시판에 제공하는 서비스를 했다. 이내 동호회 시샵을 찾아갔고 몇 차례의 설득 끝에 삼성 프로젝터를 해당 품평회(전시회)에 겨우 등록시킬 수 있었다. 그리고 이때부터 본격적인 영업 활동이 시작되었다. 왜냐하면 이곳의 주요 회원들 중 프로젝터 판매를 하는 소규모 딜러들이 있었기 때문이었다. 결국 하향식 방식의 총판 계약이 아닌 소규모 딜러들을 중심으로 실판매를 지원하는 상향식 방식으로 전환해 이들을 인큐베이팅하게 된다. 그리고 약 1년여에 걸쳐 이들을 키워 몇 개의 전문점 계약을 끌어냈고, 우리에겐 척박하기만 했던 이 시장에서 유의미한 M/S를 확보하는 데 성공한다.

이 사례에서 주는 시사점을 정리하면 다음과 같다.

① 영업이 막막할 때 해당 제품이나 서비스를 사용하는 주요 엔드유저군이나 시장 내 오피니언 리더들을 찾고 그들 안에 감춰진 속 깊은 니즈를 파악하는 데 주력하라.
② 전형적인 방식에서 탈피해 창의적인 기여 프로그램을 기획하고 제안하라. 세일즈는 궁리의 비즈니스 곧 전략의 비즈니스다. 무작정 고객을 만나려고 하지 말라.
③ 어떠한 난관 속에서도 스스로를 긍정적으로 독려하라. 결국, 영업은 열정이 동기부여가 되는 비즈니스다. 지속 가능한 동기부여는 회사가 주는 게 아니다.

5 관계 영업에 대한 오해

B2C이든 B2B이든 세일즈 영역에서 고객과의 관계 영업은 매우 중요하다. 이는 디지털 시대가 도래하고 4차 산업혁명을 지나 5차, 6차, N차 산업혁명이 도래해도 마찬가지다. 그런데 약간의 오해들이 있는 것 같다. 관계 영업 하면 으레 고객과 술 마시고 호형호제하거나 아니면 어떠한 형태로든 고객과 친해지는 그 무엇쯤으로 생각하는 소위 'Something Special Relationship'을 연상하곤 하는데 관계 영업의 본질은 그게 아니다.

영업은 크게 관계 지향 영업과 거래 지향 영업으로 구분해 볼 수 있다. 주로 고객과의 장기적인 관계가 중요한 영업은 관계 지향 영업으로 보고, 거래를 통한 현재의 매출을 최대화하는 영업은 거래 지향 영업으로 구분해 볼 수 있다. 주로 전자를 B2B 세일즈의 영역으로 후자를 B2C 세일즈의 영역이라고 봐도 무방한데, 사실 이 둘은 고객과 시장의 특성에 따라 서로 혼재한다고 보는 것이 맞을 것이다. 그렇다면 오늘날의 상황에 맞게 관계 영업을 보다 적절하게 표현하는 용어에는 무엇이 있을까?

그것은 '고객가치 지향성 영업'이며 본질적인 의미에서 관계 영업에 가장 가깝다고 볼 수 있다. 고객가치 지향성 영업을 요약하면 실력과, 꾸준함, 진정성을 보유한 전문가 영업 인력이 고객의 니즈를 잘 듣고 파악해서 고객에게 적절한 선제안까지 할 수 있는 능력을 가졌을 때 '고객가치 지향성 영업을 잘한다'라고 말할 수 있다. 이 개념이 왜 중요할까? 여러 이유가 있지만 가장 핵심적인 이유는 세대가 바뀌었기 때문이다.

오늘날 기업 내 의사결정 라인은 빠르게 MZ 세대로 교체되고 있다. 이들은 과거 세대들과 같이 관계 친밀도에 의해 의사결정을 한다기보다는 자신의 성취를 위해 실질적인 솔루션을 제공하는, 다시 말해 고객가치 지향성이 강한 영업 인력으로부터 제공받는 '성취 솔루션'에 의해 고무된다. 부연하면 과거의 관계 영업이 관계 친밀도로 인해 오더를 받아낼 수 있었다면 지금의 MZ 세대들에게는 먼저 '성취 솔루션'을 제공해야 하고 그에 대한 추가적인 아웃풋의 하나로 관계 친밀도가 따라온다고 보는 것이 타당하다.

6 B2B 영업 교육의 오해와 진실

이 글은 기업내 영업 조직의 원활한 영업 실행을 위해 HR 담당자 및 영업 리더를 위한 글이다. 잊을만 하면 받는 질문이 있다. "대표님은 어떻게 다양한 업종의 기업에서 한결같이 좋은 평가를 받으실 수가 있는 거죠?" 이 질문의 실제 의미는 이렇다. 해보지도 않은 업종인데 어떻게 그들의 영업을 이해하고 교육을 진행하느냐이다. 실제로 교육하는 고객사들의 업종은 다양하다. 의료, 헬스케어, 전자, 화학, 통신, 보안, 플랜트, 각종 S/W, 서비스, 교육, 유통, 화장품, 기업 보험 등등…. 심지어 최근에는 국가 인증 서비스까지. 물론 나는 이 모든 업종의 영업을 직접 해보지도 그들만큼 잘 알지도 못한다. 이에 대해선 크게 세 가지로 답변을 해 볼 수 있겠다.

3P라는 정통 기업 영업의 전문화된 문법이 있기 때문이다

문법은 각각 원칙principle, 프로세스process, 훈련practice으로 이루어져 있다. 먼저 원칙에 대해 ① 기초적인 예, ② 전문적인 예를 각각 하나씩만 들어보겠다. "① 고객에게 팔려고 다가서면 고객은 물러서지만 고객의 문제에 집중하면 고객은 다가온다. ② 공급자의 납품 이후 동기 급강하motivation dip 이론에 의거 고객의 심리는 불안 단계로 급속히 접어들게 된다. 이 단계에서 영업대표는 고객을 보다 섬세하게 케어할 필요가 있다"가 되겠다. 요약하면 B2B 영업 교육 콘텐츠는 비록 과학은 아니지만 검증된 원리에 기초한 체계화된 전문 영역을 다룬다. 다음은 프로세스다. 중대형 기업고객으로 갈수록 프로세스가 중요한 이유는 해당 거래가 한 번으로 끝나지 않기 때문이다. 즉, 지속 가능한 성과를 포함 리뉴얼을 고려한 상호 윈윈하는 거래 관계로 발전하려면 프로세스가 반드시 구축되어야 하고 정기적으로 업데이트를 해나가야 한다.

마지막으로 훈련이다. 원칙과 프로세스가 전략에 해당한다면 훈련은 실전 적용을 위한 고도의 전술 영역에 해당한다. 참고로 전략과 전술에 우열은 없으나 우선순위는 존재하는데, 적절하고 꾸준한 훈련이 뒷받침될 경우 전술은 전략을 보다 빛나게 만들어 목표로 하는 것들을 효과적으로 달성하게 만들어 준다. 오랜 세월 대한민국에서 영업 교육이라 하면 특정 영업 대표의 개인기 즉, 화법이나 투지, 관계의 기술, 세일즈 글쓰기 등 멘탈이나 커뮤니케이션 기법 위주로 접근해 온 경우가 많은데 이런 교육들은 보통 B2C에서 따왔거나 전략적 요소를 충분히 반영하지 않은 경우가 대부분이라고 보면 된다. 특히, 중대형 기업 고객을 대상으로 할 경우엔 전략이 전술보다 훨씬 더 중요하다. 전체적으로 영어 학습의 비유를 통해 정리해 본다면 문법이 없어도 회화는 가능하지만 어느 시점에 가면 고급 영어로 발전하지 못하는 때가 오기 마련인데 이는 (고급) 문법을 통해서만이 해결 받을 수 있는 이치와 같다.

학습자 중심의 코칭과 퍼실리테이션 교육이다

위에서 언급한 3P가 아무리 완벽하게 구비되었다 할지라도 교수자 위주의 일방적인 전달 방식으로는 높은 만족도의 교육 효과를 기대할 수 없다. 해당 업종의 특성을 타는 영업 교육은 특히 더 그렇다고 볼 수 있다. 이는 곧 교수자의 사례는 참고용이 되어야 하고 실질적인 사례는 해당 교육생들의 비즈니스 현안이 되어야만 높은 몰입도를 유발할 수 있음을 의미한다. 이것이 가능하려면 교수자가 해당 교육생들의 사업 현안과 문제 속으로 깊게 파고들어야만 한다. 높은 교육 평점은 이 시점에서 주로 형성된다고 보면 된다.

동기부여다

기업 내에서 영업 조직은 공식적으로 외부 고객을 상대하는 유일한 독립 조직의 형태를 띠고 있다. 이는 영업 인력들이 얻게 되는 동기부여의 원천이 기업 내외부에 고르게 걸쳐져 있음을 의미한다. 즉, 영업대표는 본사와 고객을 연결하는 브릿지의 역할뿐 아니라 때로는 고객의 입장에서 또 때로는 본사의 입장에서 각각 사업적으로 진행 여부를 판단할 수 있어야 함을 뜻한다. 이렇듯 기업 영업은 승부사적 기질을 바탕으로 코디네이터의 역할을 요하는 직업적 특수성을 포함하고 있다. 가령, 어떤 세일즈는 최초 제안 영업을 들어갈 때부터 대손충당금을 고려한 리스크 테이킹 영업을 해야 할 때도 있는데, 이에 대한 모든 거래적 판단은 원칙적으로 고객 접점에 서있는 영업대표가 1차적으로 내려야만 한다.

무슨 이야기를 하고자 하는가? 교수자가 이러한 대상자들에 대한 사업적 이해와 공감이 없이는 교육생들에게 높은 동기부여를 줄 수 없음을 말하고자 함이다. 그래서 아무리 좋은 교육 콘텐츠가 있다 할지라도 세일즈의 생성 원리를 이해하는 교수자의 다양하고도 풍부한 영업 경험 및 통찰, 대상자에 대한 섬세한 강의력과 코칭 등이 뒷받침되지 못한다면 여간해선 영업 인력들에게 동기부여를 주기가 상당히 어렵다. 여기에 더해 사명감으로 똘똘 뭉친 교수자의 진정 어린 열정은 이 모든 것들을 원활하게 만드는 전력 공급의 원천power supply이 된다.

 풍부한 경험과 인사이트를 보유한 검증된 교수자의 강의를 현장에서 직접 접해야 하는 이유는 단순한 정보 전달을 넘어 "이 사람이 왜 이런 생각을 했는가?" "어떻게 관점을 이동했는가?"와 같은 맥락을 표정, 제스쳐, 억양, 열정, 비하인드 행간 등의 비언어적 감성과 태도를 통해서 제공받을 수 있기 때문이다. <알고리즘 리더>의 저자 마이크 월시는 "인간은 예외적인 것을 관리하고 맥락을 살펴 데이터를 구하기 어렵고 모호하며 모순된 상황에서 더욱더 빛을 발한다"라고 했다. 이처럼 핵심은 맥락을 읽는 능력에 있는데, 바로 이것이 ― AI에 대체되지 않는 미래형 인재에게 필요한 ― 암묵지에 해당하는 소프트 스킬이며, B2B 영업자가 단순 판매자가 아닌 고객의 문제를 전략적으로 해결하는 전략 영업 마케터 혹은 전략 영업 컨설턴트로 거듭났을 때 발휘되는 능력이기도 하다. 내가 돕고자 하는 주된 일이다.

PART 3
리더십으로 조직을 혁신하라

강한 영업 조직은 설계부터 다르다

1 영업 조직의 전문화는 어떻게 구축되는가?

현재 운영하고 있는 유튜브 구독자는 3천여 명 정도밖에 되지 않는다. 하지만 감사하게도 소위 찐 구독자가 적지 않은데 여기에는 대기업의 임원이나 중소/중견기업들의 CEO들, 각 기업별 영업리더들이 포함되어 있다. 바로 이들이 영업 조직에 관한 고민거리를 해결하기 위해 직접 연락해 오고는 한다. 아마도 다른 매체와 달리 유튜브에서는 얼굴을 마주하고 관련 슬라이드 자료를 띄워 입체적으로 설명하기 때문에 더 신뢰감을 가지는 것 같다. 어떻든 이들은 직책에 맞게 고민의 포인트도 실무자들과 다르다.

말하자면 과거에는 선배들이 후배들 밥 사주고 술 사줘 가면서 영업의 노하우를 전수해 주는 문화가 있었다. 그런데 요즘에는 워라밸을 중시하는 젊은 후배 영업 직원들, 미래에 대해 불안에 휩싸인 선배 영업 직원들이 각자 따로 논다. 그러다 보니 영업 조직 내에 영업적 자산이 축적되지 못하고 있다. 퇴사자라도 발생하면 그가 가진 모든 영업적 자산은 사실상 없어져 버리고 마는 것이다. 이러다 보니 젊은 영업 직원들이 영업에서 비전을 찾지 못하고 현상 유지에 만족하고는 한다. 이직이나 전직도 많아지고, 한마디로 영업 조직의 약화가 진행되고 있는 것이다. 어떻게 하면 좋을까?

현대 경영학의 아버지라 불리는 피터 드러커는 지식에 대해 '재생산이 가능한 성과'라고 정의했다. 재생산이 가능하다는 것은 조직적으로 보면 지적 자산화를 의미한다. 조직의 지적 자산화가 거의 이루어지지 않는 조직을 노가다 조직이라고 한다. 그다음이 인수인계 조직이고 최상단에 지식 축적의 조직이 존재한다. 그렇다면 영업 조직이 재생산이 가능한 성과를 이루는 지식 축적의 조직이 되려면 어떻게 해야 할까? 솔루션은 다음과 같다.

① 동기부여 제고
② 단기/중기 영업성과 프로그램 진행
③ 장기 영업성과 프로그램 진행

　영업은 가장 중요한 것이 사기다. 사기가 떨어지면 아무리 좋은 조건을 갖추고 있다 하더라도 이내 한계가 따른다. 그런데 우리가 하는 복합판매(B2B 세일즈) 비즈니스는 단순하게 정신 승리로 극복될 수 있는 분야가 아니다. 그렇기에 보다 더 근원적이고 특별한 동기부여책이 필요하다. 즉, 데이터와 자료에 근거한 업의 가치와 비전, 방향성을 먼저 찾아주어야 하고, 가치 기반의 영업을 위한 마인드를 이성적/감성적으로 리셋시켜 주어야 한다. 다음으로 형식지explicit knowledge와 암묵지tacit knowledge의 조화를 통한 교육훈련이 병행되어야 한다. 바로 이러한 것들이 체계적으로 잘 이루어지고 영업 조직 내에 하나의 매뉴얼처럼 프로세스로 정착되었을 때 비로소 상기의 언급된 문제들을 극복하고 지식 축적의 조직으로 거듭날 수 있게 된다.

　교육 현장에서 리더들에게 다음과 같이 챌린지한다. "이제 영업을 경험으로만 하는 시대는 지나갔습니다. 여러분 회사의 영업적 히스토리들을 제가 일러드리는 이론과 지식에 근거해 모듈화시키고 이를 지속적으로 업데이트해 가면서 영업 직원들을 직접 코칭 하십시오." 이렇게 되면 영업 리더는 해당 분야의 작가나 PD

처럼 형식지의 전문가가 되고 동시에 자신이 수십 년간 해왔던 경험치들을 전수해 주는 암묵지의 전문가가 된다. 이래야 비로소 후배들로부터 진정한 영업 전문가로서 존경받게 되고 해당 영업 조직은 지식 축적의 조직으로 성장 발전해 갈 수 있다.

 그 이후에 맛난 것도 많이 사주시라!

2 성과 나는, 이기는 영업 조직 만들기

지난 28년간 대기업, 중소기업, 개인 사업, 스타트업, 지금의 1인 기업에 이르기까지 B2C와 B2B를 넘나들며 다양한 형태의 영업 조직에서 각각 실무자로서, 관리자로서, 사업자로서 일해왔다. 이 땅의 모든 유형의 영업 조직을 대변할 수는 없겠지만 그간의 경험과 타 업종의 사례들을 살펴보았을 때 성과가 잘 나지 않는 영업 조직의 특징을 세 가지로 정리해 볼 수 있었다. 물론, 이외에도 더 많은 특징들이 있으나 지금부터 열거하는 세 가지 특징들만 그 반대로 운영해도 지금보다 더 성과가 잘 나는 영업 조직으로 탈바꿈할 수 있을 것이다. 자 그럼 간단히 살펴보도록 하자.

첫째, 현상 유지 마인드에 젖어 있는 영업 조직이다. 다른 비영업 조직들도 마찬가지겠지만 특히나 더 영업 조직만큼은 현상 유지 마인드에 빠져서는 안 된다. 그 이유는 성과가 곧 생명인 영업 조직의 특성상 이러한 현상 유지 마인드가 3개월 후, 6개월 후, 1년 후에 해당하는 미래의 영업 파이프라인을 야금야금 갉아먹기 때문이다. 영업 조직에서 현상 유지 마인드는 마치 바이러스와 같아서 리더들은 현상 유지 마인드 타파를 위한 체계적인 조치를 취해야만 한다. 대표적인 조치로는 승부사 정신을 고양시키는 것이다. 승부사 정신은 회사 차원에서의 노력과 영업대표 개인적인 차원의 노력이 함께 병행될 때 그 효과가 높다. 먼저 회사 차원에서는 즐거움을 주는 분위기, 격려하는 제도 등을 통해 영업대표들의 사기를 진작시킬 필요가 있고, 개인적인 차원에서는 긍정적인 사고, 전략적인 사고를 키워 회복탄력성을 향상시킬 필요가 있다.

둘째, 가격 탓 제품 탓만 하는 영업 조직이다. 당연히 가격과 제품은 영업 전략의 주요한 차별화 수단임에는 틀림없다. 하지만 구조적 특성을 띠고 있는 기업 영업에서 가격 하나만 가지고, 제품 하나만 가지고 구매 결정이 판가름 나는 건 결코 아니다. 그럼 어떻게 해야 할까? 핵심은 고객의 구매 사이클 휠을 이해하고 각각의 구매 사이클 단계에서 필요한 전략적인 조치들을 취할 수 있어야 한다. 예를 들어, 구매 사이클 초기 단계에서는 고객의 니즈를 발굴하고 확장시키는 노력이 필요하다. 참고로 여기에는 기존 고객, 신규 고객의 구분이 없다. 어떻든 고객은 무언가가 곤란하거나(곤경 모드 trouble mode) 성장하고 싶은 욕구(성장 모드 growth mode)

가 인식되었을 때에만 구매를 고려하기 때문이다. 이때 영업대표들에게 요구되는 핵심 역량이 바로 질문 스킬이다.

  세일즈는 질문 비즈니스라고 할 만큼 질문 역량이 매우 중요한데 영업대표는 고객을 만나기 전 고객사에 대한 철저한 사전 조사와 공부를 통해 핵심을 찌를 수 있는 질문 리스트를 설계한 후에 영업 상담에 임할 수 있어야 한다. 이외에도 많은 구매 사이클 단계가 있지만 이 질문 설계 능력만 제대로 갖추어도 고객의 구매 사이클 전반에 걸쳐 긍정적인 영향을 미칠 수가 있다. 마지막으로는 신규 고객 발굴을 게을리하는 영업 조직이다. 이때 신규 고객 발굴을 꼭 낯선 잠재 고객으로만 한정할 필요는 없다. 즉, 기존 고객일지라도 앞서 얘기한 고객의 구매 사이클을 초기 단계에서부터 새롭게 리셋하여 고객의 니즈를 재발굴, 재확장시키면 된다. 하지만 그럼에도 불구하고 영업은 무에서 유를 창출하는 업의 본질에 맞게 새로운 고객을 향한 지속적인 신규 개척 활동에 힘을 쏟을 필요가 있다.

  사실, 이러한 신규 개척 영업 활동이 승부사 정신을 키우는 데 가장 효과적이다. 이때 필요한 것이 바로 영업대표의 프로스펙팅 역량이다. 프로스펙팅은 고객을 발굴하고(1단계), 조사해서(2단계), 콘택트하는(3단계) 일련의 3단계 프로세스를 총칭하는 말로, 이를 '적합한 고객을 찾고 부적합한 고객은 피하는 것'으로 정의한다. 그리고 이를 가시화시키는 것이 3단계에 해당하는 콘택트 활동, 즉 콜드콜링이다(=텔레 프로스펙팅). 콜드콜링은 단순히 물건을 팔기 위한 전화 영업이 아니다. 낯선 가망고객의 의사결정권자를 미팅 테이블로 끌어내 더 큰 영업 기회를 확보하기 위한 고도의 '약속잡기' 역량을 말한다. 이에 관해서는 전작들 중 〈프로미스〉를 잘 활용하시기 바란다. 혹여 성과 나지 않는 영업 조직의 특징 세 가지가 귀사에 있지는 않은지 점검하여 더 많은 성과를 내는 영업 조직으로 성장할 수 있기를 기원한다.

고객 중심의 리더가 회사의 중심이다

1 경영 리더십의 축소판이 세일즈 리더십이다

전략은 크게 기업 전략과 사업 전략으로 나누어 볼 수 있다. 기업 전략은 회사의 운영 차원에서 전략적 제휴 관리, 사업 다각화 전략, M&A 등을 다루고, 사업 전략은 사업부 조직 이하에서 차별화 전략, 가격 우위 전략 등을 다루는 것을 말한다. 그런데 회사 조직 내에서 기업 전략을 제외한 동일한 메커니즘으로 사업 전략을 관장하는 조직이 있다. 바로 영업 조직이다. 영업 조직은 특성상 회사 내에서 유일하게 외부 고객을 향한 리더십을 거의 독립적으로 실행한다. 이른바 세일즈 리더십을 말한다. 그래서 일찍이 세일즈가 발달한 국내외 기업에서는 영업 조직이 인력 선발과 교육, 동기 부여, 성과 관리, 리더십 전략을 독립적으로—혹은 본사 인사팀과 협력해—취급하고 관리한다. 쉽게 말해 'company in little company'가 성립되는 것이다.

최근 기업 경영 환경의 패러다임이 제조 중심 정책주도조직 경영에서 고객 중심 영업주도조직 경영으로 급격하게 이행되고 있다. 과거와 같이 제조의 혁신, 마케팅의 혁신만으로는 발 빠른 경쟁사의 카피copy 전략으로 인한 오버헤드를 감당할 수 없기 때문이다. 그래서 이제는 '잘 만드는 전문성' 못지않게 '잘 파는 전문성' 소위 '세일즈 혁신'의 시대가 도래한 것이다. 기업 세일즈, 그 중에서도 중대형 기업 고객을 대상으로 한 비즈니스 시장에서 가장 중요한 목표는 '제값 받기'와 '불확실성의 제거'이다. 영업 인력과 영업 조직의 전문성이 그 어느 때보다 중요해진 이유다. 앞서 가는 국내 기업들 및 선진 빅테크 기업들의 C-Level, CEO들의 이력을 보면 영업 출신이 유독 많은데, 영업에서 경영을 배울 수 있기 때문이다. 나는 전작들을 통해서도 영업 조직 내 영업 인력들을 '리틀 CEO'로 성장시켜야 함을 강조해 왔다. 세일즈 리더십! 제품 팔고 고객 관리 잘 하는 것 이상의 경영 리더십 관점에서도 바라봐야 한다.

2 리더십의 원천

회사는 구성원이 성숙한 인간이 되도록 만드는 교화의 장이 아니다. 엄밀히 말해 회사는 지속 가능한 경영을 위해 끊임없이 제도와 프로세스를 혁신하는 장일 뿐이다. 위아래를 불문하고 정치와 갈등이 만연한 조직을 들여다보면 공통적인 특징이 있는데 그것은 바로 모든 구성원들의 머릿속에, 대화 속에, 제도 속에 '고객'이 강렬하게 자리 잡고 있지 않다는 점이다.

만일 당신이 손님에게 따뜻한 커피 한잔을 제공하는 카페의 사장이라고 가정해 보자. 이때의 커피는 단순한 커피가 아니다. 그 한잔의 커피는 당신의 삶은 물론 당신의 가족을 먹여살리는 숭엄한 생존의 도구가 된다. 가장 힘써야 할 근본이라는 것이다. 일찍이 이를 간파한 스타벅스의 수장 하워드 슐츠는 전 직원들을 대상으로 한 사내 방송에서 다음과 같은 메시지를 전했다.

"스타벅스는 오늘날 전 세계 약 25,000여 개에 달하는 매장을 보유한 글로벌 기업이 되었습니다. 그리고 모두가 부러워할 만한 많은 업적도 쌓았습니다. 하지만 결코 잊지 않아야 할 사실이 있습니다. 우리가 하는 일의 가장 큰 가치는 매장을 방문한 고객에게 대접하는 한잔의 커피로부터 나온다는 사실입니다."

다음의 대한민국 헌법 제1조 2항을 많은 이들이 알고 있을 것이다. "대한민국의 주권은 국민에게 있고 모든 권력은 국민으로부터 나온다." 이 문장을 이렇게 응용해 볼 수 있을 것 같다. "지속가능한 기업 경영의 목표와 시스템은 이해관계자들에게 있고 모든 조직의 이익과 리더십의 원천은 고객으로부터 나온다."

3 영업 인력들의 애로사항

강의 현장에서 교육생들에게 틈 나는 대로 애로사항을 묻는다. 그러면 그럼 업종을 불문하고 상당수의 영업 인력들이 자주 언급하는 주제가 있다. 그것은 바로 회사 내부 인력들의 비협조적인 태도 때문에 힘들다는 것. 이렇듯 고객을 상대로 하는 영업 조직은 회사 내부의 여러 유관 부서의 협조 없이는 고객을 만족시키기가 어려운 구조를 안고 있다. 예를 들어 공장이나 R&D 부서들로부터는 제품 시연에 필요한 샘플 지원이나 적기 납품을 위한 물량 확보 등을, 마케팅 기획이나 여타 지원 부서들로부터는 판매 장려금이나 신제품 런칭 행사를 위한 다양한 정책적 지원 등을 기대한다.

그래서 과거에는 영업부서의 회식이나 소소한 모임이 있을 때면 반드시 유관 부서의 인력들을 초대해서 스킨십을 하곤 했다. 그래야 어려운 일이 생겼을 때 도움을 요청하기가 훨씬 수월하기 때문이다. 그런데 요즘은 상황이 예전과는 많이 달라진 분위기다. 특히, 대기업일수록 또 워라벨을 중시하는 기업일수록 이러한 자리를 마련하기가 녹록지 않다는 것. 그러다 보니 어떤 때는 회사 밖 고객들보다 회사 안 내부 인력들이 상전이 되어 소통하기가 더 어렵다는 볼멘소리를 하곤 한다.

이때 내려주는 처방은 다음과 같다. 정서적으로는 동료애를 품되, 업무적으로는 비즈니스 파트너처럼 대하라는 것. 원래 영업 업무라는 것이 구조적으로 반은 회사 밖 고객을 상대하는 독립적인 조직의 형태를 띠고 있고 나머지 반은 회사 안 내부 고객으로부터 협조를 구해야 하는 코디네이터의 성격을 지니고 있어서다. 그렇기에 '우리는 밖에 나가 회사에 돈 벌어다 주려고 이렇게 고

생을 하는데 자기들은 쾌적한 사무실에 앉아 펜대나 굴리고 있으면서…'와 같은 사고방식으로는 영업을 하기가 어렵다. 경영의 신이라 불렸던 이나모리 가즈오의 아메바 경영에서 유사한 면을 발견할 수 있다.

아메바 경영은 각 부서 간 '사내 매매'라는 방식으로 독립 채산 제도를 적용한다. 쉽게 말해서 사내의 다른 부서들을 거래선처럼 대하면서 '어떻게 하면 고객의 시점에서 이익을 최대화할 수 있을까'를 고민하라는 것이다. 이렇게 냉철하게 영업 인력들이 마음을 고쳐먹을 수만 있다면 '회사는 당연히 영업을 위해 무엇무엇을 해줘야만 한다'라는 사고로부터 자유로워져 일을 좀 더 객관적이고도 균형감 있게 다룰 수 있게 된다. 이제는 덮어 놓고 팔기만 하던 시대는 끝났다. 고객과 지속 가능한 관계를 유지하려면 내가 상대하는 모든 접점에서 고객들에게 만족을 줄 수 있어야 한다. 여기에는 회사 안과 밖의 구분이 있을 수 없다. 그렇기에 영업은 누구나 할 수 있는 것 같지만 아무나 할 수 없는 전문 사업가의 영역인 것이다.

경쟁 우위는 인재 발굴로 지속된다

1 어떤 직원을 영업부서에 배치하면 좋을까? ①

영업에 최적화된 인재의 유형이 있을까? 우리는 보통 영업 하면 성격이 밝고 친화력이 좋은 적극적인 유형의 사람이 성과도 좋고 영업 직종에 잘 어울릴 거라 생각한다. 결론부터 말하면 일부는 맞고 일부는 틀리다. 먼저 이런 유형의 사람이 잘 맞는 영업 직종이 있다. 상대적으로 거래의 규모가 작고 기술 관여도가 크지 않은 영역으로, 주로 개인을 대상으로 하는 소형 세일즈가 이에 해당된다. 이와 같은 소형 세일즈에서는 거래의 성공과 실패가 비교적 단시간에 결정되기 때문에 고객과의 분위기를 최대한 밝고 긍정적으로 연출하는 라포 능력이 무엇보다 중요하다. 당연히 성격이 밝고 친화력이 좋은 영업 직원에게 유리함은 두말할 나위가 없다. 여기에 효과적인 압박 기술이 가미된 설득 스피치가 어우러지면 금상첨화. 반면, 이러한 유형의 성격이 딱 들어맞지 않는 영역이 있다. 거래 규모가 크고 거래 기간이 긴 기업 간 대형 세일즈다. 이와 관련해서는 그간 많은 연구들이 있어 왔는데, B2B 세일즈에서는 너무 외향적이지도, 너무 내성적이지도 않은 양향적 성격의 소유자가 가장 성과가 좋은 것으로 나타났다.

오히려 몇몇 연구에서는 너무 외향적인 성격이 영업 성과에 부정적이라는 의견도 적지 않았다. 지나친 적극성이 고객들에게 부담을 주어 신뢰도를 떨어뜨렸기 때문이라는 것. 참고로 이 영역에서는 분석 능력과 제안 능력이 매우 중요하다. 반면, 내성적인 성격이 영업 성과에 긍정적으로 작용하는 경우도 있는데 주로 기술 관여도가 큰 업종에 해당된다. 실제 언급한 양극단의 세일즈들을 두루 경험해 본 바 이러한 연구들이 상당히 신빙성이 있음을 알 수 있었다.

다음은 기업이 채용 단계에서 영업 직원을 뽑을 때 고려해야 하는 영업 직원의 특성이다. 미국의 저명한 인사/마케팅 조사 전문가인 허버트 M 그린버그Herbert M. Greenberg와 데이빗 메이어David Mayer가 연구한 '무엇이 좋은 영업 직원을 만드는가? 어떤 사람을 영업직에 투입해야 할까?'에서 밝혀진 내용으로 영업 인력들에게 필수적으로 요구되는 두 가지 특성은 각각 **공감**empathy과 **자기 확신**ego drive이었다.

먼저 공감은 물건을 팔 수 있는 가장 핵심적인 능력으로, 고객의 숨은 의도를 파악해 내는 민감도와 세밀함을 의미하고, 자기 확신은 판매에 대한 자신감이나 열정, 실패를 딛고 발전하고자 하는 강한 신념이나 의지를 의미한다. 연구에서는 따로 언급하진 않았지만 이는 소형 세일즈에서나 대형 세일즈에서나 모두 해당되는 공통 특성으로 봐도 무방하다. 그런데 이 연구에서 매우 흥미로웠던 부분은, 한 회사가 직원들을 상대로 판매 성적 부진, 직원 간 불화, 해고 등에 대해 면밀한 조사를 실시했는데 그 결과 1/3 정도의 직원이 자신과 적합하지 않은 부서에서 일하고 있다는 사실이 밝혀졌다는 점이다.

즉, 뛰어난 판매 역량을 보유하고 있는 사원이 회계 부서나 생산 라인 등에서 관리 업무를 보고 있거나, 반대로 관리 역량이 뛰어난 사원이 영업 현장에서 일하며 저조한 실적을 보이는 경우도 있었다는 것. 이와 같은 사실로 미루어 볼 때 생각보다 적지 않은 기업에서 직원들의 역량과 부서 배치의 미스 매치가 일어나고 있음을 추측해 볼 수 있다. 개인적으로는 기업들이 모든 역량을 두루 갖춘 영업 직원 채용을 고집하기보다는 공감과 자기 확신의 특성을 지닌 신입 인력이나 내부 인력을 선발 및 발굴하여 체계적인 영업 역량 강화 프로그램을 통해 영업 전사로 육성해 볼 것을 제언해 본다.

2 어떤 직원을 영업부서에 배치하면 좋을까? ②

전편에서는 영업직에 어울리는 인재의 특성과 유형을 다루었다. 이번에는 영업 인력 채용 시 활용할 수 있는 실전 팁을 공유해 보고자 한다. 참고로 이 팁들은 저자가 고안한 방식들이기 때문에 기존 채용 시장에서는 잘 볼 수 없는 것들일 것이다.

첫째, **글쓰기 능력을 확인하라**. 모든 소통의 기본은 사실 말하기가 아니라 글쓰기다. 글쓰기가 잘되면 논리가 잘 서게 되고 이를 메시지화하여 상대를 설득하기가 훨씬 수월해진다. 특히, 기업 대상 영업직군에서는 말을 청산유수처럼 잘할 필요가 없다. 다소 말이 어눌해도 진솔하게 논리 전개만 잘 펼치면 고객으로부터 충분히 신뢰를 얻을 수 있다. 방법론적으로는 일정한 주제를 주고 즉흥 작문 테스트를 한다. 구체적으로 이메일을 통해 비즈니스 레터 작성을 시켜 볼 것을 추천한다. 시간은 5분에서 10분 정도면 충분하다. 능숙할 수는 없어도 전달하고자 하는 메시지를 어떻게 요약 정리하는지만 봐도 어느 정도의 소양을 파악할 수 있다. 글은 말보다 더 체계화된 지적 능력과 진실성을 요하기 때문이다.

둘째, **콜드콜링 테스트를 하라**. 즉, 전화를 걸어 낯선 가망고객과 약속을 잡는 능력을 시험해 보는 것이다. 콜드콜링 역량은 실전만큼이나 면접 테스트에서도 매우 유용하다. 전화상의 소통 역량과 목소리는 글쓰기만큼이나 후보자의 진실함과 근성, 순발력 등을 파악하는 데 좋기 때문이다. 이때 주의할 점은 후보자들이 아직 영업 경험들이 부족하므로 테크닉적인 측면에 중점을 두지 말고 고객의 관점에서 어떻게 논리를 펼쳐가는지를 잘 살펴보라. 대체적으로 콜드콜링을 잘 하는 영업대표들은 웬만한 오프라인 영업 활동에서도 발군의 실력을 보이지만 그 반대는 항상 성립하지 않는다. 그래서 영업대표들은 기존 인력이라 할지라도 수시로 콜드콜링 훈련을 통해 자신의 영업 역량을 점검할 필요가 있다.

셋째, <u>핸디캡을 감추지 않고 성의를 보이려는 후보자를 주목하라</u>.
영업은 가장 중요한 게 승부사 정신이다. 승부사 정신은 자신의 약점에 아랑곳하지 않고 당당하고 성의 있게 준비하려는 전략적 태도에서 드러난다. 어떤 면에서 보면 이가 아닐 때 잇몸으로라도 부딪혀 보려는 집념의 마인드이기도 하다. 영업은 팩트가 아닌 인식의 싸움 영역이다. 설사 자사 상품의 가격과 제품 경쟁력이 경쟁사에 밀린다 할지라도 궁리하면 반드시 방법을 찾아낼 수 있다. 그러려면 영업대표의 집념과 창의적인 노력이 반드시 필요하다.

다음과 같은 과제를 주고 5분 후 즉석 브리핑을 시켜보라. "자신의 삶에서 핸디캡을 극복하고 자신감을 회복했던 경험을 말해주세요." "당신이 취급하는 제품의 가격과 제품 경쟁력이 경쟁사에 비해 열세일 때 당신은 어떻게 고객을 설득시키겠습니까?" 등이 되겠다.

완벽할 수는 없어도 이러한 질문들이 주어진 일을 끝까지 완수하려는 후보자의 근성, 책임의식 등을 파악하는 데 적지 않은 도움을 줄 수 있을 것이다. 한 가지 더. 살아있는 눈빛까지! 잠재력이 큰 좋은 인재들을 잘 뽑아서 최고의 전문가 영업 인력으로 키워낼 수 있기를 바란다.

3 경쟁 우위

저명한 경영사상가이자 콜롬비아대학 비즈니스스쿨 교수 리타 건터 맥그래스는 그의 저서 〈경쟁 우위의 종말〉에서 "경쟁 우위가 지속되는 시대는 끝났다. 일시적 경쟁 우위를 끊임없이 획득해야 한다"라는 말을 했다. 놀라운 점은 이 책이 2013년도에 출간되었는데, 책에 묘사된 상당수의 내용이 오늘날까지도 빠르게 실현되어 가고 있다는 점이다.

경쟁 우위와 관련해 원 히트 원더 one hit wonder(데뷔 이후 한 개의 곡만 히트시키고 사라진 가수)에 대한 이야기를 해보자. 당연한 얘기가 되었지만 원 히트 원더로는 오늘날과 같은 변화무쌍한 시대에서 살아남기가 어려워졌다. 개그맨의 경우를 보자. 인기를 얻은 코너나 유행어 하나만 가지고는 그 세계에서 '경쟁 우위'를 지속하기가 힘들다. 끊임없이 새 코너나 유행어를 만들어내야만 겨우 살아남을 수가 있다. 이렇듯 거의 모든 영역에서 원 히트 원더는 그 한계가 분명해졌다.

가수 겸 작곡자 윤종신은 〈월간 윤종신〉이라는 자신만의 음원 매거진을 통해 2010년 4월 이후 매달 꾸준하게 싱글 single 음원을 발표해 오고 있다. 이 과정을 통해 그는 지금까지도 많은 히트곡을 탄생시키며 주위의 동료들로부터 부러움을 사고 있다. 한마디로 멀티 히트 원더 multi hit wonder가 된 것이다. 그렇다고 매거진을 운영하면서 아무런 어려움이 없었던 것은 아니었다. 초창기 〈월간 윤종신〉은 계속되는 적자 구조를 면치 못했다고 한다.

그러나 자신이 가야 할 방향에 대한 용기와 신념이 그를 남다른 경쟁 우위의 반열에 오르게 했다. 오늘날과 같이 변화무쌍하고 제품이나 콘텐츠의 반감기가 빠른 시기에는 단계적이고 선형적인 linear plan 계획보다는 이처럼 민첩하면서도 다양한 시도를 꾸준하게 여러 번 해나가는 것이 더욱 유효한 생존법이 될 수 있다. 이른바 부딪혀 가면서 해결해 가는 것이다.

다음은 미국의 한 기업 CEO가 자신의 성공에 대해 인터뷰한 내용이다. 인터뷰의 주제는 어떻게 그 기업이 명확한 전략적 계획으로 단계적 성공을 이루어 왔는가에 관한 것이었다. 그런데 그 CEO는 전혀 예상치 못한 답변을 해 주위 사람들을 놀라게 했다. "우리는 늘 계획적이지만 사실 그렇게까지 구체적인 전략이 있었던 것은 아니었습니다. 우리는 늘 다리를 놓아가면서 그 다리를 건너간 것뿐입니다We built the bridge as we walked on it."

개인과 조직이 지속적으로 경쟁 우위를 확보하고 유지하는 방법을 잘 드러내는 짧지만 매우 통찰력 있는 메시지라는 생각이 들었다.

2부

통찰

삶의 다양한 영역에서 탁월함을 추구한다

폭 넓 게 학 습 하 기

PART 1
내실과 성찰로 성장하라

결국 실력이 성장을 이끈다

1 대기업 경력의 취약점

과거 삼성전자 영업 조직에서 근무하던 시절 낯선 광경을 목격했다. 어느 날 출근을 했는데 못 보던 사람들이 회의실에 가득한 것이 아닌가. 알고 보니 사실상 퇴직을 앞둔 발령 대기자들로서 주로 공장에서 온 부서장급 인력들이었다. 기존 근무처도 생산, 품질, 관리 파트 등 다양했으며 이 중에는 내 지인도 있었다. 이들은 퇴직 후 대리점 운영을 위한 일종의 선행 영업 교육을 위해 온 것이었고, 어떻게 보면 당시로서는 좋은 퇴직 조건을 부여받은 선택받은 이들이었다. 하지만 동시에 평생 자신들이 만들거나 관리해 온 제품을 고객을 상대로는 단 한 번도 팔아본 경험이 없는 사람들이기도 했다. 이들에게 영업은 신세계와도 같았고 모든 것이 두렵게만 느껴졌다.

이와는 또 다르게 영업 조직 내 선배들 중 회사에서의 경험과는 무관한 영역으로 창업을 감행한 이들도 있었다. 바로 2천 년대 초반 닷컴 열풍이 불던 시기의 일이다. 하지만 이들 중 창업을 성공한 사례는 내가 아는 한 들어보질 못했고 결국 나중엔 다른 직장으로 재입사하거나 조용히 사라진 경우가 대부분이었다. 그들 중 나를 영입하려고(골드뱅크라는 벤처기업으로 기억한다) 했던 한 선배는 우리 회사에서 영업한 경험이 전혀 도움이 안 되었다고는 할 수 없지만 광야에서는 전혀 다른 차원의 근육이 필요함을 깨달았다며 현실과 이상의 차이를 설명해 주었다. 이 두 개의 스토리는 퇴직 후 창업 시 대기업에서의 직장 생활이 가져다주는 취약점을 그대로 보여준다.

어떠한 형태의 창업이든 모든 사업의 시작은 고객을 찾아 확보하는 것 즉, 영업으로부터 시작된다. 생각해 보라. 이 땅의 어떠한 성공한 창업주도 가만히 앉아서 고객이 오기만을 기다리는 경우는 없었을 것이다. 크든 작든 개국공신이라 불리는 지금의 임원들과 힘을 합쳐 발에 땀이 나도록 불철주야 시장을 일구었을 것이다. 이후 회사가 자리를 잡고 인력도 시스템도 어느 정도 구축되면 매해 새로운 인력들이 입사하게 된다. 하지만 영업 인력들조차도 이미 선배들이 만들어 놓은 기존의 거래처들을 인수·인계받아 영업을 하게 되는 경우가 많지 자신들이 주도적으로 가가호호 방문하여 시장과 고객을 개척하는 경우는 드물다. 그러다 보니 대기업에서 영업을 십수 년 이상을 한 사람도 막상 회사 밖으로 나가면 어떻게 고객을 확보해야 할지 막막해하는 경우가 많다.

대기업에서 영업 교육을 할 때 영업 인력들에게 향후 혹시 모를 일들에 대비하기 위해서라도 나의 경험 사례와 함께 당부하고 싶은 말이 있다.

지금처럼 모든 조건이 비교적 따뜻할 때 영업의 야성을 잃지 않도록 평소 본인들의 영업 역량을 최고치로 올려놓으라. 그러기 위해선 시키는 일만 하지 말고 남들이 꺼려 하는 3D(dirty, difficult, dangerous) 업무를 찾아 스스로 주도해 완성해 보라. 누가 보더라도 더럽고 어렵고 위험해 보이는 시장과 고객을 찾아 개척 활동을 열심히 하다 보면 어느 순간 자신의 영업 근육이 성장해 있음을 느낄 것이다. 그러면 크게 두 가지가 좋을 수 있다. 첫째는 운이 좋으면 회사에서 인정받아 남들보다 빨리 임원이 될 것이고, 둘째는 설사 회사를 나와도 자신감을 가지고 자신만의 사업을 구축해 나갈 수 있을 것이다. 어떤 경우든 이만큼 안전한 훈련과 보험은 없을 것이다. 물론, 그것이 반드시 성공을 담보하는 것은 아니다.

2 멈춤pause 속에 실력과 성장이 있다

운동을 할 때 중간중간 성장을 느끼는 순간이 있다. 며칠간 쉬고 난 후 재개할 때다. 매일 수영을 하다가 하루나 이틀씩 간격을 두고 다시 하면 지구력과 기술력이 더욱 향상됨을 느끼곤 한다. 이는 거의 모든 운동과 훈련에 적용되는 것으로 과부하와 회복의 원리에 기반한다. 우리 몸에 보상을 줌으로써 얻어지는 학습 효과인데 의도적으로 멈추는 타이밍을 정해서 실행하는 것이 중요하다.

학습이나 연구에서도 마찬가지다. 책 쓰기나 강의 교안을 만들기 위해 머리를 쥐어 짜내야만 하는 순간이 있다. 그럴 때 나는 관련 분야의 자료들을 열심히 읽고 난 후 최소 12시간 이상을 방치한다. 제일 좋은 방법은 전날 그렇게 하고 잠들어 버리면 좋다. 이때 우리의 무의식이 스스로 학습을 하게 되는데 그 효과가 기대 이상인 경우가 많다. 어떤 때는 의식하지 않고 읽었던 내용들마저 떠올라 스스로도 놀란다.

이후, 시간 간격을 두고 강의 리허설까지 한다. 1시간, 6시간, 1일, 3일… 이런 식으로 간격을 두고 하면 굳이 외우려고 하지 않아도 모든 내용들이 눈앞에서 자동으로 펼쳐지는 것 같은 경험을 하게 된다. 마치 SF 영화에서 홀로그램 영상들이 떠다니는 것과 비슷하달까. 이것도 결국 망각곡선이론에 의거한 스페이싱(간격 효과) 효과를 이용한 것인데, 이때에도 중요한 것은 스스로 멈추는 타이밍을 정하고 실행하는 데 있다.

세일즈 분야 세계 최고의 레인메이커들이 공통적으로 쓰는 고급 기술도 바로 멈춤^{pause}이다. 예를 들어, 고객에게 어떤 질문을 던진 후 고객의 답변이 끝났을 때 그들은 바로 질문하지 않고 2~3초간(3초 이상이 좋다) 그대로 멈춘다. 보통의 영업자들은 경청이 끝난 후 바로 질문하기 바쁘다. 고객과의 어색한 시공간을 견디기 힘들어하기 때문이다. 하지만 레인메이커들은 이 멈춤의 순간을 이용해 오히려 자신의 포지션을 유리하게 이끈다. 이 멈춤 기술을 이용할 경우 고객은 상대 영업자에게 더욱 집중하게 되며, 뜻하지 않았던 내부 정보를 더 많이 노출하는 효과가 있다.

이 밖에도 멈춤은 우리의 삶 속에서 다양한 도움을 준다. 그러니 자주 만나는 사람들과도 멈추어 보고, SNS도 한동안 멈추어 보는 등 모든 익숙한 것들로부터 잠시 멈추어 보라. 분명 우리 뇌에 디톡스 효과를 주어 이전보다 활력이 증가하고 정신이 맑아지는 경험을 하게 될 것이다. 일전에 멈춤이라는 용어가 들어간 베스트셀러에도 나왔듯이 삶의 지혜란 굳이 내가 무언가를 많이 해서 쟁취하는 것이 아니고 오히려 편안한 멈춤 속에서 자연스럽게 드러난다고 했다. 이러한 결과들로 보아 우린 멈추지 않을 이유가 없다. 한번 생각해 보라. 나는 지금 무엇을 멈추어야 할까?

3 진실을 파악하는 두 가지 전략

누군가 던진 돌멩이 하나가 고요한 연못을 깨운다. 잔잔하던 물결이 퍼져나가는 모습은 마치 세상에 알려진 진실과 닮아있다. 처음에는 돌이 떨어진 자리가 분명했지만, 시간이 흐르면서 물결은 이리저리 흩어져 어디가 시작점이었는지 알 수 없게 된다.

진실도 그렇다. 처음에는 분명하고 또렷했던 사실이 사람들 입에서 입으로 전해지고 시간이 흐르면서 점점 본래의 모습을 잃어간다. 마치 장님이 코끼리를 만지는 것처럼, 각자가 닿은 부분만을 진실이라 믿는다. 다리를 만진 사람은 기둥 같다 하고, 귀를 만진 사람은 부채 같다 하니, 결국 하나의 진실도 보는 이에 따라 수많은 모습으로 갈라진다.

이러한 현상을 극복하기 위해서는 두 가지 전략적 접근이 필요하다. 참고로 여기서 제시하는 두 가지 전략은 내가 기업에서 가르치는 전략적 판매에서 빌려온 것이다. 첫째는 감정적 균형을 유지하는 '도취-공황 관리 전략'이다. 특정한 현실을 마주했을 때 우리는 흔히 두 가지 극단적 감정 사이를 오간다.

진실을 발견했다는 도취감에 빠져 다른 가능성을 배제하거나, 반대로 불확실성에 대한 공황 상태에 빠져 판단력을 잃기도 한다.

이러한 감정적 기복을 인식하고 균형 잡힌 시각을 유지하는 것이 중요하다. 이때 이렇게 자신에게 묻는다. "나는 지금 도취 쪽에 가까운가? 공황 쪽에 가까운가? 혹은 그 중간 어디쯤인가?" 직관은 100% 의지할 것은 못 되지만 100% 배제해서도 안 될 만큼 중요하다.

둘째는 '전방위 구축 전략'이다. 진실을 파악하기 위해서는 단편적인 정보가 아닌, 상황과 관련된 모든 당사자들의 관점을 종합적으로 살펴봐야 한다. 마치 기업의 의사결정 과정처럼, 관련된 모든 이해관계자들의 입장을 파악하고, 각각의 증언과 증거를 체계적으로 수집하여 전체적인 그림을 그려나가는 것이다. 더 좁혀서 표현하면 수집 가능한 다양한 정보의 크로스 체크 전략이라고 말할 수 있다.

이 두 가지 전략은 상호 보완적이다. 감정적 균형을 잃지 않으면서도(도취-공황 관리), 체계적이고 포괄적인 접근(전방위 구축)을 통해 진실에 좀 더 가까이 다가갈 수 있다. 이는 마치 과학자가 자신의 직관을 검증하기 위해 객관성을 유지하면서도 다양한 각도에서 현상을 관찰/실험하는 것과 같다. 결국 진실을 파악하는 일은 감정과 이성의 균형 잡힌 접근을 요구한다. 너무 빨리 결론을 내리지 않으면서도, 체계적으로 정보를 수집하고 분석하는 자세가 필요하다. 이러한 균형 잡힌 접근만이 진실이라는 코끼리의 전체 모습을 제대로 파악할 수 있게 해준다.

4 당신의 일을 보다 창의적으로 잘 해내고 싶다면

3년 전에 만든 개념 '심심력'은 주어진 조건에서 할 수 있는 대로 일은 덜하고 자신이 처한 환경을 최대한 심심한 수준으로 만들어 개인의 경쟁력을 극대화할 수 있도록 하는 힘을 말하는 것으로 좁게는 어떤 문제들을 창의적으로 잘 해결해 내는 역량을 가리킨다.

우리가 어떤 일을 잘 수행하기 위해선 스스로 하는 일에서 의미와 재미를 발견하고 열정을 발휘하는 자기 동기력이 필요하다. 그리고 대체적으로 자기 동기력이 강한 사람은 높은 수준의 문제 해결력을 발휘하곤 한다.

구체적으로는 당면한 문제를 해결하기 위해 자신에게 주어진 자원에서 새로운 의미와 기능을 부여함으로써 최적의 솔루션을 제시하는 능력으로 요약할 수 있는데, 여기서 말하는 문제 해결력이 곧 창의성이며 세일즈 세계에서는 솔루션(혹은 오퍼링) 영업 역량이라고 말한다.

그런데 이와 같은 창의성과 문제 해결력이 뛰어난 사람일수록 신경계의 DMN^{default mode network}(기본 모드 네트워크)이 특히 잘 발달되어 있다고 한다. 즉, 아무것도 하지 않고 가만히 있을 때, 혹은 편안하게 명상할 때 활성화되는 신경망인 DMN이 창의성과 관련이 깊은 것으로 밝혀진 것이다. (엄밀히는 활성화되는 신경망도 있고 활성화되지 않는 신경망도 있다.)

사실 우리의 뇌는 가만히 있어도 끊임없이 활동을 하기 때문에 휴식만 취한다고 해서 창의성이 저절로 올라가는 것은 아니다. 즉, 명상과 같이 의도적인 수행이 필요하다. 그래서 제시했던 심심력 수행법 중 집중력을 높여 창의력 강화에 도움이 되는 방법 몇 가지를 제시하고자 한다. 여기에는 과학적으로 증명된 것 중 응용한 것도 있고 ②, ④와 같이 새롭게 고안한 것도 있다.

① 수시로 걸으면서 먼 하늘을 바라본다. 옥상 같은 데서 하면 좋다.
② 누울 수 있는 곳으로 이동해 태아 모양으로 몸을 말아 옆으로 가만히 누워 있는다. 이때 두 손은 머리를 감싸고 자신이 어머니의 뱃속에 있는 아기이며 어머니로부터 탯줄을 통해 영양분이 공급되고 있음을 상상한다.
③ 스마트폰을 최대한 이격시킨다. 업무 때문이라면 25분 정도의 간격으로 알람을 설정해 놓는다. 개인적으로는 스마트폰을 항상 침대 안쪽에 넣어두고 1~2시간 간격으로 메시지 확인만 한다.(SNS는 가급적 일을 완수한 후 잠깐씩만 한다. 혹은 주도적으로 포스팅을 할 때만 사용한다.)
④ 인터넷 검색을 무작위가 아닌 목표를 설정하고 한다. 예를 들어, 어떤 맛집, 어떤 영화를 찾아볼까 하는 식이 아

니라 잠시라도 스스로에게 질문을 던져 내가 원하는 카테고리가 무엇인지를 밝힌 다음에 검색을 시도한다.

이상은 실생활에서 바로 활용할 수 있는 방법들로서 개인적으로 자주 활용해 효과를 톡톡히 보고 있는 것들이다. 핵심은 자신이 처한 상황에 따라 얼마나 심심한(고요하면서도 고독한 상태) 순간을 확보해 외부로부터 다가오는 여러 노이즈들을 차단하느냐에 달려 있다. 이러한 것들을 습관화하면 집중력을 방해하는 불필요한 신호들로부터 벗어나 어떤 일이든 창의적으로 문제 해결을 하는 데 적지 않은 도움을 받을 수 있게 된다.

 일찍이 장자는 "진정한 자유에는 외로움이 따른다"고 했다. 여기서 말하는 외로움은 창의성을 제고시키는 고독력(aloness/solitude/심심력)과 밀접하다. 장자 때에는 고독이라는 표현이 없었을 뿐이다. 반면, 사회적 연결이나 소통의 어려움으로 인해 생기는 '홀로 고통받다'라는 의미는 말 그대로 외로움을 뜻하는 loneliness다. 그렇기에 흔히 사용되는 '고독사'라는 말은 부적합하다. 오히려 '홀로사'가 더 적합한 용어다.

5 숙달에 이르는 보편적 원리

특정 분야에서 전문가가 되려면 어떻게 해야 할까? 그러려면 해당 분야에서 요구되는 지식이나 기술이 먼저 숙달돼야 한다. 숙달이라는 것은 익숙하여 통달하게 된다는 뜻으로 우선은 숙달에 이르는 보편적인 원리를 이해하고 실천할 필요가 있다. 이와 관련 최근 흥미롭게 보고 있는 자기 계발 서적과 음악 경연 TV 프로그램에서 공감가는 부분이 있었는데 여기에 개인적인 경험을 담아 그중 일부를 소개해 본다.

첫째, '동경'의 대상이 있어야 한다. 이유는 동경하는 마음이 없으면 잘하고자 하는 의지가 지속적으로 생겨나지 않고 결과적으로 무언가에 능숙해지는 즐거움 자체를 경험하기 어렵기 때문이다. 각 분야 전문가들로부터 "저는 그분을 보면서 꿈을 키워 왔어요"와 같은 인터뷰를 많이 보았을 것이다. 어떤 지식이나 기술을 연마해 가는 과정에는 반드시 고통이 수반되기 마련인데 이를 이겨내기 위해선 동경의 대상이 필요하다.

말한 대로 포기하고 싶은 고통이 찾아올 때마다 이를 이겨낼 수 있는 힘은 주로 동경하는 대상으로부터 나온다. '그분도 이러한 고통의 과정을 통해서 경지에 이른 것이겠지' 하는 것을 되뇌다 보면 어느새 없던 힘도 솟아오른다. 나 역시 과거 기업 교육을 하시는 명강사 한 분을 늘 마음에 품고 스스로 동기부여를 고쳐시켜

왔던 순간들이 있었다. 그리고 그 대상을 점진적으로 더 다양하게 삼아 가면 좋다.

둘째, 적극적 모방이 있어야 한다. 동경의 대상이 있다면 그 대상이 가지고 있는 지식과 기술 심지어는 경험과 통찰까지도 내 것으로 재구성해 만들 수 있어야 한다. 공자는 모방이 지혜를 얻는 가장 쉬운 방법이라고 했다. 이와 달리 적극적 모방은 상상력까지 동원해 대상이 지닌 그 이상의 것들을 스스로 만들어내는 것으로 단순한 모방과는 차원이 다르다.

소림 무술 영화를 보면 이를 쉽게 이해할 수 있다. 사부는 제자에게 수년간 무술은 안 가르쳐 주고 오직 빗자루질만 시킨다. 이때 수많은 제자들 중 고수가 되는 자는 극히 일부로 사부의 일거수일투족을 관찰하면서 연상법을 이용한다. 이들은 아무도 없는 깊은 숲속으로 홀로 들어가 이렇게 저렇게 사부의 동작들을 연상해 가면서 자신의 기술을 접목해 연마해 나아간다. 그리고 그 과정에서 자신에게 맞는 새로운 무술법이 탄생된다. 친절하고 상세한 교육이 늘 좋은 것 같지만 오히려 부족한 것들을 스스로 채워가는 과정에서 큰 도약이 일어나곤 한다.

내 경우에도 동경의 대상으로부터 강의 코칭을 받아 많은 배움을 얻었지만 일정 수준 이상의 경지에 오를 것을 마음에 품자 깊은 목마름을 느끼기 시작했다. 그렇다고 맨날 그분을 찾아가서 가르침을 부탁할 수도 없는 노릇이었다. 그래서 대상의 서적은 물론, 그분의 블로그 글, 유튜브 영상들을 수십, 수백 번을 반복해 가면서 보고, 이어서 혼자 방에서, 옥상에서 강의 리허설을 또다시 수십, 수백 번 이상을 연습했다.

이때 모든 과정을 실제의 교육 현장처럼 가정하고 진행하는 것이 포인트다. 예를 들면, 베개를 청중으로 삼고 질문을 던지고 대화를 주고받는다든지, 당혹스러운 질문을 받았을 때 이를 대처하는 방법을 강구한다든지 하는 것이다. 중요한 부분에서는 거울을 보거나 동영상으로 찍어 셀프 코칭을 하기도 한다. 이 과정에서 나만의 강의법, 스킬들이 만들어졌다.

요즘에는 동경의 대상과 적극적 모방의 범주가 더욱 확장되었다. 최근 주인공은 얼마 전 종료된 음악 경연 TV 프로그램 〈한일가왕전〉에 나온 일본인 가수 우타고코로 리에다. 그녀의 음악에 완전히 매료가 되어 거의 며칠간은 하루 종일 그녀의 음악만 반복해서 들었는데, 거기서 더 나아가 왜 수많은 출연자 중 유독 그녀의 음악이 많은 이들에게 감동을 주었을까에 관해 연구했다.

실제로 그녀가 부른 곡들 중 〈어릿광대의 소네트〉는 동료 가수들은 물론 대부분의 관객으로 하여금 눈물을 흘리게 했는데 그 핵심은 '호흡 절제력과 힘 조절'에 있었다. 모 음악 전문가의 유튜브에서는 실제 그 곡은 음역대가 그리 높은 편이 아니었음에도 듣는 이에게 상당히 높은 음역대처럼 더 울림 있게 들렸던 것 같다고 했다. 물론 타고난 그녀의 청아한 목소리, 나이와 경력에서 나오는 깊은 내공, 여유 있는 미소와 제스처 등이 함께 아우러진 결과이긴 하지만 이번 곡에서는 그녀의 호흡 절제력과 힘 조절 기술이 크게 작용했다고 전했다.

요컨대, 충분히 호흡을 다 뽑아낼 수 있는 부분에서도 호흡을 다 쓰지 않았고, 힘을 주어 얼마든지 힘껏 발산할 수 있는 포인트에서는 오히려 힘을 빼니, 축적된 실력 위에 공감을 일으키는 가사가 덧붙어 더욱 진한 공명을 일으켰다는 것이다. 나 역시 기업 교육 현장에서 이를 실천하고자 항상 노력해 왔으나 늘 아쉬움이 있어 왔는데, 이번에 우타고코로 리에를 적극적으로 모방하면서 중요 포인트 하나하나를 응용해 이를 실전에 적용해 보았더니 정말이지 스스로도 놀라울 만큼 능숙해지는 경험을 하게 되었다.

정리하면, 특정 분야에서 전문가가 되기 위해선 해당 분야에서 요구되는 지식이나 기술이 숙달에 이르는 보편적 원리에 입각해 일정 수준 이상의 경지에 올라서야 하는데, 그 시작과 유지는 동경의 대상으로부터 동기부여를 만들어내는 데 있으며, 방법적으로는 적극적인 모방과 연상법을 이용해 동경의 대상이 지닌 지식, 기술, 경험 너머에 있는 영역들까지도 자신의 것으로 창조해 낼 수 있어야 한다.

태도가 실력을 빛나게 한다

1 탁월함과 직업정신

　최근 수개월간 발목 통증으로 인해 동네 병원을 6군데(정형외과 3곳, 한의원 2곳, 통증외과 1곳)나 바꾸어 가며 다녀야 했다. 통증이 호전되지 않아서였다. 결국 마지막 보루인 대학병원을 7번째 방문하면서부터 상태가 호전되고 있다. 그렇다면 발목 상태가 대학병원에 가야 할 만큼 그토록 심각했던 것일까? 그렇지 않았다. 대학병원에서 받은 처방은 약과 소염 진통제를 꾸준히 먹고 바르며 가르쳐 준 대로 열심히 스트레칭만 하면 1달 전후로 큰 호전이 있을 것이라는 답변이었다. 정말이지 허탈하지 않을 수 없었다.

　그렇다면 그동안 다녔던 동네 병원 6곳들은 어떻게 해석해야 할까? 나름의 두 가지 해석을 내릴 수 있었는데 실력의 부족과 이윤 우선주의였다. 먼저 동네 정형외과 의원들은 효과적인 치료를 위한 약 처방보다는 물리치료를 위주로 권유했다. 참고로 요즘 웬만한 정형외과들은 토요일, 일요일에도 오후 3~4시까지 물리치료실을 가동한다. 당연 환자들의 고통을 줄여주기 위함도 있겠지만 이윤 추구가 주된 이유로 보였다. 왜냐하면 호전은 없는데 기약도 없이 물리치료만을 계속해서 권유받았기 때문이다. 이윤 추구가 무조건 나쁘다는 뜻이 아니다. 왠지 환자의 고통을 해결하는 것이 최우선이 아닌 것처럼 느껴져서다.

게다가 어떤 병원의 의사는 마치 불치병을 대하듯 공포감을 조성했고, 또 어떤 병원의 의사는 노골적으로 비싼 주사 치료 위주로 유도했다. 동네 병원 6군데의 공통점도 발견할 수 있었다. 명색이 전문가(전문의)라면 환자의 상태를 정확히 진단하고 거기에 맞는 합리적이고 소신 있는 솔루션(처방)을 내려줘야 함에도 불구하고 그런 의사들이 하나도 없었다는 점이다. 또한 궁금한 점을 질문을 해도 속 시원하게 답변해 주는 곳도 없었다. 결과적으로 실력의 부족, 이윤 우선주의 외에 달리 해석할 길이 없었다.

이러한 경험들을 하면서 다시 한번 다짐하게 되는 것이 있었다. 나도 내 일을 할 때 고객들에게(고객은 문제를 안고 있는 환자나 다름없다) 이런 모습을 결코 보여서는 안 되겠다는 다짐 말이다. 힘든 교육을 마치고 나면 마음속으로 그런 질문을 하곤 한다. "나는 과연 내가 받는 대가만큼의 가치를 고객에게 충분히 제공하였는가?" 이상의 동네 병원 방랑기를 통해 하고 싶은 말이 생겼다. 탁월함과 직업정신에 관해서다.

탁월함은 평범함을 넘어서는 뛰어난 결과를 말하는 것으로 이것을 가능케 하는 것은 실력이다. 직업정신은 자기가 속해 있는 직장에서 맡은 일을 정성스럽게 잘 수행하려는 마음가짐이다. 특별히 한 분야에서 전문가라는 타이틀을 가지고 일하는 사람들은 이 두 가지 요소 중 어느 하나라도 결격이 되어선 안 된다. 그렇지 않을 경우 고통으로부터 호전을 기대하는 고객들에게 더 큰 고통과 실망감만을 안겨줄 수 있기 때문이다. 실력과 마음가짐 모두 매일매일 새롭게 거듭나야 한다. 어제의 실력, 어제의 마음가짐으로 오늘을 대해서는 곤란하다.

2 프로가 착한 것이다

▷ 프로는 고객(파트너)에게
  ① 지적이다.
  ② 진솔하다.
  ③ 꾸준하다.

▷ 프로는 고객(파트너)을
  ① 궁금하게 만들지 않는다.
  ② 불안하게 만들지 않는다.
  ③ 기다리게 만들지 않는다.

▷ 프로는 고객(파트너)의 일을
  ① 신속하고 정확하게 처리한다.
  ② 성실하고 명료하게 처리한다.

③ 세심하고 배려있게 처리한다.

▷ 이러한 일들이 가능하려면
　① 자기학습에 성실해야 한다.
　② 자기성찰에 진지해야 한다.
　③ 자기관리에 철저해야 한다.

▷ 그런데 이 모든 것들이 제대로 작동되려면
　① 적절한 심신 관리
　② 적절한 식단 관리
　③ 적절한 여가 관리
들이 병행되어야만 한다

그래서 착한 척하는 사람들이 착한 게 아니라
결과로 말하는 프로가 착한 것이다!
(예전엔 '아름답다'라는 표현을 많이 썼다.)

난 여기서의 착함을
"가격이 착하다, 사람/사물의 ○○이 참 착하군"
할 때의 nice, excellent함으로도 해석하지만,
실제로 '언행심이 바른' 사전적인 의미를 적용해

비즈니스 행실의 선함(착함)으로 규정한다!

3 더하지 말고 빼라

사람들은 본능적으로 또 무의식으로 무언가를 자꾸 채우려는 경향이 많다. 하지만 어느 정도의 일정 수준을 갖추었다면 이제 더하는 것보다 빼는 것에 중점을 둘 필요가 있다. 기획서 한 장을 쓸 때도, 소통을 할 때도, 제품을 개발할 때도, 심지어 인간관계까지도 무언가를 자꾸 덧붙이려는 과정에서 부자연스러움과 불편함, 진부함 등이 생기기 마련이다.

세상에 대한 관심도 마찬가지다. 내가 개인적으로 매우 좋아하는 작가 롤프 도벨리는 그의 저서 〈뉴스 다이어트〉에서 "깊이 없는 뉴스를 중독자처럼 먹어 치운 부작용은 설탕, 술, 패스트푸드, 담배의 부작용과 유사하다. 제일 먼저 신체적·정신적 기능이 저하한다"라고 말했다. 이 말에 매우 동의한다. 이는 곧 수만 시간 동안 무수한 뉴스와 정보를 접했다고 해서 세상을 더 잘 이해한다거나, 더 나은 결정을 내린다거나, 결정적으로 더 현명해지지 않음을 의미하기 때문이다.

강의 현장에서도 다음과 같이 강조하곤 한다. "지금까지 우리가 토론한 것들 중 경쟁사들과 중복될 만한 것들은 모두 빼도록 합시다." 경쟁 전략에서 가장 높은 상위 포지션은 경쟁자와 경쟁하지 않는 것에 있다. 이는 경쟁자를 무시하라는 말이 아니다. 오히려 경쟁자를 의식할 때 고객에게 집중해야 할 초점을 잃어버려 고유하고 유니크한 고객가치 활동 자체를 위축시킬 수 있음을 경고한 것이다.

이번 CES2024 관련 기사나 리포트를 쭉 살펴봐도 이제는 과거의 CES처럼 (특히 2020년 이전과 이후로 나누어 볼 때) 기술적 우위를 더하는 데 초점을 두기보다는 고객의 욕구를 더 나은 방법으로 충족시키기 위한 제휴와 생태계 구축 등에 더 많은 관심을 쏟고 있음을 발견할 수 있었다. 이른바 치열한 기술 경쟁 속에서 자신들에게 지불할 만한 고객을 더욱 뾰족하게 정의하는 역량이 화려한 기술들 자체보다 중요시되는 시대가 도래한 것이다.

4 변치 않는 가치로 변하는 것들에 대응하라

불변응만변不變應萬變은 '불변은 만변에 응한다'라는 뜻으로 세상이 아무리 빠르고 다양하게 변해간다 할지라도 변치 않는 가치로 잘 대비하고 있을 때 어떠한 변화에도 두려움이 없이 응할 수 있다는 말이다. 복합판매 세계에서도 이와 같은 불변응만변의 원리에 근접한 이론과 격언들이 많다. 예를 들어, "고객에게 팔려고만 다가가면 고객은 물러서고 고객의 문제에 집중하면 고객은 다가온다"가 대표적이다.

또한, 동기 급강하motivation dip 이론은 고객에게 제품이나 서비스를 납품한 이후 고객의 만족도가 급격하게 떨어지는 학습 효과 구간을 말하는 것으로, 영업자는 이 구간을 미리 숙지하고 있다가 차별적인 고객 케어를 통해 고객의 만족도를 끌어올려 경쟁사와의 서비스 격차를 벌릴 수 있게 된다. 이 구간의 숙지와 적절한 대응이 중요한 결정적인 이유는 계약 갱신 시 유리한 선점 효과를 가져올 수 있기 때문이다.

특별히, 상호 윈윈을 전제로 고객과 장기적인 거래 관계를 유지해야 하는 복합판매 영업자들에게 요구되는 불변응만변의 덕목들이 있다. 각각은 실력, 꾸준함, 진정성인데 오늘은 그중 꾸준함에 해당하는 불변응만변의 덕목을 질문의 형식으로 공유하고자 한다. 이 질문들은 교육 현장에서 항상 강조하는 사항으로 고객의 구매 환경 변화에 대처하는 최선의 방법들 중 한 챕터로 소개하고 있다.

간단한 질문이지만 이 질문들에 영업자가 언제나 자신 있게 대답할 수만 있다면 시점의 문제일 뿐 어떠한 변화에도 두려움 없이 고객을 내 편으로 만들 수 있을 것이다.

Q 당신은 고객의 근본적인(or 개인적인) 욕구를 이해하고 있습니까?

Q 당신은 고객에게 관련 분야의 유용한 지식을 정기적으로

제공하고 있습니까?

Q 고객은 당신을 단순한 문제 해결자가 아닌 해당 분야의 전문가로 인식하고 있습니까?

Q 고객은 앞으로도 당신에게 지속적으로 의존하고 싶어 합니까?

5 명함을 보지 말고 역할과 태도를 보라

"명함을 보지 말고 역할과 태도를 보라." 이 말은 내가 만든 일종의 비즈니스 격언이다. 주니어들에겐 막연히 상대의 높은 직함만 보고 주눅 들지 말고 시니어들에겐 선입견이나 편견을 갖지 말라는 의미로 강의 현장에서 자주 주문하는 메시지다. 그간 고객사에 대해 공급사들이 갖는 일종의 태생적 두려움 또는 존재적 불안으로 인해 잘할 수 있는 비즈니스를 괜히 어렵게 풀어가는 경우를 적잖이 보아 왔다.

실제로 어떤 C-level의 성품을 너무 높게 평가한 나머지 나중에 그의 실체를 알고 되돌아오는 실망감에 괴로워하는 경우도 보았고, 정도 이상으로 CEO의 역량을 과대평가해—마치 최강 빌런이라도 본 것처럼—그의 앞에만 서면 하고자 했던 말도 다 까먹어 버리는 웃픈 광경도 목격했다. 이러한 현상이 벌어지는 이유는 무엇일까? 한마디로 상대에 대한 과대평가와 자신감 결여 혹은 무조건 이 일을 성사시켜야만 한다는 강박증 때문인 경우가 많다.

자신이 해야 할 일에만 성실히 준비해 집중하고 상대에 대해서도 명함의 직급만 떼면 자신과 다를 바 없는 평범한 한 사람임을 인지한다면 아무런 문제가 없는데 말이다. 그러니까 요는 상대의 역할과 태도가 아닌 상대를 둘러싼 높은 지위와 환경, 업적 등에 스스로 압도를 당한 탓이다. 만일 상대의 역할과 태도에 문제가 있다면 진지하게 변화를 요구하거나 비즈니스 중단도 고려해야 한다.

왜냐하면 이러한 곳과는 건강하고 장기적인 거래 관계로 이어질 수가 없고 결과적으로는 이익이 아닌 손해가 될 확률이 높기 때문이다. 실제 조사에 의하면 약 25%는 후회되는 거래라고 한다. 덮어놓고 비즈니스를 성사시키는 게 능사가 아닌 이유다. 그런 의미에서 고객에게는 가치를 주고 스스로에겐 자부심을 갖는 슈퍼을이 되고자 한다면 자신만의 비즈니스 원칙과 프로세스를 세울 필요가 있다.

가끔 업계의 전문가들을 만나 이런저런 이야기를 나눌 때가 있다. 얘기를 나누다 보면 자연스레 경험했던 기업과 그 기업의 CEO, C-level들에 관한 평판이 도마에 오르곤 한다. 그러면 신기하게도 공통적인 의견들이 모아진다. "예전에는 그 회사 안 그랬는데 언제부터인가 혁신을 포기한 듯해요." "그분 믿고 일하다가 실망감에 퇴사하신 분들이 정말 많더군요….""정말요? 그럴 리가요.""겉으로는 아닌 척하는데 알고 보니 무척 권위적인 사람이더군요. 시대가 어느 때인데." 명함을 보지 말고 역할과 태도를 보라는 말의 또 다른 교훈은 대상자의 역할과 태도가 해당 시점에서 언제나 변할 수 있음을 아는 데 있다.

자기주도 학습에서 명민함이 나온다

1 가수 소향에게서 발견한 학습 마인드 셋

미시간대학 조직행동학 교수이자 〈유연함의 힘〉의 저자 수잔 애쉬포드는 "평생을 통해 끊임없이 성장하는 사람들에게는 공식과도 같은 것이 하나 있는데 그것이 학습 마인드 셋"이라고 했다. 그들의 특징은 자신에게 주어진 과업 속에서 "오늘은 무엇을 배우며 성장할 수 있을까?"를 되뇌며 단순히 일을 마치는 데에만 급급하지 않고 자신에게 주어진 경험 한가운데에서 끊임없이 실험하고 성찰하며 새로운 방식으로 도전한다는 것이다.

반면 어느 순간 성장이 정체되는 사람들은 자신에게 주어진 과업 속에서 성과를 증명하려고만 하는 성과 증명 마인드 셋에 머문다. 즉, "오늘 내가 가진 역량을 한껏 보여주겠어" "내가 누구인지를 증명해 보이겠어"를 되뇌며 자신을 입증시키는 데에만 골몰한다. 이 둘의 결과는 어떻게 달라지게 될까? 학습 마인드 셋을 유지하는 사람들은 모든 경험의 순간에서 의미와 의지를 끌어내 성장이 습관이 되게 만드는 반면, 성과 증명 마인드 셋을 유지하는 사람들은 경험보다는 자신이 쳐 놓은 안전지대라는 울타리 속에서만 최선을 다하게 되어 결국 정체되고 만다. (물론, 초기 성장에는 어느 정도의 성과 증명 방식도 필요하다.)

얼마 전 가수 소향의 콘서트에서 그녀가 전형적으로 학습 마인드 셋을 추구하는 사람임을 확인할 수 있었다. 휘트니 휴스턴의 노래 〈I have nothing〉을 부르고 난 후 그녀가 한 말이다. "와우, 제가 지금껏 불러왔던 〈I have nothing〉 중에 최고였던 것 같아요. (한참 뜸을 들이며 겸손하고 솔직하게) 그런 생각이 들었어요. 아 휘트니 언니도 이 지점에서 이런 식으로 변화를 주었겠구나. (중략) 그래서 오늘 저는 평소와는 다른 시도를 해보았는데 정말 마음에 들었어요. 여러분도 느끼셨나요? 제가 다른 사람이 된 걸요." (미소)

사실 그녀는 수많은 경연 프로그램을 통해서 성장해 온 성과 증명 방식의 달인이었다. 그러나 어느 순간 닥쳐온 여러 신상의 어려움 등으로 자신이 더 이상 노래를 할 수 없을 것만 같은 한계 상태에 놓이게 되었을 때 그녀는 학습 마인드 셋을 추구하기로 결심한다. 그것을 보여주는 대표적인 프로그램이 〈비긴 어게인〉이었다. 실제로 그녀는 이 프로그램을 통해 그동안 보여주었던 크고 화려한 테크닉이 아닌 작지만 섬세한 스타일의 새로운 음악적 실험들을 감행한다. 그것도 매 회를 경험의 발판으로 삼아서. 결과적으로 많은 사람들은 이전의 소향이 아니었음에도 불구하고 소향의 변신에 더욱 매료되었다. 오늘도 난 그녀의 음악으로 하루를 시작한다.

2 감정 조절 역량 끌어올리기

어제는 모 기업의 교육 리더와 교육 진행 관련 두 번째 협의를 진행했다. 그런데 시종일관 불편한 감정이 들었다. 일차적으로는 그의 목소리 톤과 매너 때문이었다. 첫 번째 협의 때는 그렇게 활기차고 한껏 고무되어 있더니 어제는 무거울 뿐만 아니라 다소 차갑게까지 느껴졌기 때문이다. 정황상 이런 경우는 매우 드물다. 거기다가 첫 번째 협의 때 논의했던 내용들은 온데간데 없어지고 별다른 배경 설명 없이 새로운 요구들을 해왔다. 다소 당혹스러웠지만 그럴 수도 있기에 나는 침착하게 대응했고 원만하게 협의는 일단락되었다.

내가 느꼈던 그 불편한 감정의 실체가 무엇이었는지에 대해 시간을 갖고 곰곰이 생각해 보았다. 첫 번째로 어제의 그는 분명 좋은 상태는 아니었다는 점이다. 이유는 모르겠지만 감정의 기복이 있어 보였고 분명 유쾌하지만은 않은 감정 상태를 느낄 수 있었다. 물론, 이미 언급한 대로 이런 경우는 매우 드물며 그리 중요한 문제도 아니다. 다만 그는 첫 번째 협의 때 나에게 큰 장기 계약을 선사해 줄 것처럼 말을 아끼지 않았다. 그런데 난 거기에 별다른 반응을 하지 않았고 주어진 현안에 대해서만 집중했을 뿐이었는데 혹시 그런 것이 영향을 미쳤는지는 모를 일이다.

두 번째가 중요한데, 내 마음에서 일으키는 감정의 실체를 살펴보았다. 감사하게도 대부분의 기업 교담자들은 나에 대한 사전 조사를 통해 깍듯한 예의를 갖추어 섭외를 해온다. 보통 다들 그럴 것이다. 그런데 언제부터인가 나는 그것을 당연하게만 받아들이고 있었던 것이 아니었나 하는 반성을 하게 되었다(말하자면 나는 이 정도의 대접은 받아야 한다는 심리). 그래서 어제 보여준 그의 목소리 톤과 매너로 인해 정도 이상의 불쾌감이 내 안에서 올라온 것임을 깨달을 수 있었다. 이것은 그가 아닌 내가 만들어 증폭시킨 2차 감정이다. 나이와 레퍼런스가 쌓일수록 대접받고 싶은 마음이 올라올 수 있다. 하지만 이를 빨리 알아차리고 제거하지 않으면 쓸데없는 감정만 증폭시켜 에너지를 소진하게 된다.

    이 사례를 통해 얻은 것은 이것이다. 머리로는 알아도 실제 경험한 상황 속에서 알아차리고 감정을 조절하는 것이 그리 간단한 일만은 아니라는 점이다. 나이를 먹으면 경험이 많아지니까 불편한 상황을 잘 다룰 수 있을 것으로 보이지만 그건 익숙해지는 것일 뿐 그 자체가 불편한 감정 상태로부터 항상 자유로워진다는 의미는 아니다. 그래서 많은 사람들이 쓰는 방법이 자신의 감정이나 의도를 드러내지 않도록 하는 포커페이스 전략이거나 아무렇지도 않다는 듯이 허세를 부리는 '~척' 전략이다. 이러한 전략들이 상황에 따라 필요하긴 하지만 문제는 자신의 감정을 치유하고 온전한 상태로 성장시켜 주지는 못한다는 데 있다.

    그렇기 때문에 우리는 실제 벌어지는 경험에 대처하는 준비

태세를 갖출 필요가 있다. 그중 하나가 실행 의도implementation intention다. 이는 자신을 목표에서 이탈하게 만들 잠정적 사건을 깊이 고려하고 그런 일이 벌어졌을 때의 행동수칙을 미리 계획하는 것을 말한다. 예를 들면 이런 식이다. "예기치 못한 요구를 받았을 때 바로 답변하지 않는다" "선을 넘지 않는 경우를 제외하고 상대의 감정 상태에 대해 판단하거나 일희일비하지 않는다" "오늘 미팅에선 40% 경청, 20% 설명, 40% 질문으로 임하겠다" 등으로 그날 그날 주어질 특정 경험 상황에 관해 수칙을 정하고 실전에 들어가는 거다. 또 하나는 익숙하지 않은 자각의 시간을 마련해 일상생활에 잠재하는 씁쓸한 경험들을 역량화시킬 수 있도록 성찰하는 것이다.

사람들은 보통 지식이나 경험이 많은 것을 능력과 동일시하는 경향이 있다. 하지만 이러한 실행 의도나 성찰의 시간을 병행하지 않으면 지식과 경험에서 배울 수 있는 게 생각만큼 많지 않을 수 있다. 그러한 이유로 나이가 많고 연차가 쌓인다고 능력이 비례해 올라가지 않는 것이다. 또한 실행 의도나 성찰의 시간을 가져도 케이스에 따라 기대한 만큼의 결과가 따라오지 않을 수 있음도 알아야 한다. 그러나 분명한 것은 이러한 실행 의도와 성찰의 시간들이 꾸준히 축적될 때 감정 조절 역량을 끌어올려 보다 유연해지고 단단한 회복탄력성을 가지게 됨에는 의심의 여지가 없다. 그런 의미에서 〈멋진 신세계〉를 쓴 세계적인 소설가 올더스 헉슬리의 다음의 말은 두고두고 곱씹어 볼 필요가 있다. "경험은 단순히 당신에게 일어난 일이 아니다. 당신에게 일어난 일로 무엇을 하는가가 바로 경험이다."

3   머리 좋고 똑똑한 사람들에 대한 오해

일본의 초대형 베스트셀러 작가이자 해부학자인 요로 다케시는 "천재란 두뇌에 결함이 있는 사람"이라고 말했다. 즉, 머리가 월등하게 뛰어나 보이는 천재들의 경우 뇌의 일부 기능에 결함이 생겨 특정 기능이 발달하거나 후퇴하는 현상이 발생한다는 것이다. 이를 뒷받침하는 것이 서번트 신드롬savant syndrome인데 예를 들어 특정한 기억이나 암산, 퍼즐 능력에서는 정상인의 범위를 넘어서지만 그 이외의 영역에서는 극단적으로 능력이 떨어지는 경우이다.

반면 일반인의 범주에서도 이와 비슷한 현상들이 있다. 일명 천재 코스프레에 해당하는데, 가령 일반적인 사람들과 비교했을 때 좀 과하다는 느낌을 주는 사람들이 여기에 해당한다. 예를 들면 이런 경우다. "어떻게 저렇게 많은 논문을 쓸 수가 있지?" "와우 저런 동작은 어떻게 가능한 거야?" "도대체 저 많은 일을 언제 처리했대?"에 해당하는 사람들이다. 일반인의 눈으로 보기엔 엄두가 안 나 보이는 이러한 성과들이 과연 어떻게 그들에게는 가능한 걸까? 이것도 역시 상당 부분 서번트 신드롬으로 해석이 가능하다.

예전에 사업체를 운영하면서 두 분야에 걸쳐 채용을 한 적이 있었다. 하나는 두뇌를 많이 쓰는 부문이었고, 또 하나는 몸을 많이 쓰는 부문이었다. 최종적으로 지원한 사람들의 학력 분포만 놓고 보니 각각 20%가 명문대, 30%가 비명문대, 나머지 50%는 고졸이었다. 그런데 재밌게도 실제 몸을 많이 쓰는 분야에는 명문대 출신과 고졸 출신이, 두뇌를 많이 쓰는 분야엔 비명문대 출신이 채용되었다. 단순하게만 보면 두되를 많이 쓰는 분야이니까 공부를 제일 잘한다고 생각되는 명문대 출신이 채용될 것 같지만 실제는 그렇지 않았던 것이다.

이와 같은 일이 생긴 이유는 우리가 흔히 아는 공부 머리와 일 머리는 다르다는 데에서도 기인하지만, 보다 근본적으로는 성격에도 개성이 있듯 머리가 좋은 것에도 개성이 있다는 주장에서 그 원인을 찾아볼 수 있다. 그래서 머리가 좋다는 말 속에서는 머리 회전이 빨라서 좋다거나, 순발력이 뛰어나서 좋다거나, 특정 도구의 활용이나 분석 능력이 탁월해서 좋다는 등의 여러 가지 세분화된 의미가 숨겨져 있는 것으로 해석하는 게 바람직하다. 얼마 전 지인과 이야기를 나누던 중 "그래도 S대 나왔으니 기본은 하겠지"라는 말을 들은 후 그러한 발상의 위험성을 진지하게 설명해 준 적이 있다.

물론 S대 출신들에 관한 사회적 편견이 일부 일리가 있음을 부인할 수는 없다. 또한 천재 코스프레자들의 경우처럼 어쩌면 자신의 결점이나 약점을 보완하기 위해 열심히 노력한 이면들을 폄하할 이유도 없다. 오히려 어떤 경우는 박수를 받아야 마땅하다. 하지만 그것으로만 그쳐서도 안 된다. 어쩔 수 없이 사람을 평가하고 판단해야 한다면 외면이 아닌 내면에서, 양적인 면이 아닌 질적인 면에서 어떠한 가치를 지녔는지를 냉철하게 판별할 수 있어야 한다는 점을 강조하고 싶다. 이와 관련 복합판매에서 활용되는 실용적인 팁을 하나 가져온다면 다음과 같다. 복합판매에서 가장 중요한 것 중 하나가 고객사 내부에 있는 여러 구매 영향력자들의 성취 요소를 판별하는 것인데, 이때 중요한 판별 요소가 "직급이 아닌 역할과 업적을 살펴보라"는 가이드다.

즉, 명함에 나타난 직급만 보고 그를 판단하지 말고 여러 구매 영향력자들을 통해 그의 실질적인 역량과 영향력의 정도를 크로스 체크한 결과로 신뢰하라는 의미다. (여기에는 많은 시간적·물리적 노력과 함께 전문적인 기술이 요구된다.) 결국 이 영역에서의 똑똑함, 즉 머리가 좋다는 의미 속에는 고객을 향한 신뢰와 인내, 매력과 성실함과 같은 비정형적 요소까지 포함된다고 볼 수 있는데, 그 이유는 이러한 요소가 없으면 크로스 체크가 사실상 힘들기 때문이다. 참고로 어떠한 편향에 빠지지 않게 하는 방법 역시 크로스 체크며 그 결과로 똑똑한 결과물을 얻을 수 있게 된다.

결론을 맺자면, 어떤 특징적인 요소 하나를 가지고 그 사람이 머리가 좋다, 나쁘다를 정하는 것은 바람직하지 않다. 머리가 좋다고 생각되는 사람에게도 어딘가 안 좋다고 말할 수 있는 부분이 있고, 자신의 머리가 나쁘다고 실망하는 사람에게도 본인은 알지 못하는 똑똑한 부분이 있을 수 있다. 다만 어쩔 수 없는 이유로 누군가를 평가하고 판별해 머리 좋고 똑똑한 사람을 찾아야 한다면 위에 열거한 사항들을 참고해 보시길 바란다. 그리고 하나 더. 세상에 완벽한 사람은 없다!

 사람에 대한 지나친 과대평가를 경계하자.

4 강의나 발표를 잘하려면 어떻게 해야 할까?

강의나 발표를 잘하기 위해선 무엇이 필요할까? 보통 사람들은 강의를 잘하는 사람들을 일컬어 말을 잘하는 사람, 즉 스피치 능력이 뛰어난 사람들을 떠올린다. 틀린 말은 아니다. 그런데 나는 최소 3가지의 조건이 동시에 필요하다고 말한다. 각각은 지경통(지식/경험/통찰), 전달 스킬, 진정성 가득한 열정이다. 만일 지경통의 수준이 엇비슷한 조건이라면 시간이 흐를수록 강의력의 편차는 전달 스킬과 진정성 가득한 열정 순으로 판가름 난다. 그 이유는, 청중은 지경통이나 스킬보다는 교수자의 열정으로 똘똘 뭉친 진정 어린 눈빛과 태도에서 감동받기 때문이다. 달리 말해, 이러한 비언어 커뮤니케이션들이 궁극적으로는 사람들의 마음을 움직인다. 물론 이는 어디까지나 평균 이상의 지경통과 전달 스킬을 전제로 한다.

그럼 각각을 살펴보자. 첫째, 지경통(지식/경험/통찰)은 강의력에서 기본 전제다. 기본적으로 교수자의 지경통을 판가름할 수 있는 가장 손쉬운 방법은 활자다. 교수자의 지경통이 글의 형태로 얼마나 일목요연하게 정리되어 있는지는 오늘날 더욱더 중요해지고 있다(비즈니스 레터, SNS나 블로그 글, 저서 등). 요즘은 유튜브와 같이 영상화된 디지털 집필(영상화된 활자)의 중요성 역시 커져가고 있다. 하지만 아무리 지경통이 출중하다 해도 전달 스킬이 부족하면 청중의 이해도는 떨어지기 마련이다. 대표적으로 전형적인 대학교수들을 떠올리면 된다. 최근 유튜브나 방송 등에 나오는 젊은 교수들은 그래도 좀 낫다. 그러나 전형적인 대학교수들은 청중 중심이 아닌 화자 중심의 강의를 주로 펼치기 때문에 훌륭한 지경통들을 제대로 살리지 못하는 경우가 많다. 거기에 영혼 없는 지경통이라면 청중들은 금세 지루해 하기 마련이다.

둘째, 전달 스킬이다. 그렇다면 전달 스킬을 이루는 요소들엔 어떠한 것들이 있을까? 그것들은 각각 ① 콘텐츠의 구성 스킬, ② 명료한 스피치 스킬, ③ 현장감을 살린 리허설 스킬이다. 먼저 콘텐츠의 구성 스킬은 처음부터 끝까지 하나의 주제를 역동적으로 끌고 갈 수 있는 스토리텔링 능력을 말한다. 즉, 자신의 지경통에 어울리는 자신만의 고유한 이야깃거리(서사)가 없다면 해당 콘텐츠는 청중들에게 주의력과 영감을 주기 어렵다. 다음으로 명료한 스피치 스킬은 단순히 말을 잘하는 능력을 의미하지 않는다. 중요한 점은 강조할 포인트에 따라 억양의 변화(스피드와 높낮이 모두)를 줄 수 있어야 하며 여기에 더해 유연한 상황 질문 스킬, 퀴즈나 아이스브레이킹 등의 스팟 스킬, 핵심 주제 선정을 통한 토의 주도 스킬, 청중들이 스스로 움직이게 하는 코칭이나 퍼실리테이션 스킬, 적절한 동영상이나 다양한 사례, 예화들을 적절한 시점에 삽입해 이해와 주의를 높이는 PPT 등의 편집 스킬, 때에 따라 스피치를 잠시 중단하는 멈춤(Pause) 스킬 등을 적절히 발휘해 흩어져 가는 청중의 주의를 시종일관 하나의 주제로부터 벗어나지 않도록 꽉 붙들어 맬 수 있어야 한다.

현장감을 살린 리허설 스킬은 강의나 발표 무대에 오르기 전 집이나 자신만의 아지트 등에서 동일한 상황을 설정해 반복 연습하는 것으로 앞선 ①, ②의 스킬을 더욱더 빛나게 해준다. 소위 유려하고 여유 있으며 청중의 귀에 쏙쏙 박히게 만드는 전달 스킬은 사실상 이 단계에서 얼마만큼의 노력을 기울였냐에 따라 결정된다. 내가 파악했던 흥미로운 사실은 많은 사람들이 의외로 ③단계를 대충대충 한다는 것이다. 그러나 우리가 잘 아는 스티브 잡스를 포함해 강의나 발표를 잘하는 사람들의 대대수는 현장감을 살린 리허설 스킬에 많은 시간과 노력을 기울인다. 여담이지만 한때 치열하게 승부를 펼쳐야 했던 강의를 앞두고 눈물을 흘릴 정도로 (그만큼 간절한 마음으로) 리허설 연습에 매진했던 경험이 있다. 그때의 습관이 지금도 배어 어떠한 강의도 대충 리허설을 하고 진행하는 경우는 없다.

마지막으로 진정성 가득한 열정이다. 40대 중반 이후 기업 교육 시장에 처음 데뷔하여 지금까지 다양한 고객들을 만나보았다. 그 중 친하게 지내며 교류했던 교육 담당자 및 리더들과 속 깊은 대화를 해보면 가장 피하고 싶은 교수자 중의 하나로 열정이 부족한 사람들을 꼽았다. 왜냐하면 교수자의 열정이 청중들의 변화를 이끄는 궁극의 힘이기 때문이다. 열정은 그 자체로 전염성이 크며 진정성 없이는 그 열정이 드러나기가 어렵다는 견해가 많았다. 동시에 무언가 세상을 향해 던지고 싶은 화두나 문제의식이 없어도 열정은 솟아나기 어렵다. 그래서 웬만하면 열정이 있는 교수자가 자신의 지경통(지식/경험/통찰)이나 전달 스킬 역량 향상에 게으른 경우는 거의 없다. 진정 강의나 발표를 잘 하고 싶다면 장기적인 안목을 가지고 지경통(지식/경험/통찰), 전달 스킬, 진정성 가득한 열정을 함양하고 유지하는 데 힘을 기울이길 바란다. 이렇게만 실천하면 무대 위에서 두렵거나 떨릴 일 없이 자신만의 무대를 자신감 있게 펼쳐갈 수 있을 것이다.

혹시 강의나 발표를 앞두고 심하게 심장이 떨리고 두려운 마음이 든다면 다음의 만트라를 강의나 발표 전 가능한 입으로 반복해 되뇌길 바란다. 곧 진정이 될 것이다. 이는 최근 유퀴즈에도 출연한 내면소통명상 지도자 연세대 김주환 교수가 한국 양궁 국가대표 선수들을 위해 직접 코칭하여 올림픽을 제패하는 데 크게 기여한 내면소통기법이기도 하다.

"침착하고 차분하게, 즐거운 마음으로, 나는 할 수 있다."

5 사실과 인식을 구분하지 못하면 인생이 피곤해진다

인식의 영역을 사실로써 싸우고자 하고 사실의 영역을 인식으로 싸우려 할 때 일과 삶이 피곤해진다. 이와 관련해 세일즈와 투자 그리고 정치의 한 단면들을—그러나 매우 중요한 본질적 요소들을—바탕으로 핵심적인 이야기를 해보고자 한다. 먼저 세일즈다. 고객이 구매를 고려하는 근본적인 이유가 뭘까? 제품의 가격이나 성능 때문이 아니다. 본질은 바라는 현실과 이상 사이의 불일치가 인식되기 때문이다. 비유를 들어 설명해 보자면, 고객이 바라는 현실이 0일 때 100으로 성장하고 싶다는 간극이 발생해야만 한다.

이때의 0과 100 사이의 간극(불일치)을 성장하고 싶은 상태에 있다 하여 성장 모드growth mode라고 한다. 또 하나는 고객이 바라는 현실이 -100일 때 0 이상으로 빨리 회복하고 싶다는 간극이 발생해야 한다. 이때의 -100과 0 사이의 간극(불일치)을 곤경으로부터 탈출하고 싶은 상태에 있다 하여 곤경 모드trouble mode라고 한다. 이렇게 고객은 성장과 곤경 모드일 때에만 구매를 고려하게 된다. 여기까지가 사실의 영역으로 영업자는 사실에 기반해 판매 제안을 하면 적어도 판매 자체에는 큰 어려움이 없다.

문제는 순항 모드even keel mode와 과신 모드overconfident mode다. 순항 모드는 분명 누가 보더라도 고객의 현재가 -100인데 정작 고객 자신은 +100인 상태라며 잘 가고 있는 배를 왜 흔드냐고 오히려 영업자를 나무라는 경우를 생각하면 된다. 과신 모드는 순항 모드에 곱하기 100 정도라고 보면 된다. 우월감이라는 착각 속에 깊이 빠져 우리는 이미 최고의 상태에 있는데 왜 자꾸 우리를 괴롭히냐며 영업자를 아예 사기꾼으로 몰아세우는 단계를 말한다.

이 두 단계가 대표적인 인식의 영역으로 영업자가 아무리 사실(제품, 가격, 성능 등)의 우위를 고객에게 설득하려 해도 돌아오는 건 문전박대일 뿐이다. 다음으로 투자의 영역을 살펴보자. 크게 보면 단기적으로 이익을 취하고자 하는 투기speculation의 영역과 장기적으로 이익을 취하고자 하는 투자investment의 영역으로 나눠 볼 수 있다. 투기의 영역에서는 단기적인 뉴스나 내러티브에 의존하는 인식의 경향이 강하다. 예를 들어, 일론 머스크가 트럼프의 총애를 받아 미국 정부의 고위직 인사로 등용되었을 때 사람들은 테슬라 세상이 지속될 거라며 테슬라 주식을 매수하는 데 열을 올렸다.

하지만 사실의 영역에서는 이와 정반대의 일이 벌어지고 있었다. 테슬라는 모델 Y 이후 오랜 기간 새로운 모델을 출시하지 못하고 있었으며, 머스크가 공헌한 사이버트럭의 대량 생산이나 자체 배터리 개발 등이 사실상 물 건너 간 상황으로 시장에서 테슬라의 신뢰도와 경쟁력은 계속 추락해 오고 있었다. 거기에 취임 초기 머스크의 정치적 발언으로 인한 유럽 국가들의 반발까지 더해져 테슬라의 판매량은 급감했다. 급기야 머스크와 트럼프의 사이가 다시 벌어지면서 사실상 사실과 인식의 영역 모두에서 테슬라의 투자 가치는 폭락했다. 사실의 영역에 관해 무지한 투기자, 사실의 영역을 무시한 투기자 모두 손해를 본 것이다.

우리나라의 예도 들어보자. 산업을 공부한 사람들이라면 알겠지만 우리나라 이차전지 산업 및 현대 기아의 전기차 기술 경쟁력은 세계 최고 수준이다. 그런데 우리나라 방송과 언론에서는 이상하리만치 오랜 기간 동안 중국의 닝더스다이CATL나 비야디BYD의 기술 경쟁력을 으뜸으로 여기는 기사를 지속적으로 내보내고 있다. 여기에 더해 작년 유럽 전기차 판매량에서 드디어 BYD가 테슬라를 제쳤다는 기사를 거의 모든 국내 언론에서 약속이나 한 듯이 기사화했다. 기사 제목만 보면 마치 중국이 전 세계 전기차 시장을 잠식한 것처럼 보인다. 왜? 그 대단한 테슬라 판매량을 앞섰

으니까 말이다. 테슬라 판매량이 꼴찌권으로 추락한 팩트나 중국 내수시장의 파이는 전혀 고려하지 않으면서 말이다.

이렇게 되면 인식의 영역에서 사람들은 우리나라 기업들이 아닌 중국의 기술력과 판매량이 뛰어난 것으로 잘못 인식해 한국 기업의 투자를 꺼리고 중국 관련 ETF 등에 어설픈 투기나 잘못된 투자를 하게 된다. 사실의 영역은 이와 정반대다. 현지 유럽 기사의 원문을 보면 1위가 폭스바겐이고, 몇 계단 밑에 현대 기아차가 있으며, 뒤이어 BYD가 랭크되어 있다. 판매량 자체도 현대 기아차가 BYD를 훨씬 앞선다. 그런데 왜 이렇게 중요한 사실들을 은폐한 교묘한 기사들을 한국의 언론과 방송에서 내보내는지에 대해선 여기서 다루지 않을 것이다. 분명한 사실은 먹고살기 바쁜 현대인들은 이러한 기사들의 진위를 파악할 여유가 없다는 것이며, 그 결과로 단기적인 투기와 장기적인 투자 모두에서 실패를 볼 확률이 매우 높다는 것이다. 투자의 성공은 궁극적으로 사실(기업의 장기적 영업이익)에 기반한다.

마지막으로 정치 분야다. 요즘, SNS(특히 페이스북)를 특히 더 가려서 보게 되는데, 그 이유는 대선을 전후로 사람들이 더욱더 인식의 영역을 마치 사실의 영역인 양 부풀리고 사람들을 갈라치기 하기 때문이다. 가령, 49와 41이 있는데 49쪽은 41의 존재를 41쪽은 49의 존재를 어떻게 각각 이해할 수 있느냐며 심한 경우 사람 취급도 할 수 없다는 듯이 말한다. 동일한 화살이 자신에게도 향한다는 걸 모른다는 듯이 말이다. 이들은 원천적으로 각자 자신들만의 인식 영역으로 상대를 끌고 들어와 상대를 양립할 수 없는 존재로 조롱하며 깎아내린다. 마치 순항 모드나 과신 모드에 빠진 사람들처럼 객관적 사실을 완전히 배제한 채 말이다. 매우 부적절하며 참으로 오만한 태도가 아닐 수 없다.

정치야말로 대표적인 인식의 영역으로 같은 사안임에도 불구하고 해석의 차이가 너무나 극명하게 달라질 수 있는 분야다. 정치가 이전투구가 되는 이유는 참으로 많지만 간과할 수 없는 주요한 이유로 어떤 사안에 대한 진위 여부가 사실로 밝혀지기까지 너무나 오랜 세월을 필요로 한다는 것을 들 수 있다. 한마디로 "그때는 틀리고 지금은 맞다"다. 정치인 언급을 처음으로 하는 것 같은데, 이것은 과거와 비교해 오늘날 많은 사람들이 공감하는 내용이라 사실의 확인과 학습의 차원에서 예를 들어본다. 역대 대통령들 중 임기 내내 지지율이 가장 높았던 대통령과 가장 낮았던 대통령은 각각 문재인 대통령, 노무현 대통령이었다.

그런데 오늘날 가장 광범위한 연령대에 걸쳐 가장 존경받는 대통령은 바로 노무현 대통령이다. 당시와 비교하면 노무현 대통령은 인식의 영역에서는 실패한 대통령이었지만 길지 않은 역사라는 사실의 영역에서 비추어 보면 오늘날 성공한 대통령으로 평가받는 경우가 훨씬 더 많다. 이상의 사례들을 통해 알 수 있는 사실은 상당수의 사람들이 어떠한 사안들을 바라보고 해석할 때 객관적인 데이터나 사실 확인에 근거하지 않고 오직 자신이 보고 싶은 면만을 편집해 그것이 마치 전부인 양 단정하고 신념화한다는 것이다.

정리해 보자. 어쩌면 인식과 사실 사이의 명확한 경계를 인지하는 첫 번째 기준은 정보의 습득보다 상대에 대한 존중이 선행해야 한다는 생각이다. 동시에 우리가 협력함으로써 함께 성장하기 위해서는 자신의 믿음과 객관적 현실 사이의 간극을 끊임없이 좁혀가는 개개인의 노력이 필요하다. 마치 본인이 세상을 다 아는 듯이 글을 올리거나 말하는 것은 용기가 아니라 편협한 자신의 실체를 드러내는 객기에 불과하며 동시에 세상을 분열시키는 나쁜 일임을 자각해야 한다. 이보다는 사실을 마주하려는 참된 용기와 노력, 인식의 한계를 인정하는 겸손함이 함께할 때, 우리는 좀 더 친절해지고 풍요로워질 수 있을 것이다.

PART 2

커리어를 개발하고 지속하라

커리어는 본원적 역량을 개발하는 것이다

1. AI 시대, 지속 가능한 커리어 역량은 어디서 만들어지고 어떻게 구축되는가?

2013년 9월 옥스퍼드대학교에 칼 베네틱트 프레이 교수와 마이클 오스본 교수는 전가의 보도가 된 〈고용의 미래 보고서〉를 세상에 내놓는다. 이 보고서의 주제를 한마디로 말하면 '어떤 직업이 지속 가능하며 어떤 직업이 사라질까?'이다. 여기에는 총 702개의 직업군이 나오는데 사라지는 직업군 1위에 해당하는 702번째 직업은 텔레마케터였고, 사라지지 않는 직업군 1위에 해당하는 첫 번째 직업은 레크리에이션 치료사였다. 인간의 심신을 치유하는 직업이 1위에 선정된 것이다. 로봇과 인공지능이 득세하는 세상이 도래하면 인간의 심신을 치유해 주는 직업이 각광을 받을 것이라는 예측으로 지금으로선 쉽게 해석이 되는 대목이다.

    직업적 호기심에서 세일즈 직군만을 추려서 살펴보았다. 다른 직업군 종사자에게도 시사하는 바가 있으니 끝까지 주목해 보길 바란다. 여기에는 총 9개의 세일즈 직업군이 나오는데 매우 흥미로운 지점을 발견할 수 있었다. 총 9개 중 7개의 세일즈 직군은 사라질 확률이 높은 600위권 밖으로 밀려나 있었는 데 반해 유독 2개의 세일즈 직군만이 각각 사라질 확률 0.013%, 0.0041%로—그러니까 거의 사라지지 않을 확률로—당당하게 상위 포지션을 차지하고 있었던 것이다. 자세히 살펴보면 14위(0.0041%)에 랭크된 세일즈 엔지니어sales engineers와 59위(0.013%)에 랭크된 세일즈 매니저sales managers였다. 여기서 주목해 볼 것은 세일즈 매니저다.

    직역하면 '영업관리자'가 되는데 600위권 밖에도 동일하게 해석되는 세일즈 직업이 하나 더 있었으니 바로 세일즈 어드미니스트레이터sales administrator다. 이 둘의 차이는 무엇일까? 세일즈 어드미니스트레이터가 단순한 숫자 관리, 인력 관리로 대표되는 전통적인 의미에서의 영업관리자라면, 세일즈 매니저는 전략 기획 역량을 바탕으로 고객과 강력한 릴레이션십을 구축할 수 있는 어카운트 매니저account manager로 해석된다. 요는 두 영업관리자 중 세일즈 어드미니스트레이터는 AI 플랫폼 시대에서 얼마든지 대체될 수 있는 직업이 되지만, 세일즈 매니저는 고객 접점에서 무수한 변수들을 제어하고 그 속에서 고객의 필요를 전략적으로 대응하고 해결함으로써 결코 대체될 수 없는 직업이 된다.

여기서의 키워드는 전략인데, 전략을 다룬다는 것, 그중에서도 고객과 직접 마주하는 복합판매영역에서 의미하는 전략이란 과연 무엇을 말하는 것일까? 그것은 바로 문제의 맥락을 이해하면서도 예외적인 것을 관리할 수 있는 고객 대응 역량을 말하는 것으로, 보다 구체적으로는 데이터를 구하기 어렵고 모호하며 모순적인 상황 속에서도 문제를 해결해 낼 수 있는 휴먼 터칭 영역에서의 상황 대응 리더십 또는 상황 대응 포지션이라고 할 수 있다. 그렇다면 이와 같은 휴먼 터칭 영역에서의 상황 대응 리더십 또는 상황 대응 포지션 역량은 어떻게 구축할 수 있을까?

사실, 이러한 상황 대응 리더십은 본인 스스로 창업을 했을 때 고통과 역경을 극복하는 과정에서 가장 자연스럽게 구축할 수 있다. 실제로 자기자본을 바탕으로 창업을 해보면 살아남기 위해서라도 어떻게든 몸부림을 치게 되어 있는데, 이 과정에서 이러한 역량과 리더십들이 배양되기 때문이다. 그러나 대부분 직장인들의 경우는 이와 같은 리얼한 경험을 할 수가 없기에 직접적으로는 업무를 통해서, 간접적으로는 교육 훈련을 통해서 마인드와 스킬을 동시에 레벨 업시킬 필요가 있다. 그리고 이러한 것을 "암묵지 tacit knowledge의 영역을 학습한다"라고 말한다. 소위 기업 경영이나 고객 접점의 현장 영업 활동을 수행할 때에는 크게 두 가지 종류의 지식이 필요하다. 하나는 방금 전 언급한 암묵지고 나머지 하나가 형식지explicit knowledge다.

쉽게 말하면 암묵지는 텍스트나 그림을 통해서 명확히 전달하고 학습하기 까다로운 지식을 말하는 것으로 문서화가 어려운 반면, 형식지는 그 반대로 문서화가 쉬워 인간보다 AI가 잘한다. 결론부터 말하면 AI 시대에서는 암묵지와 형식지 두 영역의 조화를 이룬 학습이 가장 좋다. 그런데 사라지지 않는 직업군들은 보통 암묵지의 영역에서 더욱 빛을 발하게 된다. 예를 들면, 셰프의 요리 비결이나 기업 경영자의 의사결정, 현장 영업자의 고객 대응 등을 들 수 있다. 머신 러닝, AI 기반 데이터 알고리즘에 의해 만들어진 완벽해 보이는 레시피, 완벽해 보이는 전략 지침서, 완벽해 보이는 고객 대응 매뉴얼이 만들어졌다 하더라도 이를 직접 수행하는 자의 손맛이나 기업과 고객의 상황에 따른 이성적, 감성적 대응 능력에 따라 맛과 의사결정의 수준, 고객의 만족도가 달라지기 때문이다.

그리고 이러한 암묵지의 영역은 형식지만으로는 커버가 불가능해 주로 탁월한 선배들의 가르침이나 해당 업계의 전문가들로부터 받는 교육 훈련이 반드시 병행되어야 한다. 달리 말하면 해당 지식과 경험을 갖춘 사람과 계속 같이 일을 하거나 시간을 투자해 코칭 및 지도를 받아야만 한다는 것이다. 이에 대해 연세대학교 경영학과의 임일 교수는 암묵지 변환의 과정을 이렇게 설명한다. "암묵지는 문서로 완전하게 전달이 어렵기 때문에 암묵지를 학습하는 것은 형식지보다는 어렵다. 암묵지를 학습하려면 일단 암묵지를 가지고 있는 사람이 최대한 암묵지를 문서화해야 한다. 예를 들어 의사결정에 직관을 가지고 있는 경영자는 자신의 직관에 대해서 최대한 문서화하고 학습자는 일단 이것을 학습해야 한다."

AI 시대, 지속 가능한 커리어 역량은 어디서 만들어지고 어떻게 구축되는가? 요약하면 "휴먼 터칭이 이루어지는 모호하고 모순되며 불확실한 영역 속에서 형식지를 반복적으로 학습하고 암묵지의 영역을 강화해 갈 때 당신의 직업은 보다 전략화됨으로써 지속 가능해진다"고 말할 수 있다.

2 내 급여는 누가 주는가?

다양한 기업을 방문해 교육을 진행하다 보면 각 기업의 영업 조직이 크게 두 가지 특성으로 나뉜다는 것을 알 수 있다. 하나는 여전히 위계질서가 뚜렷하고 경직된 조직이며, 다른 하나는 자율적으로 움직이고 동료 간 격의 없는 소통이 이루어지는 조직이다. 흥미로운 점은 전자의 경우 적지 않게, 업계 내에서 확실한 제품 리더십과 탄탄한 유통망을 갖추고 있음에도 불구하고 영업자들의 에너지 레벨이 떨어져 있다는 사실이다. 단지 활력의 문제가 아니라, 그들의 업무 방식이 고착되어 있다는 것에 가깝다.

이러한 상황에서 영업이라는 업의 특성을 강조하게 된다. 즉, 영업은 회사 내부 조직과 달리 외부 고객과 직접적으로 소통하며, 현장에서의 많은 독립적 판단을 요구받는 업무다. 그렇기에 영업자들은 자기 사업을 하는 마인드로 유연하고 역동적으로 일해야 한다는 점을 상기시킨다. 결국, 누가 내 급여를 주는지 생각해 보면, 이는 상사나 회사가 아닌, 자신의 노력을—엄밀히는 전 구성원들의 노력을—통해 고객과 시장에서 창출된 이익에서 나온다는 결론에 이른다.

이런 인식을 가진 영업자들은 마치 자신이 스타트업 CEO인 것처럼 회사의 자원을 최대한 활용해 자신의 커리어와 성과를 극대화하려는 태도를 갖는다. 그렇게 되면 업무에 대한 집중도와 성과는 자연스럽게 높아지고, 힘든 영업 업무도 장기적인 커리어 발전의 일부로 즐길 수 있게 된다. 회사 역시 이와 같은 직원들을 점점 더 선호하고 지원하게 된다.

사람들은 아직도 자신의 급여가 회사로부터 나온다고 생각하지만, (간혹 상사로부터도) 실제로는 회사의 자산을 활용해 각자가 창출한 결과를 나누는 것이다. 그러나 일부 리더들은 위계질서를 통해 마치 회사나 자신들이 급여를 주는 것처럼 행동해 통제력을 유지하려 한다. 이런 낡은 관리 방식은 영업자들의 시야를 좁히고, 시장과 고객을 기계적으로 대응하게 만들며, 그 결과 도전과 혁신을 게을리하게 만든다.

영업의 최고 성과자를 레인메이커라 부른다. 이들은 창의적이고 혁신적인 접근을 통해 회사의 매출을 주도하며, 때로는 단 한 번의 성과로 회사를 퀀텀 점프시키기도 한다. 이들이 이러한 성과를 낼 수 있는 이유는 늘 자신이 사업을 운영하는 CEO의 마인드로 일하기 때문이다. 그러므로 그 어떤 회사 내 조직보다 영업 조직이 도전에 소극적이거나 혁신을 멈추는 순간 그 기업의 미래는 어두워진다고 볼 수 있다.

세계의 장수 기업들을 살펴보면 고객 접점에서 일하는 구성원들이 하나같이 자기 사업을 하듯 주도적으로 움직이며 전문성을 키워왔음을 알 수 있다. 독일의 머크Merck KGaA는 그런 점에서 좋은 예가 된다. 1668년에 설립된 머크는 자사의 전통적 강점을 활용해 외부로부터 늘 놀라움과 부러움을 사는 기업이다. 그 이유는 머크의 오랜 고객 중심 리더십 아래 직원들이 마치 자신이 사업을 이끄는 스타트업의 CEO처럼 자유롭게 혁신할 수 있는 환경을 제공받았기 때문이다.

머크의 최장수 전 CEO 칼 루드비히 클레이는 이렇게 설명한다. "머크는 우리가 잘 아는 분야, 즉 제약과 화학에서 계속 혁신을 이루어냅니다. 이 혁신은 단순히 새로운 사업을 시작하는 것이 아니라, 우리의 전문성을 바탕으로 더 나아가게 하는 과정입니다. 고객들이(외부인들이) 우리 직원들을 만나면 그들의 깊이 있는 전문성에 자주 놀라곤 합니다. 저는 혁신의 핵심이 사람이라고 믿습니다. 직원들이 창의적으로 일할 수 있도록 자유를 주는 것이 중요합니다."

이 말은 곧 머크의 직원들이 고객 접점에서 스스로를 CEO처럼 생각하며 자율적으로 일할 수 있었기 때문에 회사가 지금까지 성장할 수 있었다는 것을 시사한다. 이런 환경에서 일하는 영업자들은 고객과의 접점을 단순한 일터가 아닌 자기만의 사업장처럼 느끼게 되며, 이는 장기적으로 회사와 직원 모두에게 긍정적인 결과를 가져다 준다. 회사도 영업자도 누가 자신들에게 이익과 급여를 가져다주는지를 분명하게 인식하며 실천하고 있다는 증거다.

 설사 회사가 이러한 환경을 조성해 주지 못한다 하더라도 영업자가 스타트업 CEO의 마인드로 일할 경우 훗날 다른 회사로 가거나 자신의 사업을 펼칠 때 축적된 사업가적 역량이 반드시 빛을 발하게 된다.

3 핵심 역량에 대하여

근본적으로 차의 성능을 향상시키려면 엔진이나 배터리 성능을 향상시켜야지 차체나 계기판, 타이어를 아무리 좋은 것으로 바꾼다 한들 차의 본원적 성능이 개선될 리 없다 결국 자동차의 핵심적인 가치는 주행 성능에 달려 있다. 우리의 역량 개발도 이와 동일한 원리를 따른다. 핵심을 강화하지 않은 채 주변부만 개선하는 접근법은 명백한 한계를 드러내게 마련이다.

야구 선수의 사례는 이러한 원리를 더욱 선명하게 보여준다. 투수에게 가장 중요한 자질은 공을 정확하면서도 강하게 던지는 능력이다. 마운드에서 제대로 된 구질을 지속적으로 구사하지 못할 경우 투수로서의 본원적 가치는 사라진다. 마찬가지로 타자에게는 공을 정확히 읽고 효과적으로 타격하는 능력이 핵심이다. 이러한 기본기가 부실하면 선수는 반드시 성장의 한계점에 도달하게 된다.

실전 상황을 구체적으로 살펴보자. 타자가 130km 속구는 자신 있게 대응하다가도 140km를 넘어가는 빠른 공에는 타이밍을 전혀 맞추지 못하거나, 투수가 중요한 승부처에서 제구력을 완전히 상실하여 연속 볼넷을 헌납한다면 경기의 흐름은 급격히 기울어진다. 이런 치명적 약점을 가진 선수들은 점차 출전 기회가 제한되고, 결국에는 팀 내 입지가 좁아질 수밖에 없다.

반면, 핵심 역량이 탄탄한 선수는 위기 상황에서도 흔들리지 않는다. 타자라면 기본적인 타격 메커니즘이 체화되어 있고, 투수라면 일관된 폼과 정확한 릴리스 포인트를 유지하는 선수는 일시적인 부진이 찾아와도 체계적인 훈련을 통해 신속하게 극복한다. 그러나 핵심 역량이 부실한 선수는 아무리 많은 시간과 노력을 투자해도 효과가 제한적일 수밖에 없다.

우리의 일터로 시선을 돌려보자. 각 직무별로 요구되는 핵심 역량은 무엇일까? 구매 담당자는 최적의 품질을 갖춘 제품을 경쟁력 있는 가격에 안정적으로 조달해야 하고, 영업 담당자는 제품의 본질적 가치를 고객에게 설득력 있게 전달해야 한다. 작가는 독자의 지적 호기심과 감성을 자극하는 글을 써내야 하며, 교수자는 복잡한 개념을 쉽고 명확하게 전달하여 학생들의 깊은 이해를 끌어내야 한다.

그러나 이러한 표면적 성과 이면에는 더 근원적인 역량들이 자리 잡고 있다. 구매 담당자의 진정한 핵심 역량은 시장의 미세한 변화를 감지하고, 공급자와의 장기적 신뢰 관계를 구축하는 전략적 통찰력에 있다. 영업사원에게는 고객의 명시적 요구 너머에 있는 잠재적 필요까지 포착하는 공감 능력과, 진정성 있는 소통을 통해 신뢰를 구축하는 관계 형성 능력이 필수적이다. 작가에게는 인간 심리와 사회 현상에 대한 날카로운 관찰력과 이를 창의적으로 재구성하는 상상력이 요구되며, 교수자에게는 복잡한 지식 체계를 학습자의 인지 수준에 맞게 재구조화하는 능력과 효과적인 전달 기술이 핵심이다.

이러한 본원적 역량을 개발하는 과정은 대체로 지루하고 즉각적인 성취감을 주지 않는다. 보통의 사람들은 당장의 가시적 성과를 내는 기술이나 화려한 스킬을 습득하는 것이 훨씬 매력적으로 느껴질 수 있다. 그러나 장기적 관점에서 자신의 분야에서 진정한 전문가로 성장하기 위해서는 반드시 핵심 역량에 꾸준한 투자가 필요하다.

결국, 지속 가능한 성장을 원한다면 자신이 속한 영역에서 진정한 핵심 역량이 무엇인지 정확히 파악하고, 이를 체계적이고 지속적으로 발전시키는 데 역량을 집중해야 한다. 이것이야말로 평범한 실무자와 탁월한 성과를 내는 전문가를 구분 짓는 결정적 차이점이다. 화려한 외관이전에 성능좋은 엔진을 갖춘 자동차처럼, 우리도 본원적인 핵심 역량에 충실할 때 어떠한 도전적 상황에서도 흔들리지 않는 단단한 경쟁력을 갖출 수 있을 것이다.

4 고효율 고성과의 비결

이상적인 고객 프로필이란 개념이 있다. 정통 기업 영업 세계에서 자신에게 가장 최적화된 고객을 분류하는 기법을 말한다. 한 연구에 의하면 어떤 거래든 하지 말았어야 한다고 후회하는 거래가 최대 35%까지 달한다는 보고가 있다. 많은 영업자들은 가중되는 실적의 압박으로 인해 어쩔 수 없이 계약을 하게 되고 그로 인해 밑 빠진 독에 계속 물만 부어야 하는 소위 불완전 판매를 강행하는 경우가 적지 않다. 그러나 안타깝게도 고객과 영업자 모두 루즈 루즈lose-lose 단계로 가는 수순을 밟기 마련이다.

그래서 모든 거래는 반드시 상호 윈윈의 관점에서 접근해야 한다. 적어도 신뢰 기반의 장기적인 관계를 원한다면 말이다. 물론 현실적으로는 자신이 하고 싶은 거래만 하고, 자신이 하기 싫은 거래는 피하기만 하며 살아갈 수는 없다. 하지만 자신만의 판매 원칙이나 기준점을 두지 않고 다람쥐 쳇바퀴 돌듯 일을 하게 되면 결국 일에 치이고 사람에 치여 일의 효율은 물론 성과까지 모두 떨어뜨리는 결과를 맞이하게 된다. 심한 경우 번아웃에 이른다. 그렇다면 이와 같은 상황을 피하고 보다 효율적이면서도 높은 성과를 달성하기 위해서는 어떻게 해야 할까? 정말 많은 내용이 있겠지만 그중 가장 중요하다고 생각되는 사항 세 가지만 정리하면 다음과 같다.

첫째, 자신이 추구하는 일의 비전과 핵심 가치, 행동 강령을 바로 세운다. 궁극적으로는 모든 일의 파워와 동기부여가 이것들로부터 나오기 때문이다. 특히, 힘들고 어려운 상황에서 그 위력을 발휘한다. 이를 잘 세우려면 자신이 왜 이 일을 하는지에 대한 분명하고도 깊은 자기인식에서 출발해야 한다.

둘째, 이상적인 고객 프로필을 작성한다. 방법적으로는 자신에게 최고였던 고객의 특성과 최악이었던 고객의 특성을 먼저 기술한 후(최소 10개씩) 그중 현재 시점에서 의미 있게 생각되는 특성을 중립적인 견지에서 5개 정도로 간추린다. 이때 최악의 고객 특성의 경우는 긍정적인 방향으로 전환해 작성한다. 예를 들어 "A사는 대금 지불이 항상 늦어 골치가 아프다"라면 "대금 지불이 신속하게 이루어지는 효율적 시스템이 있는 고객" 등으로 전환해 작성한다.

셋째, 내가 원하는 바를 분명히 하고 동시에 내가 고객에게 이렇게 기여하고 있음을 혹은 이렇게 기여하게 될 것임을 고객에게 반복적으로 인식시킨다. 주로 공급자는 상대의 니즈 채우기에는 중점을 두면서도 자신의 니즈 채우기에는 소홀히 하는 경향이 있는데 그러면 안 된다. 또한 언제나 그렇듯 상대는 나의 생각과 니즈를 나만큼 인식하지 못한다. 그냥 50% 이하라고 생각하면 맞다. 이것이 중요한 이유는 서비스를 포함한 나의 가치와 상대가 누릴 혜택을 지속적으로 학습시킴으로써 나의 가치를 제고하고 제값 이상을 받도록 하기 위함이다. 쿠팡 앱에 들어가면 주문이 이루어질 때마다 "당신이 얻은 혜택은 ○○입니다"를 수치로 계속 확인시켜주는데 이것도 비슷한 메커니즘이라고 볼 수 있다.

요약하면 성공적인 고객 관계를 위해서는 명확한 비전과 가치를 정립하고, 이상적인 고객 프로필을 체계적으로 작성하며, 자신의 가치와 고객이 얻는 혜택을 지속적으로 커뮤니케이션해야 한다. 이러한 전략적 접근이 장기적인 윈윈 관계의 토대가 되며, 비효율적인 거래와 번아웃을 예방하는 핵심 요소가 된다.

5 을이 갑이 될 수 있는 조건

질문하는 능력

검사가 파워가 센 이유는 취조, 즉 무엇이든 질문할 수 있는 권한에서 나온다. 일반 세계에서도 을이 질문을 잘하면 갑이 될 수 있다. 단, 질문의 수준과 질이 높아야 한다. 관건은 갑에 대해 철저히 학습하는 데 있다. 상위 1% 고성과자들의 영업 노하우 역시 질문하는 능력에서 나온다.

거절하는 능력

거절은 보통 수요자가 공급자에게 행사할 수 있는 권리다. 하지만 공급자도 수요자의 요청을 거절하면 얼마든지 갑이 될 수 있다. 이게 가능하려면 공급자가 자신의 일과 삶에서 원칙과 우선순위를 정하고 꾸준히 실행할 수 있어야 한다. 물론, 사고를 다양화하는 유연함도 함께 갖추고 있어야 한다. 안 그러면 부러진다.

돈을 버는 능력

노동 소득은 생활비의 3~5배 전후 정도만 벌면 살아가는 데 큰 지장이 없다. 워런 버핏도 한 번에 바지를 세 벌 입지는 않는다고 했지 않나. 대신 오래오래 벌 수 있도록 해야 한다. 100세 시대이기 때문이다. 노동 외 소득이 관건인데, 레버리지 없는 투자로도 N년 후 안전 마진을 확보할 수 있는 능력을 갖추어야 한다. 만일, 주식에 스마트하게 투자했다면 자주 앙드레 코스톨라니의 격언을 되새길 필요가 있다. "주식을 샀다면 약간의 수면제와 함께 그것을 잊어버려라. 그리고 수년 후에 깨어나라."

시간을 지배하는 능력

궁극적으로는 자급자족이 가능한 1인 기업가가 되어야 한다. 보통 프리랜서들은 프리하지 못한 경우가 많다. 하기 싫은 일도 해야 하는 경우가 많기 때문이다. 제조, 생산, 마케팅, 판매, 브랜딩이 온전히, 홀로, 지속 가능한 1인 기업가만이 시간을 지배할 수 있다. 대기업 오너도 시간은 지배하기 어렵다. 그들은 가끔씩 감옥에도 들어갔다 나와야 한다.

몸/마음 근력 강화 능력

이상의 네 가지를 잘 하려면 몸/마음 근력이 밑받침되어야 한다. 핵심은 3가지다. ① 편도체 안정화, ② 전전두엽 활성화, ③ 세포 속 에너지 발전소로 불리는 미토콘드리아를 활성화시키는 데 있다. 이를 위해서는 크게 5가지 방법이 있다. ① 충분한 숙면(7~8시간), ② 저강도(존 2레벨) 달리기 운동 + 코어 중심 근력 운동, ③ 공복 시간 길게 두기, ④ 명상을 통해 스트레스 완화하기, ⑤ 금주다. 모두 항노화와도 직결된다.

부모님에게 잘하기

이게 갑이 되는 것과 무슨 상관이 있나 싶은데 진정한 갑은 후회가 없는 삶에 있다. 부모님은 내가 어떠한 상황에 놓여있더라도 언제나 내 편에 있지만, 그 외의 사람들은 언제나 내 편에 있지 않을 수 있다. 사실 부모님께 잘하면 자신도 덩달아 평안하고 행복해진다. 위의 다섯 가지 모두를 다 갖추었다 하더라도 이것을 갖추지 못했다면 평생 후회하며 갑이 되는 삶을 살 수 없다. 우리 모두 그런 일이 없도록 하자!

차별화된 커리어 속에
고유한 내가 만들어진다

1 최상의 가치를 추구해야만 하는 이유

〈내 회사 차리는 법〉의 저자 마이클 거버는 완벽한 사업 모델에 관해 다음과 같이 말한다. "완벽한 사업 모델은 가장 낮은 기술력을 가진 사람들에 의해 운영되는 것이다." 이는 언제든지 호환이 가능한 노동자를 만들어 높은 숙련자들에게 휘둘리지 않게 되는 사업의 이점을 말하고 있는 것이다. 이렇게 호환 가능한 표준화 시대를 연 대표적인 주자가 헨리 포드였다. 그의 조립 라인은 복잡한 자동차 제조 과정을 누구나 따라할 수 있는 단순한 작업들로 분해하여 대량 생산의 새 시대를 열었다.

그러나 이러한 형태의 사업은 진입 장벽이 낮기 때문에 금세 유사한 경쟁자들과의 치킨 게임에서 자유로울 수 없게 되고 연이어 심각한 경영난을 맞이하게 된다. 시간이 지날수록 모방하기 쉬운 표준화된 프로세스는 비슷한 경쟁자들을 양산했고, 결국 가치나 혁신보다는 가격 싸움과 현상 유지가 이들의 주요 전략이 되며, 머지않은 시간 내 영업이익은 곤두박질치게 된다.

노동자 입장에서 생각해 보면 나 자신이 표준화되어 언제든지 다른 인력으로 대체가 가능하기 때문에 항상 불안할 수밖에 없다. 특별한 기술이나 지식이 없이 쉽게 배울 수 있는 일을 한다면, 그들은 항상 대체 가능한 부품처럼 여겨진다. 그래서 그들은 큰소리로 워라벨을 외치며 어떻게든 자신들의 시간을 더 많이 확보해 미래를 대비하고자 재테크의 전선으로 뛰어든다.

이 시점에서 묻고 싶은 것이 하나 있다. "가격 싸움과 현상 유지에 매몰된 회사, 그 속에서 늘 불안해 하는 인력의 어우러짐 속에 과연 어떠한 비전과 미래가 있을 수 있을까?" 그렇게 재테크의 전선으로 뛰어든 사람들 대부분은 단기간에 부자가 되려는 탐욕으로 인해 워라벨도, 금전도 둘 다 챙기지 못하는 악순환에 빠지는 경우가 많다.

현재 나는 대한민국 기업 영업의 전문화를 위해 글을 쓰고 강의를 한다. 솔직히 말해서 처음엔 돈을 벌기 위한 목적으로 이 일을 시작한 이유가 컸다. 그러나 지금은 입장이 많이 달라졌다. 최대한 강의를 의뢰한 기업의 성장과 성공을 위해 최상의 가치를 제공하고자 사명감을 가지고 임한다.

이러한 생각을 가지게 된 계기가 있다. 내가 알고 있다고 생각하는 그 무엇이 이미 빠른 과거가 되어버릴 수 있음을 깨닫게 된 순간 엄청난 무게의 책임감을 느꼈기 때문이다. 기술과 시장이 빠르게 변화하는 환경에서 어제의 지식이 오늘에는 쓸모없어질 수 있다는 현실을 마주했다. 이후 내가 맡고 있는 한 분야에서만이라도 고객이 믿고 맡길 수 있는 최상의 것, 고유의 것을 주지 못한다면 이 업은 그 자체로 큰 의미가 없다는 생각이 들었다.

세스 고딘은 〈린치핀〉에서 '평범한 사람들의 법칙'에 빠지는 것에 대한 우려를 표명하며 다음과 같은 메시지를 전한다. "빈틈없는 규칙과 절차를 만들어 값싼 노동력을 활용할 수 있는 사업을 구축한다면 인간성, 인간관계, 개성이 전혀 깃들어 있지 않은 제품밖에 생산하지 못한다. 오로지 가격으로만 승부를 보겠다는 뜻이다. 결국 모두가 내리막으로 치닫는 경쟁으로 스스로를 내모는 것이다."

표준화와 대체 가능성은 단기적 효율성을 가져올 수는 있으나, 장기적으로는 가격 경쟁의 덫에 빠지게 만든다. 진정한 성공은 누구도 쉽게 모방할 수 없는 고유의 가치를 창출하는 데 있다. 그렇기에 우리는 언제나 최상의 가치를 추구해야만 하며, 이는 단순한 선택이 아닌 지속 가능한 사업과 의미 있는 직업 인생을 위한 필수적 요소라는 생각이다.

2 워라벨은 틀렸다, 일에서 행복감을 누리려면

회사에서 무려 한 달 휴가를 받아 여행 계획을 짜는 한 직장인의 모습을 어제 뉴스에서 보았다. 순간 그 직장인에 대한 또 다른 쓸데없는 걱정이 하나 떠올랐다. "만일 저 직장인이 일터로부터 완벽하게 분리되어 휴가를 마친 후 회사에 복귀하게 된다면 그는 그 일로부터 얼마나 행복감을 누리며 일할 수 있을까? "그는 진정 자신의 삶에서 일이 주는 깊이 있는 즐거움을 맛보며 살아갈 수 있을까?" 아마도 대부분의 사람들은 괜한 걱정을 한다며 나무랄 수도 있을 것이다.

주목하고자 하는 건 그 직장인에게 일은 상당한 간극으로 그의 삶과 거리를 두게 되었다는 점이다. 기본적인 주말을 포함 각종 월차에 공휴일까지 더하면 정말이지 일과 삶은 참으로 가까워지기가 어려워 보인다. 도대체 무슨 문제가 있다는 것인가? 최근 젊은 직장인들에 관한 이야기를 여러 채널을 통해 전해 듣다 보면 몇 년 전부터 불어닥친 워라밸의 부작용들을 엿볼 수 있다.

그중 하나가 일 자체에서 오는 성취감보다는 자신의 처우나 쉼에 너무 집착하는 직원들이 많아지고 있다는 것이다. 이러한 현상은 결국 일과 삶을 더더욱 분리하고자 하는 흐름으로 이어져 일요일 저녁이면 마음이 무거워지는 사람들, 출근보다 아픈 게 더 낫다고 생각하는 사람들, 퇴사만 하면 행복을 찾을 것 같다는 사람들을 시간이 갈수록 더 많이 낳게 한다. 그렇다면 일을 통해서는 정녕 행복해질 수 없는 것인가? 결론부터 말하면 일과 삶은 분리가 아닌 하나가 되었을 때 최상의 행복감과 생산성을 가져다준다.

덴마크의 철학자, 경영자이면서 〈인터내셔널리스트〉에서 '세계에서 가장 영향력 있는 CMO 100인'에 5회씩이나 선정된 바 있는 모르텐 알베크는 그의 저서 〈삶으로서의 일〉에서 다음과 같이 언급한다. "시간을 나누면 삶이 나뉜다. 삶을 나누면 나 자신이 나뉜다. 이렇게 쪼개고 나면 삶의 각 부분이 서로 다른 요구를 유발하고 그것이 정당화된다. 마치 이것들이 내 몸과 내 삶의 전혀 다른 부분인 것처럼 말이다. 그러나 우리는 한 사람이다. 당연히 삶 전체를 통해 발전해 가야 할 한 명의 인간이다." 이렇듯 일과 삶을 분리할 게 아니라 오히려 우리의 삶에서 떨어져 나간 일을 되찾아야 한다는 것이다.

덧붙여 작가는 일과 삶은 한 방향으로 나아가야 하며 그래야만 일을 하면서도 행복할 수 있다고 강조한다. 이에 완벽할 수는 없지만 개인적인 경험을 바탕으로 일과 삶에서 행복감을 최대한 높일 수 있는 팁을 공유해 보고자 한다.

첫째, 워라밸의 착시에서 벗어나 워크 퍼스트를 추구한다. 아무리 휴가를 많이 내고 쉬어도 결국 대부분의 시간을 우리는 일을 하면서 보낼 수밖에 없다. 그 사실을 인정하고 자신에게 주어진 일의 의미를 수시로 되새기기만 해도 워라밸의 착시에서 벗어나 워크 퍼스트가 주는 즐거움을 맛볼 수 있다.

워크 퍼스트는 워커 홀릭과는 질적으로 차원이 다른 개념이다. 일을 대할 때 시간 단위가 아닌 작은 단위로라도 지속적으로 결과물을 만들어내는 개념의 워크 퍼스트는 일에서의 성취감과 즐거움을 배가시켜 준다. 남들이 노니까 나도 그만큼 놀아야지 하는 생각은 참으로 나이브naive한 발상이며, 이러한 생각만 버려도 워라벨의 착시에서 벗어나 워크 퍼스트가 주는 행복감을 만끽할 수 있다.

둘째, 망중한忙中閑 정중동靜中動의 자세를 견지한다. 사실 나는 가급적 일을 적게 하려고 노력하는 사람이다. 더 정확히 말하면 내가 잘할 수 있고 원하는 일에 집중하기 위해 불필요한 일을 제거하고자 많은 수고를 마다하지 않는다. 어쩌면 일에 있어서만큼은 철저한 이기주의자에 가까운데 가장 좋은 점은 일하는 시간을 온전히 내 것으로 만들 수 있다는 것이다.

시간은 상대적인 것이다. 같은 냄비에 같은 양의 물을 올려 같은 시간을 끓여도 어떤 때에는 빨리 끓고 어떤 때에는 느리게 끓는 것처럼 느껴진다. 많이 논다고 좋은 게 아니라 스스로 설정한 일의 목표와 달성 사이에서 확보된 자투리 시간이야말로 질 높은 망중한이 되며 상대적인 시간의 즐거움을 선사해 준다. 여기에 더해 일을 통해 보다 더 행복해지려면 무엇보다도 일을 잘해야 한다.

일을 잘하는 방법은 너무나 많지만 가급적 완성도 높은 일이 주는 최상의 고통 단계를 넘어설 필요가 있다. 이는 곧 자신의 업무력 향상을 위해 한계를 뛰어넘고자 하는 업스킬링, 리스킬링을 추구해야 함을 의미한다. 세계적인 베스트셀러 작가인 대니얼 코일은 그의 저서 〈탤런트 코드〉에서 말하길 "어떤 일이든 탁월한 결과물을 만들기 위해선 동일한 세포 메커니즘이 적용된다"고 하였는데 그것이 곧 심층 연습, 점화, 마스터 코칭이다.

이 중 심층 연습에 해당하는 것을 정중동靜中動이라 표현한 것인데, 거의 모든 탁월함이 빚어지는 과정에는 느리지만 미련스러워 보일 정도로 제대로 된 연습, 즉 반복된 움직임repeat movement이 따라야 한다는 사실이다. 이는 앤젤라 더크워스가 말한 그릿grit의 실행 버전과도 유사하다. 또한 고요해서 티는 잘 안 나지만 스탭 바이 스탭으로 정진해 가는 모습을 비유한 말로 정중동이라는 표현을 좋아한다. 결론적으로 맘중한 정중동의 자세를 견지하면 궁극적으로 일과 삶에서 높은 수준의 행복감을 누릴 수 있게 된다.

끝으로, 전략적 무능을 선택한다. 이 말은 모든 일을 다 잘하려고 하지 말라는 뜻으로, 과거 KT의 부사장으로 재직하면서 〈일의 격〉 등을 출간한 신수정 작가가 한 말이다. 평소 나의 생각을 너무나 멋지게 대변해 주어 인용해 보았다. 이는 자신만의 의미 있는 일을 추구하기 위해 충분히 잘할 수 있지만 전략적으로 하나를 포기할 줄 알아야 한다는 것을 의미한다. 예를 들어 주말에 좋은 사람들과 골프도 잘 치고 잘 놀 줄도 알지만 그럴 경우 책을 읽고 글을 쓰는 자신만의 즐거움을 포기해야 하기 때문에 신 작가는 골프에서의 무능을 전략적으로 선택하고 그 시간을 최소화하기 위해 의식적으로 노력한다고 말했다.

오늘날 우리는 과거보다 훨씬 부유하고 오래 살며 좋은 교육을 받으며 살아가고 있다. 그럼에도 불구하고 누구는 하루하루를 자신만의 일머리를 업데이트해 가며 셀레고 행복한 삶을 살아가는 반면 어떤 이는 마음속의 우울, 불안, 무의미를 가득 안고 진전이 없는 날갯짓만 하며 살고 있다. 오직 빨간 날, 휴가철만 바라보며 말이다.

세상은 빠르게 변하고 있다. 코로나19 팬데믹은 우리 삶의 많은 부분을 크게 바꾸어 놓았다. 〈프로페셔널 스튜던트〉를 쓴 김용섭 작가는 팬데믹이 단지 일시적 위기가 아니라 더 큰 변화의 시작점임을 지적한 바 있다. 팬데믹은 기업들이 로봇, 인공지능, 자율주행, 자동화를 가속화하는 계기가 되었고, 이러한 기술 혁신은 우리의 일자리 환경을 근본적으로 재편하고 있다. (2025년 현재, 그의 예측은 이미 상당 부분 현실이 되었다.)

이러한 환경에서 우리에게 필요한 것은 단순한 워라벨이 아니라 일과 삶을 통합적으로 바라보는 시각이다. AI와 자동화로도 대체할 수 없는 인간 고유의 창의성과 전문성을 키워나가는 '프로페셔널 스튜던트'만이 이 격변의 시대를 헤쳐나갈 수 있기 때문이다. 결국 끊임없이 배우고 성장하며 자신만의 고유한 가치를 창출해내는 사람들이 미래를 선도할 것이다.

일과 삶을 분리하는 워라벨은 단기적으로는 안위를 제공할지는 모르지만, 장기적으로는 우리의 성장과 행복을 제한할 수 있다. 진정한 행복은 의미 있는 일에 몰입하고, 그 안에서 성취감을 느끼며, 자신의 능력을 끊임없이 발전시켜 나가는 과정에서 찾을 수 있기 때문이다. 그러므로, 우리에게 필요한 것은 일과 삶의 분리가 아닌, 자신의 열정과 능력을 온전히 발휘할 수 있는 의미 있는 일을 찾아 그 안에서 삶의 가치를 발견하고 현명하게 쉬는 것이다.

3 왜 당신은 히든 챔피언이 되어야 하는가?

매주 월/수/금 저녁 화상 미팅으로 만나는 원어민 영어 선생님이 내게 묻는다. "당신은 성공했다고 생각하세요?"(그날의 주제가 직업적 성공에 관한 것이었다.) 나는 주저 없이 답했다 "나는 성공했다고 생각합니다." 그러자 그는 연이어 묻는다. "Jimmy, 성공이란 무엇인가요? 그리고 당신이 이룬 성공에 대해 말해주시겠어요?" "제가 생각하는 성공은 자신만의 성공 기준을 만들고 그것을 달성하는 것입니다. 구체적으로는 내게 몇십 시간이 주어져도 나만의 고유한 이야기(지식, 경험, 통찰)들을 나만의 고유한 방식으로 거침없이 떠들 수 있어야 하며, 이를 들은 이들은 내게 돈까지 지불해야 합니다. 그런데 결과가 그 이상입니다. 이들은 내게 동종 업계 최고액에 달하는 특강료를 지불할 뿐만 아니라 감사함과 더불어 존경심까지 표해주니까요."

아직 20대 후반인 영어 선생님은 "That's great, I agree"를 연발하며, 내게 더 많은 질문을 하고 싶어 했으나 시간이 다 되어 다음 시간으로 미루어야만 했다. 다음 시간이 돌아오면 나는 이런 이야기를 더 들려줄 생각이다. "성공하고 싶으세요? 그렇다면 먼저 히든 챔피언이 되세요." 이러한 메시지를 꺼내게 된 배경이 있다. 지난주 금요일 오후 모 언론사 소속 시사매거진으로부터 메일 한 통이 왔다. 가을 특집호에서 각 분야별 히든 챔피언을 다룰 예정인데 나를 인터뷰이로 취재하고 싶다는 내용이었다. 결론부터 말하면 나는 몇 가지 이유로 이 인터뷰에 응하지는 않을 생각이지만, 그럼에도 불구하고 내가 생각해 왔던 성공의 기준을 다시금 되돌아보게 해준 것 같아 마음 한구석 흡족한 마음이 들었던 것도 사실이다.

히든 챔피언은 대중에게는 잘 알려져 있지 않지만, 특정 산업 분야에서 세계적으로 높은 시장 점유율을 가진 중소기업을 말한다. 물론 개중에는 이미 메이저화된 히든 챔피언들도 적지 않다. 대표적인 기업으로 독일의 명품 가전제품 제조업체 밀레Miele를 들 수 있다. 밀레는 빌트인 가전, 그중에서도 세탁기와 청소기, 식기세척기, 가스오븐 등으로 유명하며 기술력과 제품력만 놓고 보면 삼성, LG보다도 한 수 위에 있는 기업이다. 이뿐만 아니라 디자인까지도 아이폰을 개발한 스티브 잡스가 이들 제품들로부터 영감을 얻었다고 했을 만큼 세계 명품 가전 시장에서 독보적인 위치를 점하고 있다. 다음으로는 강의 때에도 종종 소개하는 일본의 기업 알박ULVAC이다. 반도체, 디스플레이 패널 등 전자기기 분야에서 세계 최고의 진공 패키지 기술을 보유한 알박은 세계 시장 MS의 80%를 보유한 기업이다.

  이 회사가 세계 최고의 기술을 보유하게 된 것은 미래에 사용될 기술을 남들보다 앞서 연구해 왔기 때문이다. 알박의 연구 인력은 본사 직원 1,200명 중 25%가량인 300여 명으로 매년 매출액의 10%를 연구개발에 투자한다. 연구 인력의 비중도 높지만 운영 방식도 여느 기업과 다르다. 연구 인력 중 150명은 현재 팔고 있는 장비에 관한 연구를 하고 나머지 150명은 현재 시장과 관계 없이 다음 세대에 사용될 기술을 집중적으로 연구한다. 즉, 연구소를 이원화해 현재와 미래 기술 시장을 개척하고 있는 것이다. 이 밖에도 건설 및 건축 관련 전문 공구와 기술 서비스 분야의 힐티(스위스), 지퍼 제조업체로 글로벌 시장에서 지배적인 위치를 점하고 있는 YKK(일본), 고성능 섬유 및 방수 기술의 리딩 기업 고어텍스(미국), 야구공 제조로 시작해 지금은 고품질 골프공으로 전 세계 시장을 호령하는 낫소(한국) 등 메이저화된 히든 챔피언들이 이 세상엔 헤아릴 수 없이 많다.

  이 기업들이 추구한 철학은 처음부터 대중화와는 거리가 멀었다. 특징적으로 살펴보면 첫째, 자신들만의 고유한 사업 철학을 가지고 있으며, 둘째, 특정 분야에서 특정 고객과 강력한 릴레이션십을 유지하고, 셋째, 대중적 인지도에 연연하기보다는 조용하지만 끊임없는 혁신을 추구한다는 것이다. 이와 같은 메커니즘은 오늘날 1인 지식 사업을 추구하는 개인들에게도 동일하게 적용될 수 있다. 개인적인 의견으로 40대 중반까지는 여러 분야에서 다양하게 시도하고 도전해 보는 것이 꼭 필요하다고 생각한다. 그러한 경험들이 암묵지 역량으로 쌓여 훗날 훌륭한 콘텐츠의 소재가 될 수 있기 때문이다. 40대 중반 이후로는 선택과 집중이 필요하다. 즉, 전문성 없이 이것저것을 다루어서는 자신의 분야에서 유의미한 성과를 달성하기 어렵기 때문이다.

흥미롭게도 위에서 언급한 메이저화된 히든 챔피언 기업들 중에서도 보면 과거 다양한 사업 분야를 오가며 시행착오를 겪은 경우가 많았다. 하지만 어느 순간 결단을 내리고 자신들이 가장 잘할 수 있는 분야에 매진해 독보적인 시장을 형성한 경우가 대부분임을 알 수 있었다. 요약하면, 기업이든 개인이든 어느 시기까지는 다양한 시도와 도전을 게을리하지 말아야 하며, 이후 자신만의 고유한 사업 철학과 성공의 기준을 세운 후 대중적 인지도에 연연하기보다는 자신이 가장 잘할 수 있는 분야를 선택해 끊임없이 뚝심있게 매진하는 것. 이것이 메이저로 가는 가장 확실한 방법이 될 수 있다. 물론, 눈에 보이는 메이저로 안 가도 전혀 문제될 것이 없는!!!

4 큰물에서도 놀아봐야 한다

수영인들의 성지라 불리는 올림픽 수영장에 처음으로 다녀왔다. 크게 2가지 이유에서였다. 첫째는, 선수들이 경기하는 50m 레인을 경험하기 위해서였다. 참고로 서울시내 대부분 수영장의 레인 길이는 25m다. 둘째는, 4개월간 수영장이 보수 공사에 들어가는 관계로 그전에 꼭 한번 와야 했기 때문이다.

소중한 배움도 있었다. 첫째, 25m 레인에서는 알 수 없었던 나의 수영 능력치를 제대로 확인할 수 있었다는 점이다. 예를 들어, 25m 레인에서는 100m를 가더라도 벽을 세 번이나 터치해야 해서, 호흡 조절에 실패하면 100m를 한 번에 쭉 가지 못하고 50m씩 끊어서 가게 되는 경우가 많다. 이는 수영 실력이 잘 늘지 않게 되는 하나의 원인이 된다.

하지만 50m 레인에서는 단 한 번의 터치만으로 100m 완주가 가능하기 때문에 호흡만 잘 조절하면 무리 없이 100m 완주가 가능했다. 바로 이때가 내 수영 실력이 확인되는 순간이며 짜릿한 기분까지 느낄 수 있어서 정말 좋았다. 결론은 6개월 동안 내가 쌓아온 수영 실력이 업그레이드되었음을 확인할 수 있어서 적지 않은 보람으로 다가왔다.

위의 사례는 일이나 학습에서도 동일하게 적용된다. 스스로 한계를 정해 놓고 언제나 그 한계의 테두리 내에서만 머물면 실력이나 성과가 잘 향상되지 않는다. 가장 큰 문제는 현재 자신의 수준을 정확히 모르기 때문에 어떠한 방향이나 목표를 설정해 나아가야 할지 감이 잘 오지 않는 데 있다. 언제나 그렇듯 다음 성과의 목표는 멈추지 않고 길을 걷고 있을 때 발견되는 법이다.

그러니 작은 마케팅에서 성공 경험이 있다면 대형 마케팅에도 과감히 도전하라. 소기업 경험이 충분하다면 큰 기업 노크도 꾸준히 시도하라. 국내 비즈니스에서만 머물렀다면 해외 비즈니스를 향한 도전도 멈추지 마라. 해보지 않고 당신의 능력치를 함부로 제한하거나 재단하지 말라. 가능하다면 큰물에서 놀아보는 것도 필요하다.

5 하수 vs. 고수

하수는 지금 열광하는 것들에 열광하지만 고수는 지금으로부터 미래에 열광할 것들에 열광한다. 프로 선수를 발굴하는 스카우터들을 보라. 대박 주식을 발굴하는 투자의 대가들을 보라. 인재를 발견하는 각 분야의 리더들을 보라. 한결같이 그들의 시선은 지금으로부터 미래에 열광할 것들에 주목하지 눈앞에 보이는 것들로만 결코 판단하지 않는다. 진수는 그만큼 쉽게 발견되지도, 만들어지지도 않는다.

동시에 이들 고수는 타이밍보다는 타임에 초점을 둔다. 그들은 최고의 프로 선수도, 대박을 낼 주식 종목도, 회사에 기여하는 인재도 하루아침에 성과를 가져다 줄 것으로 기대하지 않기 때문이다. 오직 필요한 것은 대상에 대한 꾸준한 관찰과 학습, 지원과 믿음뿐이다. 바꿔 말하면 때를 기다린다는 뜻이기도 하다. 물론, 이런 경우라도 실패는 따라올 수 있다. 하지만 잘 따지고 보면 이 세상 그 어떠한 배팅보다 가장 확실하고 안전한 투자임을 현명한 자라면 능히 알 수 있다.

당신은 사람을 볼 때 무엇을 주로 보는가? 학력을 보는가? 경력을 보는가? 아님 외모나 성격을 보는가? 사실 이 모든 것들은 타인과의 상호작용을 원활하게 하기 위한 하나의 사회적 페르소나 social persona에 불과하다. 지금까지의 세상은 이러한 페르소나들이 그/그녀의 역량과 가능성의 기준이 되어왔고, 이로 인해 실제의 기량과는 달리 많은 사람들이 이익 또는 불이익을 받아온 게 사실이다. 하지만 앞으로의 시대는 확연하게 달라질 것이다. 이른바 의미의 시대가 펼쳐지면서 실행력을 담보로 한 핵심가치와 비전이 더욱 중요시되는 세상이 될 것이기 때문이다.

예를 들어, 똑같은 떡볶이를 팔더라도, 똑같은 자동차를 팔더라도, 어떠한 의미와 가치를 부여했느냐에 따라 고객의 선택이 바뀔 수 있음을 상상해 보면 쉽게 이해할 수 있다. 실제 자동차를 팔려고 접근해 온 동일한 제품의 영업자 A와 B가 있었다. 그런데 왜 A의 메시지는 전혀 귀에 걸리지 않는 데 반해 B의 메시지는 마음을 동하게 만드는 것일까? 그것은 고객의 숨겨진 니즈를—고객이 열광할 지점을—정확히 파악하고 자신의 비전과 핵심가치를 바탕으로 설득할 수 있는 암묵지의 역량, 곧 고객 중심의 의미와 가치 부여 역량을 갖추고 있었기 때문이다. 바로 그가 고수인 것이다.

진짜 커리어가
두려움 없는 전진을 가능케 한다

1 솔.까.말 리더십에 대하여

나는 리더십이 실력에서 나온다고 믿는다. 단언컨대 실력이 밑바탕이 안 된 상태에서 온갖 리더십 이론을 논하는 것은 전혀 의미가 없다. 말 그대로 실력은 성과를 내는 능력을 말한다. 리더가 성과를 내는 능력이 없다면 그 리더는 기본적으로 자격이 없는 것이다. 성과를 지속적으로 내는 능력은 하루아침에 쌓이지 않는다. 그래서 해당 분야에서 진정한 실력을 갖추었다면 그건 리더의 자산이요 전문성이라 말할 수 있다.

요즘 세대들은 이와 같이 전문성으로 무장한 실력 있는 리더들을 더욱 선호한다. 그래야 불확실한 시대에서 자신이 성장할 수 있다고 믿기 때문이다. 이 경우 리더가 다소 성격이 까칠해도, 심지어 꼰대여도 상관없다. 실력이 있다면 성격 파탄자가 아닌 이상 이들은 따른다. 반대로 실력은 없는데 밥이나 잘 사주고 착하기만 한 리더들에 대해서는 겉으로는 웃지만 속으로는 별로라고 생각한다.

이러한 리더 밑에서 일하는 건 자신의 미래에, 성장에, 성공에 도움이 되지 않기에 언제든 벗어날 기회만 호시탐탐 노리게 된다. 비위 맞춰주고 돈만 많이 준다고 해결되는 세대들이 결코 아니다. 이들은 그 어느 시대의 젊은 세대들보다 개인주의적이며 성장부심이 많은 계산적인 존재들이다. 이걸 나쁘다고만 말할 수 있을까? 이들의 탓이라고만 말할 수 있을까? 그럴 수 없다. 세대의 특성은 시대적 변화와 맥락을 반영하기 때문이다.

오히려 내가 보기엔 시대와 세대의 변화만큼 따라가지 못하는 리더들의 안일함, 안분지족, 실력 부족에 더 큰 문제가 있다는 생각이다. 일일이 열거할 수도 없는 '○○ 리더십' 류의 책과 강의가 여전히 서점가와 유튜브를 장식하고 있는 이유가 뭘까? 본질은 상당수의 리더들이 본업에서 제대로 된 성과를 못 내고 있기 때문이 아닐까? 나는 한마디만 말하고 싶다. 리더가 실력을 갖추고 성과를 내면 조직 내의 웬만한 갈등은 해결된다. 아니 설사 있다고 한들 크게 문제될 것도 없다.

회사는 좋은 사람 만들어 주기 위한 인격도야의 장이 아니다. 극단적으로 말하면 성과를 통해 생존하고 이익을 남기는 성과이익 집단일 뿐이다. 엄밀히 말해 리더가 실력을 갖추고 원칙을 세워 지키며 공정하게 평가해 성과를 내면 그만이다. 이것이 가장 고귀하면서도 어려운 일이다. 하지만 이를 달성하면 구성원은 알아서 따르며 성장한다. 이것이 기업내 리더십의 핵심이다. 여기에 진정성과 인품까지 갖추었다면 그건 그런 리더를 키운 해당 회사의 덕이자 복이지 설령 못 가졌다 하여 불행은 아니다.

2 당신의 진짜 실력은 퇴직 후 홀로 섰을 때 밝혀진다

  퇴직 후 홀로 선 두 사람이 있다. 편의상 A와 B라고 하자. A는 중소기업 마케팅 부서에서 10년을 근무했다. 그는 일도 잘했고, 동료들 사이의 평판도 나쁘지 않았다. 그러나 인사철마다 동료들에게 밀리기 시작했다. 직속 상사에게 싹싹하지 못한 태도 때문이었다. 나중에야 그는 이런 태도도 하나의 실력임을 깨달았다. 이직 대신 프리랜서의 길을 택한 그는 30대 중반의 젊음으로 마케팅 공부를 더하며 기회를 노렸다. 그는 열심히 공부하고 네트워킹을 강화해 나갔고, 결국 협력 업체로부터 강의와 컨설팅 요청이 들어오기 시작했다. 퇴직 후 2년 차엔 일이 넘쳐 밤을 새는 일도 많아졌다. 그러나 문제가 있었다.
  일이 많아져서 좋기는 했지만, 협력업체에만 의존하다 보니 자신에게 떨어지는 몫이 작았고, 일이 끊길까 봐 잠시 쉬고 싶어도 그들의 요구를 거절하지 못했다. 건강도 나빠져 A는 "이게 내가 꿈꾸던 프리랜서의 삶인가?" 하는 후회에 빠져들었다. 38살이 된 그는 지금 다시 여러 회사에 이력서를 낼까 고민하고 있다. 반면, B는 국내 대기업에서 퇴직을 앞둔 50대 중반의 고위 임원이다. 그는 회사 내 전 부문을 거쳐 계열사 사장까지 역임한 인물로, 초고

속 승진을 거듭해왔다. 그의 가장 큰 강점은 철두철미한 계획성과 실천력인데, 이는 퇴직 후 플랜에서도 드러났다. 퇴임 전 그는 아내 명의로 법인을 하나 설립했고, 업종은 그가 일해온 협력업체의 MRO 사업을 지원하는 것이었다. 아내가 관련 분야에서 오랫동안 경력을 쌓아온 터라 내심 든든했다.

그는 이미 퇴직 전부터 사업에 필요한 네트워크와 인프라까지 거의 준비를 마쳤다. 그러나 예상치 못한 일이 생겼다. 아내가 유방암 판정을 받은 것이다. 결국 그의 계획은 퇴직 후 사업에서 아내의 병간호로 급선회할 수밖에 없었다. 그렇게 1년이 흘렀고, 그는 생각했다. "내가 혼자서 잘할 수 있는 것이 별로 없구나. 이런 상황은 내 계획에 없었는데…." 이 두 사례를 통해 살펴볼 점들은 많지만, 오늘은 이보다 근원적인 문제에 집중하고자 한다. 실력 배양에 필요한 방법론이나 꾸준함의 중요성, 개인 브랜딩 등의 이야기들은 오늘의 주제가 아니다.

가장 강조하고 싶은 바는 우리의 삶이 우연으로 이루어진다는 진실을 깊게 받아들이는 것에 있다. 결과 지향적인 인과관계 스토리텔링에 익숙한 직장인일수록 더더욱 그렇다. 우리는 흔히 "내가 이렇게 저렇게 계획하고 노력하면 적어도 이 정도의 결과는 나올 거야"라고 생각한다. 하지만 이는 착각이다. 최악의 상황을 염두에 두라는 말을 하고자 함이 아니다. 계획과 노력이 불필요하다는 말을 하고자 함도 아니다. 당연 계획은 필요하고, 노력도 중요하다. 하지만 그보다 먼저 자신의 존재 가치에 대한 자존성을 확고히 해야 함을 강조하고 싶은 것이다. 전술했듯이 세상의 모든 일은 다양한 우연이 쌓여 이루어진 우연의 덩어리이기 때문이다. 참고로 자존성은 자신의 존재 자체로 이미 충만함과 행복함을 깨닫는 능력을 말한다.

이를 인식하고 수용하는 것이야말로 삶에 대한 진정한 겸손이며, 퇴직 전 반드시 확립해야 할 가장 중요한 요소다. 사람들은 자신의 계획과 의도가 모든 일을 해결할 수 있으리라는 착각에 빠지곤 한다. 하지만 퇴직 후 홀로 섰을 때 작은 실수나 후퇴에도 자존성에 금이 가는 경우를 많이 볼 수 있다. 가장 큰 문제는 자존성이 손상될 경우 원인 모를 두려움에 지속적으로 휩싸여 삶의 만족도가 급격히 떨어진다는 데 있다. 그 누구도 예외가 없다. 이것이 퇴직 후 홀로 섰을 때 다가오는 첫 번째 위기감이다.

두 번째 위기감은 인정중독에서 비롯된다. 세상은 안정적 위치에서 인정받는 사람들을 성공한 사람으로 여기는 경향이 강하다. 하지만 이런 사람들일수록 지금껏 받아온 인정을 한순간에 잃을까 봐 늘 두려워한다. 그래서 인정받아온 사람들은 그 인정을 지속하기 위해 한순간도 가만히 있지를 못한다. 이른바 인정중독에 빠진 것이다. 이런 사람들은 퇴직 후 홀로 섰을 때 깊은 불행감에 빠질 가능성이 높으며 간혹 인정을 받거나 부러움의 대상이 되어 짜릿한 쾌감을 맛볼 수는 있지만, 곧 불안감을 불러오고 만다. 타인의 평가에 자신의 행복과 성공이 달려 있기 때문이다. 특히, 직장인들의 존재 시스템 자체가 그렇게 사람들을 길들인다. 결국, 인정중독에 빠진 사람들은 사회적 인정과 체면에 종속된 로봇과 같은 불쌍한 존재가 되고 만다.

아무리 현재 세상의 인정과 부러움을 받더라도 그것은 진정한 성공이 아니다. 특히, 100세 이상의 시대에 접어든 지금은 더더욱 그렇다. 그래서 오늘의 주제 "당신의 진짜 실력이 퇴직 후 홀로 섰을 때 밝혀진다"라는 말의 의미는 세상이 우연의 덩어리임을 받아들이고 자신의 삶에 대한 진정한 겸손함인 자존성을 세우며, 사회적 인정에서 벗어나 자유로운 상태에 이르러야 한다는 의미를 내포하고 있다. 그렇지 않으면, 지금과 같은 시대에 지속 가능한 실력을 키워가는 것이 여간 어려운 문제가 아닐 수 없기 때문이다.

다시금 강조하건대 이를 망각하면, 모든 것을 우연이 아닌 인과관계로만 해석하여 스스로를 비하하고 무기력하게 만드는 결과로 이어질 가능성이 매우 높다. 마지막으로, 퇴직 후 내가 선택하는 그 모든 것이 누군가에게 좋은 인상이나 인정, 부러움을 사기 위한 것은 아닌지에 대해 스스로 'NO'라고 자신 있게 답할 수 있어야 한다. 오직 스스로의 성공 기준을 마련하고 거기에 흔쾌히 동의하는지에 대해 'YES'라고 자신 있게 답할 수 있어야 한다. 여기에 다다를 때까지 그 누구도 예외 없이 끊임없이 자문하고 성찰해야 한다. 퇴직 후 홀로서기는 그렇게 시작되어야 한다.

3 직장 이·전직 vs. 개인 사업: 무엇을 먼저 고려해야 할까?

직장인들이 늘 고민하는 문제 중 하나가 얼마나 이 직장에서 경력을 이어가야 할까? 혹은 나도 남들처럼 빨리 회사 밖으로 나가 나만의 사업을 해보고 싶다 등일 것이다. 일반적으로 전자라면 이직이나 전직을, 후자라면 투자를 받는 형태의 스타트업이나 자기자본 투자를 통한 자영업 등을 고려해 볼 수 있다. 관련해 얼마 전 어느 고객이 이런 이야기를 들려주었다. 참고로 그는 현재 대기업에서 근무한다.

"저는 원래 관공서에서 근무하다가 전직을 했어요. 이유는 관공서 일이 너무 재미가 없었기 때문이에요. 좀 더 목표 지향적이고 활기찬 일을 찾았더랬죠. 그런데 지금은 윗사람들이 자주 긴급한 업무를 주는 게 힘들어요. 그리고 일도 너무 많고요." 그럼 후회되느냐고 물었다? 그는 대답하길 "그렇지는 않아요. 그래도 힘든 일을 해내고 나면 예전 일보다 더 뿌듯함이 느껴지고 무엇보다도 저는 여기 동료들이 너무 좋아요. 이들과 함께 일하는 게 즐거워요."

이 고객의 사례는 자기결정성 이론Self-Determination Theory, SDT(에드워드 데시 & 리처드 라이언)을 여실히 보여준다. 이 이론은 인간의 동기부여가 자율성, 유능감, 관계성이라는 세 가지 기본 심리 욕구를 충족시키는 데서 비롯됨을 밝히고 있다. 자율성은 한마디로 '내 삶의 주인은 바로 나'임을 의미한다. 핵심은 자율성이 높을수록 직장인들은 더 열정적이고 창의적으로 일할 가능성이 높다는 것. 따라서 직장 생활에서 자율성을 너무 제한한다면 장기적으로 자신의 삶의 방향을 스스로 결정할 수 있는 환경으로 이동하는 것이 바람직할 수 있다.

하지만 SDT는 자율성만이 중요한 것이 아니라, 유능감과 관계성도 못지않게 중요함을 강조한다. 많은 직장인들은 직장에서 유능감을 느끼며 자신이 팀이나 조직의 중요한 구성원이라는 관계성을 느낄 때에도 큰 동기부여를 받기 때문이다. 자율성의 부족이 반드시 전체적인 동기부여 결핍으로 이어지지 않는다는 점에서, 직장 퇴직이 항상 최선의 선택은 아닐 수 있다. 하지만 직장 퇴직이 선택이 아닌 어쩔 수 없는 상황에 처한 경우라면 개인 사업도 긍정적으로 검토해 볼 수 있다.

개인 사업도 크게 두 가지로 나누어 볼 수 있다. 하나는 법인 사업자든 개인 사업자든 2명 이상의 조직과 시스템을 갖춘 형태의 사업과 프리랜서 형태의 1인 지식 기업 형태의 사업이다. 전자의 경우를 고려한다면 다음의 세 가지 역량이 자신에게 있는지 우선적으로 점검할 필요가 있다. 만일, 이 세 가지 역량 중 하나라도 부족한 점이 있다면 섣불리 해당 사업을 시작해선 곤란하다.

① 실패를 두려워하지 않는 마음이 있는가?
② 직원에게 외재적 보상보다 내재적 보상을 지속적으로 제공할 수 있겠는가?
③ 설령 사업에 실패해도 툴툴 털고 다시 일어날 수 있겠는가?

여기서 ①③은 회복탄력성에 해당하고 ②는 리더십 역량에 해당한다.

먼저 회복탄력성은 마음 근력의 정도를 말한다. 만일, 자신이 평소에 사소한 일에 일희일비하거나 외부 변수에 쉽게 동요되는 상태가 자주 지속되는 편이라면 회복탄력성이 낮은 편에 속한다고 볼 수 있다. 반면에 웬만한 일에 쉽게 분노하지 않고 우울감에 빠지지 않는 상태가 오랫동안 지속되는 편이라면 회복탄력성이 높은 편에 속한다고 볼 수 있다. 당연히 마음 근력이 강한 회복탄력성이 높은 상태에 해당하는 사람이 사업을 해야 한다. 다음은 리더십이다. 이는 전술한 SDT의 핵심 세 가지 요소를 얼마나 지속적으로 제공할 수 있느냐에 달려 있다. 요컨대 장기적인 기반의 비즈니스일수록 직원들에게 자율성, 유능감, 관계성이라는 효능감(내재적 동기부여)을 지속적으로 제공할 수 있는 능력이 인센티브나 승진 등의(외재적 동기부여) 보상 제공 능력보다 훨씬 더 중요하다.

유명한 해리 할로우의 원숭이 실험은 내재적 동기부여의 중요성을 잘 보여준다. 요약하면 원숭이들은 보상 없이도 복잡한 퍼즐을 해결하는 것을 즐겼으며, 보상이 주어지면 오히려 동기가 감소하는 현상을 보였다. 직장인의 경우도 마찬가지다. 특히 오해하기 쉬운 세일즈 인력 역시 단기적인 성과보다 장기적인 성과에 기반을 둔 경우 돈보다는 인정, 공감, 칭찬, 격려, 조직 충성도 등과 같은 내재적 동기부여에 더 반응하고 높은 성과를 만들어낸다. 물론 적절한 보상이 전제되어야 하나 내재적 동기 요인을 배제한 적절한 보상만으로는 한계가 있다. 마지막으로 프리랜서 형태의 1인 지식 기업 역시 ①③의 회복탄력성이 동일하게 중요하다. ②는 해당사항이 없지만 대신 더 통합적이고 깊은 수준의 셀프 리더십 역량이 요구된다.

그중에서도 두려움을 극복할 수 있는 꾸준한 몰입 능력과 '심심력', 즉 자신을 들볶지 않는 가장 고요하고 평화로운 상태를 꾸준하게 유지하는 능력이 가장 중요하다. 그 배경은 하나부터 열까지 모든 일을 홀로 선택하고 행동하며 책임져야 하기 때문이고, 결정적으로 꾸준한 몰입 능력에서 콘텐츠와 성과가 만들어지며 심심력에서 회복탄력성이 생성되기 때문이다. 그렇다면 이와 같은 꾸준한 몰입 능력과 심심력은 어떻게 생성, 유지될 수 있을까? 이 역시 마음 근력과 긴밀하게 연결되는데 핵심은 자신의 감정, 생각, 가치관을 이해하고 이를 바탕으로 행동을 조절하는 자기 인식 self-awareness 능력 유무에 달려 있다.

자기 인식 능력을 키우는 데에는 운동과 명상 혹은 이를 합친 움직임 명상이 매우 효과적이다. 모든 두려움이라는 감정은 집착에서 나오는데 이 감정은 '으쌰 으쌰' '악으로 깡으로'와 같은 구호로 극복될 수 있는 문제가 아님을 먼저 이해해야 한다. 요컨대 두려움이라는 감정은 우리 뇌에 편도체를 안정화시키는 것에 달려 있는데, 이는 운동과 같은 움직임을 통해서만이 효과적으로 극복될 수 있다. 또한 명상은 자기 인식 능력을 강화함으로써 스트레스나 부정적 상황에 끌려가지 않고 침착하게 대응할 수 있도록 해준다. 이와 같은 자기 인식 능력이 궁극적으로는 자기 조절력을 극대화해 일에서 성과를 만들어내는 자기 동기력(셀프 리더십)으로 이어진다.

정리하면, 직장인들이 이·전직을 할 때 가장 먼저 고려해야 할 요소는 자신에게 얼마나 자율성과 유능감, 관계성을 충족시킬 수 있는 환경인가를 살펴보는 것이고, 사업을 고려한다면 자신의 회복탄력성 제고와 직원들에게 내재적 동기부여를 제공할 수 있는 리더십 역량을 먼저 살펴보고, 특히 1인 지식 사업을 고려할 경우에는 자신의 감정과 생각을 잘 이해하고 조절하는 자기 인식 능력 강화에 중점을 두도록 해야 한다.

4 변화하는 시대, 교수자에게 요구되는 전달 능력이란?

다음의 이야기는 실화를 바탕으로 각색을 한 것이다.

서울 소재 대학 경영학과의 한 교수가 학생들에게 경영전략 과목을 가르치고 있었다. 그러던 중 벤처 창업을 준비 중인 어떤 학생으로부터 이에 대한 전략적 조언을 해달라는 질문을 받게 된다. 교수는 순간 머릿속이 하얗게 변하면서 중언부언했다. 훗날 교수는 지식이 없어서라기보다는 자신이 직접 창업을 해본 경험이 없었기에 이에 대한 적절한 조언이 과연 맞는가 하는 의문이 들었기 때문이라고 고백했다.

얼마 후 그는 고심 끝에 학교를 그만두고 직접 벤처 기업을 창업해 경영자로 변신한다. 투자자 유치에서부터 경영과 인사관리까지 거의 모든 일을 손수 실행하고 관리했다. 결국 그는 책과 사례만으로는 가르칠 수 없는 경영전략에 관한 현장 중심의 지혜와 교훈을 얻게 되었다. 몇 년 후 그는 대학 강단으로 다시 돌아오게 된다. 이제 그는 살아 있는 경영전략 과목을 가르칠 수 있게 되었다고 생각했다. 그런데 마침 코로나가 터져버리고 만다. 모든 수업이 비대면으로 진행되면서 그에게 다시 한번 정신적 혼란이 찾아왔다. 교수법의 전면적인 변화를 필요로 했기 때문이다.

이전에는 주제와 범위를 정해 놓고 시쳇말로 열심히 떠들기만 하면 됐었는데, 이제는 철저하게 청중을 중심에 두고 교안을 준비하지 않으면 안 되게 되었기 때문이다. 거기에 학생들이 MZ세대들로 바뀌다 보니 세련된 시청각 자료 만들기는 물론 주의를 끄는 강의 기법까지 필요해 명색이 자신이 교수임에도 불구하고 강의를 전문으로 가르치는 전문가들로부터 새롭게 교수법을 배워야만 했다. 이제 그는 현장 중심의 경영전략 과목을 세련된 강의 기법으로 가르칠 수 있는 교수가 되었다.

이후 교수는 모 방송사로부터 출연 요청을 받게 된다. 주요 대학교수들이 모여 경영전략에 관한 토론 프로그램을 진행하는 데 발표자로 참석을 해달라는 것이었다. 학교를 대표해서 나가야 하는 만큼 부담도 컸다. 그런데 예상치 못했던 하나의 문제가 발생했다. 이 방송이 TV는 물론 유튜브로도 생중계가 되는데, 요즘 사람들은 실력만큼이나 스타일도 중시해 외모 관리에도 신경을 써야 한다는 압력이 여기저기서 들어온 것이다. 스타일도 스타일이지만 코로나 기간 동안 쌓인 스트레스와 폭식으로 불어난 배와 부은 얼굴이 학교의 이미지마저 실추시킬 것만 같았다.

결국 비싼 돈을 들여 트레이너와 스타일리스트의 도움을 받아 두 달여 만에 겨우 체면을 세울 수 있을 정도의 모습으로 변신에 성공한다. 이후 그는 신체 자본의 중요성까지 깨달아 단단하고 날씬한 몸매까지 갖추게 된다.

이 이야기를 통해 말하고자 하는 것이 무엇일까? 오늘날과 같이 인터넷과 AI 기반 정보 플랫폼이 고도로 발달한 시대 속에서 청중을 상대로 하는 메신저들의 메시지는 그 어느 때보다 입체적으로 다가갈 수 있어야 한다. 이른바 전달자의 총합적 역량 entirety(부분이 아닌 전체로서의 온전함)이 그 어느 때보다 중요해진 것이다.

요컨대, 지식과 경험을 쌓는 능력치와 지식과 경험을 전달하는 능력치는 다르다. 또다시 지식과 경험을 쌓는 능력치는 스스로 콘텐츠를 생성해 낼 수 있느냐 없느냐의 능력치로 구분되며, 지식과 경험을 전달하는 능력치는 타인의 지식과 경험을 가공해서 전달하는 능력치와 자신의 지식과 경험을 스토리 형식으로 만들어 전달하는 능력치로 구분된다. 마지막으로 신체 자본을 통한 메시지 역시 간과할 수 없는 중요한 요소다. 당신도 언제든지 책임 있는 교수자의 입장에 처할 수 있다.

5 두려움을 물리치고 역경을 돌파하는 법

동기부여 전문가 엘렌 짐머맨 박사는 그의 저서 〈피벗pivot: 틀고 바꾸고 비틀어라〉에서 "삶에서 역경을 돌파하는 힘은 믿음과 선택에 관한 문제"라고 이야기하면서 필터 이론을 주장한다. 그가 주장한 메시지를 요약해 보면 다음과 같다. "믿음이란 어떤 필터를 선택하여 보는가에 관한 문제이다. 당신이 파란색 필터를 끼고 바라보면 세상은 온통 파란색이 될 것이고, 빨간색 필터를 끼고 바라보면 빨간색으로 보일 것이다. 나머지는 개의치 않아도 된다. 중요한 것은 뭔가 아니다 싶고 마음에 들지 않을 때 언제든 당신 스스로가 필터를 교체할 수 있다는 사실이다."

사실 몇 해 전 여름에 급성 심근경색으로 세상을 달리할 뻔했다. 평상시 자기관리를 잘 한다고 자부했기에 당혹감과 두려움이 더욱 크게 다가왔다. 다행히 빠른 조치로 수술을 받고 목숨은 건졌지만 당시 중환자실에서 겪었던 일들을 생각하면 지금도 끔찍하다. 고난은 여기서 그치지 않았다. 퇴원과 동시에 코로나 증상이 시작된 것이다. 특히 고열과 오한으로 인해 실신할 것만 같은 순간이 여러 번 찾아왔다. 퇴원 후 몸이 채 회복되지 않았기에 그 고통이 더욱 크게 느껴졌던 것 같다. 그 와중에도 머릿속엔 얼마 후 있을 기업체 강의가 걱정이 되었다. 고객과의 약속을 깨뜨리는 걸 무엇보다 싫어하는 성정 때문이었다. 잠을 청하면 더 악화될 것 같아 일부러 잠을 자지 않고 밤새 적정 체온을 유지하기 위해 말로 설명할 수 없는 사투를 벌였다.

더 황망했던 것은 멀지 않은 곳에 사시는 고령의 부모님들마저 이미 코로나로 힘겨운 싸움을 벌이고 계셨기에 육체적으로나 정신적으로나 어찌할 수 없는 현실이 더욱 큰 좌절감과 두려움으로 다가왔다. 그때 취할 수 있는 건 오직 믿음과 선택뿐이었다. 두 손을 모아 기도하고 다짐했다. "부모님과 나는 아무 일 없이 회복한다. 그리고 나는 고객과의 약속들도 반드시 지켜낼 것이다." 바라던 믿음과 선택은 현실이 되었다. 특히 그해 여름철에 기업 강의들이 몰려 있었는데 다행히 모든 강의들을 예외 없이 성공적으로 마무리 지을 수 있었다. 그중 몇몇 강의는 강의 내내 호흡도 제대로 안 되고 온몸에서 식은땀이 흐를 정도로 무척 힘들었는데, 강의를 다 마치고 회사 밖을 나오는 순간 긴장이 풀리자 대로변에서 무릎을 꿇었던 기억도 난다.

그해 여름이야말로 내 인생에서 몇 손가락에 꼽을 정도로 가장 힘든 순간들의 연속이었다고 생각한다. 그럼에도 불구하고 이를 잘 극복할 수 있었던 힘은 두려움의 실체를 직시하며 사랑과 긍정의 필터를 마음속에 장착했기 때문이라고 믿는다. 엘리자베스 퀴블러 로스의 〈인생수업〉에는 다음과 같이 두려움에 대해 말하고 있다. "두려움fear이란 실제처럼 보이는 가짜 증거false evidence appearing real다. 이것은 실제로는 존재하지 않지만 마치 실제처럼 보여 우리의 발전을 가로막아 아무것도 시도하지 못하게 하는 힘을 지니고 있다. 두려움은 진실된 감정, 행복, 자기 존재의 확인에 이르기까지 모든 것을 가로막는 그림자이다. 그러나 사랑이 있는 곳에 두려움이 차지할 자리는 없다."

인생은 때때로 우리에게 두렵고 고된 순간들을 안겨준다. 그렇지만 그때마다 우리가 어떤 필터를 선택하느냐가 삶의 방향을 결정짓는다. 두려움과 역경은 종종 실제처럼 보이는 착시일 뿐이며, 오직 믿음과 사랑의 필터를 통해 현재를 직시하고자 노력할 때 그것들은 더 이상 걸림돌이 아닌 성장의 발판이 된다는 것을 배울 수 있었다. 결국, 우리를 앞으로 나아가게 하는 힘은 상황이 아닌 그 상황을 마주하는 우리의 태도에 달려 있다.

PART 3
미래를 선도하는 사고력을 키워라

> 경쟁력은 폭넓은 시장 학습을 통해 강화된다

1 Samsung series ①: 고객가치의 실현은 어떻게 이루어지는가?

삼성전자와 TSMC는 반도체 시장에서 세계 최고의 경쟁력을 지닌 기업들이다. 아시다시피 삼성전자는 메모리 반도체 영역에서, TSMC는 시스템 반도체 영역에서 각각 1위를 수성하고 있다.

그러나 두 기업의 '고객가치를 최우선으로 한다'는 경영 철학은 언뜻 비슷해 보여도, 실제 실행 방식과 체감도 면에서는 뚜렷한 차이를 보이고 있다. 글로벌 산업을 대표하는 이 두 기업의 비교를 통해서 알아보는 고객가치의 실현 과정은 그 자체로 충분한 학습적 가치가 있기에 모두가 주목할 만하다.

기본적으로 두 기업의 영업 구조와 방식이 다름을 이해해야 한다. 강의 현장에서 메모리 반도체 사업의 영업 방식을 백화점 사업에 비유하여 설명하곤 한다. 경기 순환의 싸이클을 타는 메모리 사업은 좋은 제품을 적기에 대량으로 공급하는 것이 가장 중요하다. 그렇기에 고객의 개별적인 니즈보다는 표준화된 제품을 잘 만들어 고객이 원할 때 공급해야 많은 이익을 거둘 수 있다. 제품만 우수하다면 마치 백화점에 진열해 놓기만 해도 고객이 알아서 구매해 가는 비교적 어렵지 않은 영업 형태에 해당한다고 볼 수 있다.

반면 비메모리 반도체 영역에서 TSMC는 파운드리 사업을 중심으로 시장을 선도하고 있는데, 하나부터 열까지 고객 중심의 커스터마이징 영업을 필요로 하기 때문에 고도의 영업력을 필요로 한다. 그래서 TSMC는 사업 초기부터 외부 고객사와의 협력에 초점을 맞추었다. 즉, 고객사가 작을 때부터 긴밀한 관계를 형성하며, 신뢰 구축에 올인한 것이다. 오늘날 퀄컴, 엔비디아, 애플 같은 거대 기업들이 TSMC를 주요 파트너로 선택한 이유도 여기에 있다. 특히, 고객사의 긴급한 문제가 발생하면 TSMC 직원들은 자율적으로 문제를 해결하는 데 온 힘을 다한다. 이들이 보여주는 애자일 문화는 신속하고 믿음직한 대응으로 고객에게 깊은 만족을 안겨준다. 이러한 고객 중심 문화는 결국 TSMC와 고객 모두의 성장을 이끄는 원동력이 되고 있다.

반면 삼성전자는 기술력과 자본력이라는 견고한 기반을 가지고 있지만, 고객가치 실현에서는 여전히 아쉬움을 남기고 있다. 삼성의 반도체 부문은 오랜 기간 내부 계열사와의 거래에 집중해왔으며, 이로 인해 고객 문제에 대해 신속히 대응하기보다는 윗선의 승인을 기다리는 관행이 자리 잡게 되었다. 이제는 고객사의 입장에서 더욱 민첩하고 실질적인 도움을 줄 수 있는 시스템 구축이 절실한 시점이다. 왜냐하면 파운드리 시장에서 TSMC와의 격차를 좁히기 위해서는 고객가치 최우선 문화로의 체질 개선이 필수적이기 때문이다.

TSMC의 사례는 삼성에게 큰 교훈을 준다. 그러나 단순히 그들의 방식을 따르기보다는 삼성만의 경쟁력을 바탕으로 혁신적인 고객 중심 경영을 만들어 가야 한다. 삼성은 도전과 혁신의 아이콘으로 세계 무대에서 존재감을 키워왔고, 이미 여러 분야에서 글로벌 리더로 자리 잡은 기업이다. 우리의 기대는 명확하다. 삼성전자가 고객을 위한 서비스와 민첩한 대응을 강화해 '고객과 함께 성장하는 진정한 동반자'라는 이미지를 굳힌다면, 비메모리 반도체 시장에서도 또 다른 도약을 이룰 수 있을 것이다. 그러나 기존의 관행처럼 모든 문제를 기술력의 문제 위주로 해석하고 고객가치 실현을 위한 새로운 사업 근력을 키우지 못한다면 상황은 생각보다 더 심각해질 수도 있음을 직시해야 한다.

역사학자 하워드 진은 그의 저서에서 "미래는 현재의 연속이며, 우리의 사소한 행동이 세상을 바꿀 원동력이 될 수 있다"고 말했다. 삼성전자가 고객가치 중심 경영으로 나아가기 위한 작은 혁신을 뚝심 있게 이어간다면, 글로벌 시장에서 한 단계 더 도약하는 새로운 역사를 써낼 수 있을 것이다. 삼성의 변화와 성장을 진심으로 바라며 응원한다.

2 Samsung series ②:
혁신적 딜레마에 빠진 삼성 반도체의 위기

〈일본 전자·반도체 대붕괴의 교훈〉의 저자 유노가미 다카시는 90년대 중·후반 메모리 반도체 분야에서 일본의 기업들이 붕괴하고 한국, 그중에서도 삼성이 세계적인 리딩 컴퍼니로 부상한 배경을 크게 두 가지 측면에서 해석한다.

하나는 일본 기업들의 이노베이션에 대한 잘못된 해석, 또 하나는 팔리는 제품을 만들어내는 삼성의 영리함이었다. 일본 기업들은 이노베이션을 고도화된 기술 혁신으로만 해석한 나머지 시장과 고객이 원하는 것에 초점을 맞추지 못했다.

이른바 파괴적 혁신의 주창자인 하버드경영대학원의 클레이튼 크리스텐슨 교수가 말한 '이노베이션의 딜레마'에 빠진 것이다. 그 사례로 당시 메모리 반도체 분야에서 양대 산맥이었던 삼성과 마이크론 테크놀로지는 PC용 DRAM을 저가로 대량 생산해 시장과 고객의 니즈에 부응한 반면, 주요 고객이 메인프레임 업체였던 일본의 반도체 기업들은 변함없이 2년 보증의 고품질 DRAM만을 고집해 생산했다.

그 결과로 코스트 경쟁에서 밀린 일본 기업들은 시장에서 철수를 하거나 타 기업들에게 매수되는 수모를 안게 되고 마침내 역사의 뒤안길로 서서히 사라져 갔다. 여기서 우리가 주목해 볼 것은 '이노베이션＝고도화된 기술 혁신'으로만 해석한 일본 기업들의 근시안적 안목이다.

우리는 보통 '파괴적 혁신' 하면 고성능, 고품질만을 생각하기 쉬운데 결코 그렇지가 않다. 오히려 성능이나 품질이 조금 뒤떨어지는 경우가 많으며 명민한 기업들은 '작은, 싼, 사용하기 쉬운' 등의 혜택을 통해 소위 팔리는 제품을 만들어 고객을 확보한다. 당시 삼성이 이러한 팔리는 제품을 만드는 데 기여한 활동 중의 하나가 글로벌 마케팅력 강화를 위한 지역 전문가 제도다.

즉, 각 나라에 파견된 글로벌 마케터들은 전 세계 여러 나라에 최소 1년여 이상을 살며 해당 지역의 문화와 생활 습관들을 면밀히 조사해 그들의 니즈에 맞춘 제품 생산, 마케팅 전략에 반영했고 이것이 축적되어 파괴적 혁신으로 이어진 것이다.

그런데 오늘날 그 영리했던 삼성이 스스로의 혁신적 딜레마에 빠진 모양새다. 주지하다시피 삼성전자는 2023년 1분기 반도체 부문만 놓고 보면 4조 5,800억 원 규모의 적자를 기록했다. 이는 14년 만의 적자전환이며 역대 최대 규모의 충격적인 영업 적자에 직면한 것이다. 언론은 하반기 정도가 되면 나아질 것이라는 긍정적인 전망을 내놓고 있지만 다분히 낙관적인 전망이 아닐 수 없다. 사업 전체적으로만 놓고 봐도 스마트폰 사업 부문만 빼놓고 볼 때 반도체 전 사업 영역에서 실적 부진이 이어지고 있는 것이다.

또 하나 우려가 되는 영역은 역시 파운드리 분야다. 대만의 TSMC와의 격차를 줄이고자 엄청난 규모의 투자와 함께 총력을 기울이고는 있으나 마치 과거 일본 반도체 기업들의 전철을 밟지 않을까 하는 우려가 드는 것도 사실이다. 개인적으로는 이 우려가 괜한 것이기를 바라지만 정황만 놓고 보면 1990년대 중후반 일본 반도체 기업들이 근시안적 안목에 빠진 상태와 비슷한 양상을 띠고 있다. 지금의 삼성이 파운드리 분야에서 TSMC를 따라잡기 위해 쓰는 전략의 요체가 바로 '이노베이션 = 고도화된 기술 혁신'이기 때문이다.

하지만 시장과 고객은 다른 양상을 띠고 있다. 지금의 TSMC

는 일찍이 탄탄한 기술력을 기반으로 안정된 수율은 물론 오랜 기간 신뢰로 다져진 팹리스 업체(TSMC의 고객사: 퀄컴, 엔비디아, 애플 등)들과의 강력한 고객 릴레이션십이 너무나 굳건해 보인다.

이러한 신뢰 관계는 단순히 기술력 하나, 투자 규모만으로 이루어지는 것이 아니다. 이를 통해 삼성은 시장과 고객을 확보하는 동인이 고성능, 고품질에만 있는 것이 아님을 인식하고 대응해야 한다. 다소 늦은감이 없지 않지만 삼성은 다시 한번 기본으로 돌아가 과거 이노베이션 딜레마에 빠져 붕괴된 일본 반도체 기업들을 반면교사 삼을 필요가 커 보인다.

3 Samsung series ③:
무언가를 제대로 안다는 것은 매우 어려운 일

최근 삼성전자가 겪고 있는 주요 사업 난제 3가지를 요약하면 밑빠진 독에 계속 물을 붓고 있는 식의 파운드리 사업, 처음 된 자가 그냥 처음에만 머물고 있는 HBM 사업, 국영수보다는 암기 과목에서만 선전을 펼치고 있는 전통의 D램 사업 등으로 볼 수 있다. 이에 대해 많은 이들이 한결같이 말한다. "어쩌다 삼성이 이렇게 되었을까? 어떻게 최고의 1등 기업, 최고의 인재들이 모인 삼성 브레인 탱크에서 이런 전략적 판단의 미스를 범할 수 있을까?"

2년 전 챗GPT가 세상에 처음 나왔을 때 향후 구글의 검색 기반 사업이 흔들릴 수 있다고 하자 적지 않은 사람들이 비웃었다. 그들의 생각은 다음과 같았다. "구글을 뭘로 보고, 구글은 뭐 가만히 앉아서 놀고만 있나." 하지만 지금은 구글을 넘어 전문 분야를 다루는 버티컬한 영역에서 이미 오픈AI의 챗GPT까지 능가하고 있는 답변 엔진들이 하나 둘 생겨나고 있다. 아마도 향후 몇 년 내에 예상되는 일들이 현실화될지 모른다. 사실, 이와 같은 일들은 기업 비즈니스 세계에서 혁신적 딜레마란 이름으로 헤아릴 수 없이 반복되어 왔던 현상이다.

　기억을 더듬어 보면 2010년 전후까지만 하더라도 야후의 포털 엔진 기반을 넘어설 기업을 상상하기란 쉽지 않았다. 하지만 얼마 후 구글은 검색 엔진 기반이라는 파괴적 혁신을 통해 보란 듯이 야후를 역사의 뒤안길로 보내버렸고, 겨우 12년 정도 지나서 오픈AI의 답변 엔진이라는 또 다른 파괴적 혁신이 구글의 검색 엔진 기반을 점점 더 무력하게 만들고 있다. 당분간은 검색 엔진 기반과 답변 엔진 기반이 함께 가겠지만 정확성과 빠른 응답 속도 등에서 훨씬 더 우수한 경험을 제공한 쪽이 유리할 것은 자명해 보인다.

　우리가 여기서 생각해 볼 점은 구글이 그러한 변화를 정말 몰라서 혹은 예상하지 못해서 피봇하지 않았는가 하는 점이다. 당연 그렇지 않다. 구글이 검색 엔진에서 답변 엔진으로 빠르게 피봇하지 않은 핵심적인 이유는 검색 엔진 기반에서 닦아 놓은 광고 수입 모델 기반이 너무 커서다. 필름 시장에서 돈을 잘 벌어 변화의 시기를 놓쳤던 코닥의 사례처럼 구글 역시 지금 충분히 돈을 잘 벌고 있기 때문이다. 그러니까 이는 기술의 문제가 아닌 결단의 문제로 봄이 맞다.

이에 반해 삼성의 문제는 조금 더 복잡하다. 결론부터 말하면 리더십과 사업 철학의 문제, 좀 더 구체적으로는 인사의 문제로 귀결되기 때문이다. 반도체 기술 전문가가 아닌 나조차도 이미 수년 전부터 파운드리 사업은 D램과 근본적으로 전혀 다른 근육을 필요로 하는 사업임을 강조하며 보다 강력한 고객 중심의 글로벌 DNA의 수혈, 고 이건희 회장 시절을 뛰어넘는 스피릿의 대혁명이 있기를 바랐다. 하지만 직·간접 조사 결과 현재의 삼성에게선 그러한 것을 기대하기가 쉽지 않아 보인다.

물론 삼성과 구글 역시 언제든 환골탈태한다면 또 따른 파괴적 혁신을 가져오지 말라는 법은 없다. 그런데 두 기업이 가진 공통점이 있는데, 각각의 기업이 한국과 미국을 대표하는 관료화가 강한 1등 대기업이라는 점이다. 관료화된 1등 대기업의 가장 큰 특징이자 약점은 많이는 아는데 제대로 알지는 못한다는 것이다. 제대로 안다는 것은 빠른 결단과 변화에 대한 과감한 실행까지 포함하기 때문이다. 이들 두 기업과 달리—아직까지는—애플과 넷플릭스, 아마존 등은 상대적으로 매우 유연해 보인다.

컴퓨터 시장에서 스마트폰 시장으로, DVD 대여 서비스에서 스트리밍 서비스로, 온라인 서점에서 클라우드 컴퓨팅으로의 전환이 결과만 누리는 우리에겐 별거 아닌 것처럼 느껴질 수 있겠지만 사실 엄청난 파괴적 혁신을 이룬 성과물이기 때문이다. 차라리 성공 경험이 없어 진격하기만 하면 되는 스타트업의 파괴적 혁신이 상대적으로 더 쉽다고 말할 수 있다.

여기서 또 하나 놓치지 말아야 할 것은 이 기업들이 지속적인 혁신을 추구하기 위해 전혀 엉뚱한 영역에 힘을 소비하지 않고 기존에 잘 해오던 영역에서 칼을 더욱 날카롭게 갈았다는 점이다. 이 점이 매우 중요해 보이며 오늘날의 개인들에게도 동일하게 요구되는 교훈이라고 생각한다.

그래서 그런지 세계적인 무술 배우이자 철학자이기도 했던 브루스 리의 메시지가 오늘따라 더욱 강렬하게 다가온다. "나는 10,000가지 발차기를 한 번씩 연습한 사람을 두려워하지 않는다. 나는 하나의 발차기를 10,000번 연습한 사람을 두려워한다."

 약간은 다른 결이지만 LG, 현대의 DNA가 AI 인사이트를 축적해온 SK DNA를 만나 HBM 혁신을 이룬 SK하이닉스의 저력도 빼놓을 수 없다.

4 파타고니아처럼 하면 모두가 성공할 수 있을까?

옷을 만드는 이상한 기업이 하나 있다. 이제는 제법 세간에 많이 알려진 ESG 경영의 대표 주자 파타고니아다. 그도 그럴 것이 옷을 만드는 회사가 옷을 사지 말라고 광고를 하고 그것도 모자라 이동식 수선 트럭을 각 지역에 보내 다른 브랜드의 제품도 좋으니 닳은 옷, 헌 옷, 오래 입은 옷을 가져오면 수선해 주겠다고 하니 말이다. 웬만하면 옷을 버리지 말고 오래오래 입으라는 취지다. 이쯤 되면 이 회사가 옷을 만들어 파는 회사인지 수선을 하는 회사인지 헷갈릴 정도다.

관심의 영역은 바다로까지 이어진다. 해양 오염의 주범인 플라스틱 쓰레기를 줄이고자 각종 SNS 캠페인을 벌이고 사람들이 주목하지 않았던 폐그물을 수거하는 프로젝트를 통해 해양 생태계를 보호하고 어업 공동체들에게는 재정적 지원까지 하는 등 그야말로 환경을 보호하는 수준을 넘어 환경을 되살리는 활동을 1973년 회사 설립 이후 꾸준히 해오고 있다. 직원 복지에도 투자와 관심을 아끼지 않는다. 미국 기업들의 평균 이직률이 60%라는데 이 기업은 이직률 4%에 정년도 없다고 하니 직원들의 만족도 및 충성도가 타의 추종을 불허한다.

다시 한번 말하지만 이 회사는 옷을 만들어 파는 회사다. 경영 철학도, 사업 실적도(매출 2조 원, 이익 1,400억 규모), 사회적 기여들도 탁월한 성과로 이어지는 가운데 창업주인 이본 슈나드 회장 일가는 30억 달러(한화 4조 2,000억 원)에 달하는 지분을 환경단체와 비영리단체에 기부하며 아름답게 경영 일선에서 물러나 많은 이들을 깜짝 놀라게 했다. 그렇다면 과연 대한민국에서도 파타고니아와 같은 기업이 나올 수 있을까? 파타고니아처럼 하면 성공할 수 있을까?

여기에 대해 인하대 교수이자 지속 가능연구소 소장인 김종대 교수는 모 매체에서 다음과 같은 견해를 밝힌 바가 있다. "미국과 같이 다양하고 큰 시장에서는 이러한 환경주의 기업에 동조하는 지속 가능한 소비자 집단이 있기에 가능한 데 반해 우리의 경우는 그 층이 매우 얇다는 생각입니다." 한마디로 환경주의와 같은 가치 소비를 위해 품질은 좋으나 그다지 예쁘지도 않고 다소 비싸기까지 한 옷을 해당 기업의 경영 철학을 지지한다는 이유로 지갑을 열 소비자들이 우리나라엔 그리 많지 않다는 얘기다.

생각은 다른 곳까지 미쳤다. 많은 사람들이 동의할 거라 보는데, 스티브 잡스나 빌 게이츠와 같은 걸출한 인물의 출현이 그들 개개인의 능력만으로 결코 탄생될 수 없었고, 자유롭고 실용적이며 가치를 중시하는 실리콘밸리의 혁신 문화가 있었기에 가능했다고 보는 견해다. 우스갯소리지만 아인슈타인도 한국에서 태어났다면 SKY에 들어가기가 어려웠을 거라는 얘기도 함께 떠오른다.

어쨌든 파타고니아의 특별함과 위대함을 배우고 칭송도 해야 겠지만, 그전에 다양성이 보편화되고 성숙된 시민 의식이 뿌리 내린 소비 문화나 환경을 더욱 중요시하는 문화가 새삼 중요하다는 생각이 든다. 언젠가는 대한민국에서도 파타고니아 같은 세계적인 기업이 나오길 기원해 본다.

탁월한 전략은 결국
우수한 인간의 통찰로 완성된다

1 궁극의 경쟁 전략은 경쟁하지 않는 것

라이벌 팀 내 동급 챔피언인 선수와 시합을 앞둔 어느 레슬링 선수의 이야기다. 코치는 상대 선수의 주특기가 헤드락이니 어떻게든 헤드락만 피하라고 연신 주문했다. 그런데 어찌 된 일인지 막상 시합이 시작되자마자 바로 그 기술에 걸려 패하고 말았다. 시합 후 그는 "시합 전에 그토록 조심하자 다짐했건만 챔피언인 그가 헤드락을 걸어오자 온몸이 굳어지고 결국 전 아무것도 할 수가 없었습니다"라고 고백했다. 강한 경쟁자와 그의 기술을 너무 의식한 나머지 자신이 가진 진짜 기량은 펼쳐보지도 못한 채 시합에 패한 것이다.

이와 같은 일들은 세일즈나 마케팅 현장에서도 많이 볼 수 있다. 경쟁사의 강점에만 너무 몰두한 나머지 정작 우리가 해야 할 일을 소홀히 하는 것이다. 소위 경쟁사에게 초점을 두는 전략이 도움이 되지 않는다고 하는 것의 의미는 경쟁사를 배제하거나 무시하라는 뜻이 아니다. 경쟁사를 균형 있게 바라보지 못함으로 인해 자사의 강점을 제대로 발휘하지 못하는 경우가 없도록 주의하라는 뜻이다. 결국 경쟁사에게 초점을 맞추면 맞출수록 우리는 경쟁사를 따라가거나 대응하는 수준에 머물 수밖에 없다. 동시에 가장 중요한 고객의 니즈나 고객의 가치는 2순위가 되어버려 오히려 고객의 선택으로부터 멀어지게 된다.

이와 관련해 교훈을 주는 유명한 사례가 있다. 1985년 코카콜라는 펩시와의 경쟁에서 뒤처지자 99년간 유지해 온 레시피를 변경해 '뉴코크'를 출시했다. 20만 명의 소비자 테스트에도 불구하고 이는 대실패로 끝났다. 전국의 소비자들이 원래의 코카콜라를 요구하며 항의 전화, 집회, 서명 운동까지 벌였기 때문이다. 결국 출시 79일 만에 기존 제품을 '코카콜라 클래식'이라는 이름으로 재출시할 수밖에 없었다. 당시 회장 돈 키오는 후에 "사업상 실패가 고객이 아닌 경쟁자에게 집중한 결과"라고 인정했다.

오늘날의 기업들은 기술과 제품으로만 한정해 경쟁할 수 없는 시대에 있다. 이른바 고객의 상황에 맞는 맥락적 가치까지 줄 수 있어야 한다. 소비자들에게 있어서 코카콜라가 주는 맥락적 가치는 당연 맛에만 있지 않았다. 그들에게 코카콜라는 첫 데이트에서 코카콜라와 함께 했던 설렘이었고, 학교 마치고 집에 왔을 때 냉장고에 가득했던 코카콜라를 보며 즐거워했던 어린 시절의 추억이었으며, 제2차 세계대전 중 마셨던 큰 힘이자 위로였다. 궁극의 경쟁 전략은 경쟁자가 아닌 고객으로부터 나온다.

2   어쩌면 리더십보다 조치십

만일 기업을 구해야 하는 리더들에게 나라를 구하는 것에 견줄 만한 리더십을 요구한다면 적절한 것일까? 기업을 위해 목숨까지 내놓는 사무라이 수준의 리더십을 요구한다면 리더가 될 사람이 과연 몇이나 있을까? 같은 맥락으로 보면 조직의 중간관리자들에게 또 그 밑에 초급 관리자들에게 요구하는 리더십 역시 마찬가지일 것이다. 지극히 개인적인 소견이지만 리더십이라는 용어는 조직 내 대다수의 사람들에겐 너무 거창해 보인다.

잠시 20년 후를 상상해 본다. 그리 오래 걸리지 않을 것이다. 오늘날 블록체인과 스마트 계약 같은 알고리즘 기술은 전통적인 기업 구조에 변화를 초래하며, 미래에도 기업의 사업 부문들이 지금처럼 존재할 수 있을 것인가에 관해 근본적인 의문을 제기하는 전문가들이 많다. 즉, 미래에는 기업들이 직원 숫자를 최소한으로 운영하면서도 사업을 운영하는 소위 '자율화된 분산화 조직'이 될 가능성이 매우 높아졌다. 산업과 업종, 업태에 따라 편차는 있겠지만 이러한 형태의 기업들은 점점 더 늘어날 것이다. 그리고 이러한 현상은 투명하고 신뢰할 만한 시스템 내에서 최적화된 기업 운영이 작동될 수 있다는 걸 의미한다. 무엇보다 거래 비용이 낮아지기에 그 유혹을 뿌리치기가 힘들 것이다.

1937년 '기업은 왜 존재하는가?'라는 주제로 기업의 존재 이유에 대해 깊은 혜안을 가지고 있었던 미국의 경제학자 로널드 코스는 놀랍게도 그로부터 약 60년 후인 1990년대에 와서야 그가 쓴 논문의 가치가 입증되어 1991년 노벨 경제학상을 수상했다. 〈사회적 비용의 문제〉라는 제목의 이 논문의 핵심은 바로 이것이었다. "기업의 존재 이유는 어떤 일을 위해 시장을 이용할 때마다 발생하는 거래비용 transaction cost을 낮추는 데 있다."

그는 기업이 생기는 이유를 비용 효율성으로 설명했다. 타인을 고용하고 조직을 운영하는 데에는 비용이 들지만, 시장에 참여하려면 그보다 더 많은 비용을 들여야 한다는 것이다. 정보를 얻고, 연구를 하고, 가격 협상을 하고, 거래상의 비밀을 유지하는 등의 모든 활동에 들어가는 비용 등을 따지면 기업을 만드는 편이 훨씬 더 적게 든다고 본 것이다. 이렇듯 기업이 운영되는 메커니즘은 결코 낭만적이지 않다. 거의 확실해 보이는 건 미래로 가면 갈수록 이러한 모든 일들이 AI 기반에서 더욱 더 비용 효율적으로 수월해질 수밖에 없다는 점이다.

좀 더 극단적으로 얘기하자면 기업의 운명을 책임지는 일부 최고 운영 책임자들을 제외하면 앞으로 기업 내 인력들에게는 전통적인 의미의 리더십보다 실효적인 조치를 취할 수 있는 조치십이 더욱 중요해질 수 있다. 조치십은 몇 해 전에 고안한 용어로 시장과 고객으로부터 발생되는 문제나 사태를 알고리즘 기반의 데이터에 의거 필요한 대책들을 즉시적으로 또는 선제적으로 세우고 조치하는 역량을 말한다. 또한 조치십은 AI로 대체될 수 없는 인간 고유의 영역에서 더욱더 빛을 발하게 된다.

주로 데이터를 구하기 어렵고 매우 모호하며 모순적인 상황 등이 되겠는데, 이때 인간은 AI와 달리 예외적인 것을 관리하고 문제의 맥락을 이해하는 일을 매우 잘하기 때문이다. 그래서 미래의 기업에서 요구하는 지금의 리더십은 위치나 직책이 아닌 특정한 일들을 보다 더 잘 작동하게 만드는 수평적 조치십에 가까워질 수 있다. 이렇게 되면 조직 내 의사결정 과정에서 발생하는 비생산적이고 불필요한 갈등 비용들은 지금보다 상당 부분 최소화될 것이다. 어쩌면 그때에는 꽤 오랜 세월 리더십이라는 것이 실제보다 너무 거창하게 혹은 심오하게 다루어져 왔다고 푸념할지 모른다.

3 AI 활용 중간 점검, 새삼 드는 생각들

하루 종일 강의 교안을 만들면서 그런 생각이 들었다. "언제부터인지 모르게, 내가 AI 활용에 꽤나 익숙해졌구나." 그런데 여기서 아이러니한 점을 발견했다. AI 활용의 현재 상황을 객관적으로 보면, 교수자인 나보다는 학습자들에게 더 많은 유익을 제공하고 있는 것 같다.

과거의 교안과 비교해 보니 금세 차이점이 느껴졌다. 요즘의 학습 모듈에는 '챗GPT를 활용한 ○○ 만들기/○○ 작성하기'와 같은 과제가 포함되어 있어 학습 효과를 높이는 데 크게 기여하고 있기 때문이다.

반면, 교수자인 나는 오히려 이전보다 일이 많아진 느낌이다. 새로운 것을 알아가는 기쁨과 재미가 있긴 하지만, 학습 모듈의 수가 늘어날수록 이를 검증하고 점검하는 데 드는 시간도 대폭 증가했다.

예를 들어, 과거에 3시간 안에 끝낼 수 있었던 일이 AI 활용 이후에는 두 배 정도의 리소스가 필요해졌다. 그런데도 이런 추가적인 노력과 시간이 내가 받는 직접적인 보상으로 이어지지는 않고 있다.

크게 세 가지 생각이 들었다.

첫째, AI는 돈을 버는 행위와 관계 없이 흥미로운 도전의 도구가 될 수 있다는 것이다. 취미나 탐구의 영역에서는 성과나 보상보다 학습 자체의 가치를 더 중요하게 여길 수 있음을 느꼈다.

둘째, 학습자들에게 아무리 많은 AI 학습 요령을 제공하더라도, 기본적인 원리와 통찰, 그리고 즉흥적인 스토리텔링과 같은 인간적 요소는 AI로 대체할 수 없다는 사실은 변하지 않는다. 결국, 교육 현장에서 나는 여전히 필수적인 존재로 남아있을 것이다.

셋째, AI 시대의 교육은 기술과 인간의 상호적 조화가 이루어져야 한다. AI는 학습 경험을 확장하고 풍부하게 만들지만, 진정한 학습과 영감은 인간 교육자와의 통찰의 공유 및 상호작용에서 비롯된다.

결론적으로, AI는 교육의 보조 도구로 훌륭하게 기능할 수 있다. 그러나 잊지 말아야 할 것은 교육의 본질이 인간 대 인간의 상호작용, 그리고 그 안에서 일어나는 도전과 자극이라는 점이다. 이 사실을 더욱 명확히 인식하고, AI와 함께하는 교육의 새로운 시대를 호기심을 가지고 잘 병행해 나가야겠다.

4 연구 사례와 도구는 얼마나 도움이 될까?

학습에서 빠지지 않는 것이 바로 연구 사례다. 연구 사례는 어떠한 학습 주제에 대해 쉽고 빠르게 이해할 수 있도록 도와주는 방법론을 제시해 주기에 교육의 주요한 수단이 된다. 거기에 문제 해결을 위한 여러 도구들이 합세하면 그럴싸한 교육의 툴킷 toolkit(학습 도구 상자)이 완성된다. 그래서 으레 기업 교육 시장에서는 교육 의뢰 시 강사들에게 도구를 동반한 다양한 사례 위주의 교육을 해줄 것을 기대하거나 당부한다. 그래야 학습자에게 뭔가 남는 것처럼 보이기 때문이다.

예컨대, 전략경영이나 문제 해결 등에서 '○○○ 매트릭스', '○○○ 모델', '○○ 트리'류의 것들을 떠올리면 맞다. 1990년대 중반부터 이러한 형식의 교육들(CEO, C-level 대상 전략 시뮬레이션 워 게임 등)이 삼성을 중심으로 본격 붐을 타기 시작해 국내 기업 임

직원들을 대상으로 확산된 것으로 알고 있다. 문제는 해당 산업의 여러 변수를 읽어내는 경험과 통찰, 사업적 현실에 대한 구체적인 지식과 의지 등이 동반되지 않을 경우 이와 같은 교육들이 그저 요란한 문서 작업이나 실효성 없는 교육이 될 가능성이 높다는 점에 있다.

나 역시 영업전략 수립과 같은 교육을 진행할 경우에는 앞서 언급한 연구 사례나 도구들을 활용한다. 하지만 거기서 그쳐서는 안 된다. 말이 나온 김에 잠깐 전략에 관한 이야기를 해보자. 복잡한 이야기를 하려는 건 아니다. 기업 경영에서 전략은 크게 사업 다각화와 제휴, M&A 등을 다루는 기업 전략과 가격과 경쟁 차별화 등을 다루는 사업 전략으로 나누어 볼 수 있다. 이 중에서 나는 후자의 것을 다루는데, 이때 전략에서 가장 중요한 요소는 그 전략이 해당 학습자의 사례가 되도록 하는 데 있다.

즉, 앞서 언급했던 연구 사례나 도구 등이 아무리 탁월하다 할지라도 끝내 자신의 사례가 되지 않으면 아무런 소용이 없기 때문이다. 그렇다면 전략을 자신의 것이 되도록 한다는 것은 무슨 의미일까? 그건 바로 자신이 담당하는 거래선들의 전략을 정밀하게 수립할 수 있어야 함을 뜻한다. 그 이유는 구성원들과 회사를 먹여 살리는 실질적인 이익이 해당 거래선들로부터 나오기 때문이다. 그런데 많은 학습자들은 으레 전략이라고 하면 뭔가 경쟁사나 시장 내 가치사슬 등을 분석해 낸 후 잘 다듬어진 템플릿 위에 그럴싸한 내용들을 채워 넣는 숙제처럼 생각하는 경향이 있는 것 같다. 대단히 고상한 접근 방식이다.

하지만 전략은 전혀 고상하지도 않을 뿐더러 오히려 수시로 변화하고 움직이는—여심과 같은—고객을 끊임없는 관심과 모니터링을 통해 장기간 추적하는 여러 포지션 활동의 합이다. 그러니까 연구 사례도 좋고, 도구도 다 좋은데 그 모든 것들이 현재의 고객을 상대로 바로 지금 벌어지는 실전에서 적용되고 활용되지 못한다면 한낱 공염불에 지나지 않음을 깊이 깨달아야 한다는 것이다. 이를 분명히 인식하고 제대로 훈련할 때만이 비로소 연구 사례나 도구의 사용이 현실 비즈니스에 도움을 줄 것이다.

다수와 다른 사고에서
남다른 경쟁력이 길러진다

1 진정한 전문가란?

어떤 분야에서 20여 년 정도를 몸담았다면 우린 그를 전문가로 볼 수 있을까? 결론부터 말하면 그럴 수도 있고 아닐 수도 있다. 개인적으로 전문가를 정의하는 말 중에 좋아하는 격언을 하나 소개해 본다면 다음과 같다. "전문가란 매우 협소한 분야에서 저지를 수 있는 모든 실수를 저질러본 사람이다." 이 말은 노벨물리학상 수상자인 덴마크 출신의 물리학자 닐스 보어가 한 말로서, 전문가가 되어가는 과정 속에서 그가 쏟은 피와 땀 눈물을 간접적으로나마 느낄 수 있게 해준다.

또 다른 의견으로는 전문가는 사람들에게 꿈을 제공해 줄 수 있어야 한다고 말한다. 이는 바꿔 말해 본인의 역량과 그에 상응하는 증거를 사람들에게 제공함으로써 "저 사람을 따라가면 내 문제를 해결받을 수 있겠구나" 하는 확신을 심어줄 수 있어야 함을 의미한다. 여기에 더해 미국 경제매체인 〈Inc〉에 난 기사 하나를 토대로 진정한 전문가의 의미를 응용하여 음미해 볼 수도 있다. 당시 기사 중 아마존 CEO 제프 베조스가 언급한 '똑똑한 사람'의 기준을 '진정한 전문가'의 기준으로 치환해 보는 것이다.

즉, "진정한 전문가들은 끊임없이 자신의 이해를 수정한다. 그들은 이미 해결했던 문제들에 대해서도 다시 고려해 본다. 그들은 기존 사고에 대항하는 새로운 관점, 정보, 생각, 모순, 도전 등에 대해 열려 있다. 자신의 예전 생각이 잘못되었다면 언제든 바꾼다." 문득, 안정된 삶을 뒤로하고 승려의 삶을 살다 나와 젊은 나이에 루게릭병을 진단받고 생을 마감한 한 사람이 떠오른다. 〈내가 틀릴 수도 있습니다〉의 저자 비욘 나티코 린데블라드다. 어느 날 수행을 중단하고 나온 그에게 누군가 이런 질문을 던졌다. "당신이 17년간 숲속에서 수행해 얻은 가장 중요한 가르침은 무엇입니까?" 그러자 그는 이렇게 대답했다. "17년 동안 깨달음을 얻고자 수행에 매진한 결과, 머릿속에 떠오른 생각을 다 믿지는 않게 되었습니다. 그게 제가 얻은 초능력입니다."

부족하지만 나 역시 한 분야의 전문가로 활동하고 있다. 진부한 얘기처럼 들릴 수도 있겠지만 전문가가 되기 위한 과정은 끝이 없는 수행의 여정과 비슷한 것 같다. 무엇인가를 이루었다고 한 순간 또 다른 부족함을 매번 느끼기 때문이다. 어쩌면 그 부족함을 인식하고 채워가는 과정이 본질이 아닐까 하는 생각도 든다. 결국 진정한 전문가란 '자신의 의견을 분명히 가지고는 있지만 그것에 집착하지 않으며, 끊임없이 자신의 부족함을 인식하며 채워가는 것을 게을리하지 않는 지적 겸손의 소유자'가 아닐까라는 생각과 다짐을 동시에 해보게 된다.

2 글쓰는 능력, 책쓰는 능력, 콘텐츠를 생산하는 능력

글을 쓰는 능력과 책을 쓰는 능력의 차이를 비유로 설명하자면, 간단한 요리를 하는 것과 큰 연회를 준비하는 것의 차이로 볼 수 있다. 글을 쓰는 능력은 마치 집에서 한 끼 식사를 준비하는 것과 같다. 필요한 재료를 준비하고, 그 재료들을 적절히 조합해 맛있는 음식을 만드는 것처럼 짧은 글을 쓰는 것은 비교적 간단하고 빠르게 할 수 있다.

반면, 책을 쓰는 능력은 큰 연회를 준비하는 것과 같다. 연회를 준비하려면 다양한 요리를 계획하고, 각각의 요리가 조화롭게 어우러지도록 신경 써야 하며, 많은 시간과 노력을 들여야 한다. 전체적인 주제를 유지하면서도 각 장이 잘 연결되고, 독자의 관심을 지속적으로 끌어야 하는 등 훨씬 더 복잡하고 많은 준비가 필요하다.

그리고 책을 쓰는 능력과 콘텐츠를 만드는 능력의 차이를 비유하자면, 마라톤을 뛰는 것과 여러 종목의 운동 경기를 하는 것의 차이로 볼 수 있다. 책을 쓰는 능력은 마라톤을 뛰는 것과 같다. 마라톤은 긴 거리와 시간을 요구하며, 꾸준한 페이스를 유지하면서 목표 지점까지 달려야 한다. 긴 호흡을 가지고 하나의 주제를 깊이 있게 다루면서 일관성 있게 완성해야 한다.

반면 콘텐츠를 만드는 능력은 마라톤과 같은 여정이 필요하지만 여러 종목의 운동 경기를 하는 것과 같다. 다양한 종목에서는 각기 다른 기술과 접근 방식을 요구하며, 변화에 빠르게 적응하고 다양하게 응용할 수 있어야 한다. 따라서 콘텐츠 생산자는 다양한 형태의 콘텐츠를 기획하고 각각의 타겟에 맞는 스타일과 전략을 매번 다르게 적용할 수 있어야 한다. 이처럼 책을 쓰는 것이 하나의 긴 여정을 완주하는 것이라면, 콘텐츠를 만드는 것은 여러 종목에서 재빠르게 전략을 바꾸며 피봇하는 것과 같다.

그렇다면 고객이 돈을 지불하게 만드는 능력은 어디서 나오는가? 결론부터 말하면 콘텐츠를 생산하는 능력에서 나온다. 언급한 것처럼 콘텐츠는 여러 종목의 운동 경기를 하는 것과 같다. 이를 서비스 공급자(콘텐츠 제공자)와 수요자(고객) 측면에서 살펴보면 공급자는 개별 수요자의 고통pain point을 해결해 줄 수 있는 쉽고 단순하며 명쾌한 솔루션이 마치 문법처럼 다채롭게 모듈화되어 있어야 한다.

그랬을 때 비로소 개별 수요자의 상황과 맥락에 따른 처방전을 제공할 수 있기 때문이다. 마치 레고 블록을 재구성해 다양한 형태의 결과물을 만들듯이 말이다. 물론 콘텐츠를 만드는 능력은 글을 쓰지 않아도, 책을 쓰지 않아도 가능하다. 그러나 제대로 된 콘텐츠를 만들어 고객으로부터 가치를 인정받으려면 글을 쓰고 책을 쓰는 일련의 과정을 거칠 필요가 있다. 그래야 탄탄한 스토리가 나오고 이를 기반으로 고객에게 그 가치를 제대로 어필할 수 있기 때문이다.

이것으로 끝나지 않는다. 마지막으로 남은 것은 제값 이상을 받을 수 있는 실력이 있어야 한다. 흔히, 실력에 대한 오해가 있다. 미술가가 그림을 잘 그리는 것, 음악가가 음악을 잘 만드는 것, 지식인이 해당 지식을 축적한 것, 기술자가 해당 기술을 보유한 것 등은 실력이 아니라 기본 자질이다. 중요한 것은 그러한 자질들을 가치로 전환해 고객으로 하여금 제값 이상의 돈을 지불하게 만드는 능력이 바로 실력이다. 요약하면 먼저는 콘텐츠를 제대로 만들고 다음으로 잘 팔아야 하는 것이다.

3 일을 즐기면서 할 수 있을까?

과연 일을 즐기면서 할 수 있을까? 신기하게도 내가 직접 고안했던 방식이 훗날 과학 저널이나 저명한 학자들에 의해 검증되는 경우들이 있다. 오늘은 그중 한 가지를 공유하고자 한다. 결론부터 말하면 약간의 고통을 동반한 몰입 상태에 돌입할 수만 있다면 즐거움을 넘어 높은 쾌감 상태에까지 다다를 수 있다. 미국을 대표하는 세계적인 뇌신경과학자인 스탠퍼드대학의 앤드루 후버만 교수가 강조한 몰입의 핵심은 "고통을 수반한 노력을 내적 보상 시스템에 연결하는 것"에 있다. 가령, 우리가 어떤 일을 할 때 보통의 사람들은 이 일이 끝난 후 외적으로 다가올 보상을 먼저 상상하고 바란다. 예를 들어, 햄버거나 초콜릿 먹기, 여행 가기, 인센티브 등이 되겠다.

그런데 이러한 외적 보상 시스템은 일시적으로는 기분 좋은 효과를 유발할 수는 있으나 장시간의 끈기가 필요한 일에는 적합하지 않다는 게 결론이다. 이유는 우리의 뇌에서 활력을 담당하는 전전두피질에 동기 강화 물질인 도파민이 지속적으로 공급되지 않기 때문이다. 그렇다면 어떻게 도파민을 우리 뇌에—정확히는 전전두피질에—지속적으로 공급할 수 있을까? 관건은 언급한 대로 고통을 동반한 노력을 내적 시스템에 연결하는 것으로 자기 결단을 강화하는 데 있다. 방법적으로는 다음과 같다. 일종의 자기 세뇌라고도 할 수 있는데 어떤 일을 하기 전에 다음과 같은 주문을 속으로든 입으로든 말하는 것이다(일종의 만트라 효과).

"노력은 좋은 거야" "노력은 즐거워" "고통스러운 거 알고 힘들지만 난 지금 이 일에 집중할 거야" 등이다. 하지만 일을 막상 대하면 사람들 대부분은 일에 대해 저항하게 되고 뒷걸음치기 마련이다. 한마디로 딴짓을 하려고 한다. 딴짓은 나쁜 게 아니고 자연스러운 현상이다. 이때 다음과 같은 주문을 이어서 스스로에게 하면 좋다. "나는 이 일을 나의 선택으로 하고 있고 그 이유는 이 일을 사랑하기 때문이다." 핵심 포인트는 나의 선택과 사랑에 있다. 무엇이든 사랑한다고 해서 항상 좋을 수 없다는 것을 우리는 잘 알고 있다.

하지만 바로 이 일을 내가 선택했기 때문에 이 일은 충분히 고통을 감내할 만한 가치가 있다는 것을 다시 한번 각성시키는 효과가 우리를 강렬한 몰입의 상태로 이끌어 준다. 요약하면 스스로 결단하고 노력을 하는 과정 속에서 도파민은 가장 많이 분출된다. 이것은 고통을 동반한 우리의 노력이 외적 보상이 아닌 내적 보상 시스템에 연결된 결과다. 관련해 오래전부터 책상 앞에 붙여 놓은 글귀 하나를 소개하며 마무리하고자 한다. 비슷한 말이다. "몰입이라는 건 일하는 과정에 나타나는 징후이지 일을 시작하도록 만드는 계기가 아니다."

4   이제 바쁜 것을 미덕으로 바라보는 관점은 과거로 보내주자

직장 생활을 제대로 해본 사람들은 잘 알 것이다. 대체적으로 매사 바쁘기만 한 사람들일수록 실속이 없고, 특히 혁신적인 성과를 기대하기는 더더욱 힘들다는 것을. 왜 그럴까? 그것은 과업 지향의 논리라는 개념으로 설명이 가능해진다. 과업 지향의 논리는 한마디로 말해 기존의 패러다임 틀 속에서 양적 중심의 업무관을 벗어나지 못하는 상태를 의미한다. 문제는 과업 지향의 논리에 깊이 빠지게 되면 자신의 업무 효능감을 더 많이, 더 빠르게 처리하는 것에서만 찾게 되어 창의적이고 혁신적인 것들과는 점점 더 거리가 멀어지게 된다는 점에 있다.

그러다 보니 조직 내에서 변화와 혁신을 요구받을 때 이러한 사람들은 평상시보다 더 '바쁜 척'을 하게 되고 이내 시야에서 사라지게 된다. 만일 이러한 태도를 가진 사람들이 조직의 상당 부분을 차지하게 된다면 어떤 일이 벌어질까? 그 기업의 미래는 불 보듯 뻔할 것이다. 그런데 문제는 여기에서 끝나지 않는다. 이와 같은 과업 지향의 논리는 특정 구성원들에 국한되지 않고, 최고경영자층에서도 동일하게 나타난다는 점이다.

우리는 보통 C-LEVEL로 갈수록 더 혁신적이고 더 큰 변화를 갈구할 것이라 생각하기 쉽지만, 현실은 그렇지 않다. 과거 미시간 대학에서 900명의 CEO를 대상으로 조사한 바에 따르면 놀랍게도 CEO들이 비전을 제시하고 직원들에게 동기를 부여하는 등 변혁적 리더십 행동보다는, 문제를 분석하고 업무 완수를 독촉하는 관리적 행동에 더 많은 시간을 할애한다는 사실이 밝혀졌다. 이 결과는 곧, 직위와 무관하게 많은 사람들이 과업 수행의 압박감과 과거의 성공 방정식에 취해 상황을 재정비하거나 앞으로 나아갈 방향을 고민할 여유조차 가지지 못하고 있다는 점을 말해준다.

즉, 바쁘게 서둘러야 할 필요성 때문에 '올바르게' 그리고 '제대로' 하는 것들이 희생되어 버리고 있는 것이다. 아마 이 지점에서 이렇게 반박하는 이들이 있을 것이다. "누가 그걸 모릅니까? 현실이 그런 걸 어쩌란 말입니까?" 나 역시 현장을 경험한 사람으로서 이러한 반박이 완전히 잘못되었다고는 생각하지 않는다. 하지만 이것은 현실적인 핑계이자 변명일 가능성이 크다. 일을 위한 일에 집중하느라 비효율적이고 비생산적인 것들을 걷어낼 수만 있다면, 우리의 일상은 그리 바쁠 이유가 없다.

지금은 초뷰카超VUCA 시대를 넘어 AI 기반 시대로 빠르게 이행하고 있다. 이 시대에서 요구되는 경쟁력은 '더 많은 양'이나 '더 빠른 처리 속도'에 있지 않다. 기업과 개인은 이제 인간 본연의 창의적 사고와 문제 해결력을 기반으로 하는 암묵지tacit knowledge를 활용해야 한다. 잘 알다시피, 암묵지는 기존의 데이터나 프로세스로 측정하거나 분석할 수 없는 영역으로, 주로 고객 접점에서의 창의적 리더십, 문제 해결력, 그리고 직관에 기반한 사고에서 나타난다.

중요한 점은, 이러한 암묵지의 능력은 끊임없이 무언가를 하며 바쁘게 움직일 때가 아니라, 덜 바쁜 환경 속에서 집중과 여유를 가질 때 비로소 발휘된다는 것이다. 일찍이 구글은 이러한 점을 간파하고 명상을 장려하거나, 직원들에게 개인적으로 몰입할 수 있는 창의적 시간을 제공하는 문화를 도입했다. 특히 지식 노동자들에게 '초집중' 상태의 중요성은 아무리 강조해도 지나치지 않다. 컴퓨터 과학자이자 저술가인 칼 뉴포트는 그의 저서 〈딥

워크〉에서 "방해 없이 깊은 집중을 통해 이루어지는 작업이야말로 자동화 시대에 인간 지성의 가치를 높이는 핵심"이라고 주장한다.

그는 "깊은 집중 없이 하루 종일 이메일과 회의에 시간을 쏟는 사람들은 결국 AI로 대체될 수 있는 부가가치가 낮은 일을 하고 있다고 경고한다. 반면, 복잡한 문제를 해결하고 새로운 통찰을 얻는 데 집중하는 사람들은 AI 시대에서도 여전히 귀중한 자산으로 남을 것이다"라고 말했다. 이러한 관점에서 볼 때 '덜 바쁨'의 환경 조성은 미래 경쟁력 확보를 위한 필수 전략이라고 말할 수 있다. 요컨대, 이제 기업이든 개인이든 주어진 환경 속에서 최대한 덜 바쁜 환경을 주도적으로 조성하고, 창의적 문제 해결력을 위한 초집중 역량을 강화하는 것이 지금의 시대가 역설적으로 요구하는 지속 가능한 경쟁력의 원천이다.

더 이상 '바쁨'이라는 미덕은 과거의 유산으로 남겨두고, 의미 있는 생산성과 혁신을 추구하는 조직 문화로 전환해야 할 때이다. 무의미한 바쁨은 결국 번아웃으로 이어지지만, 적절한 여유와 깊은 집중은 더 나은 결과와 지속 가능한 성장을 가져오기 때문이다. 시간이 흐를수록 바쁨을 자랑하는 문화에서 벗어나, 진정한 가치 창출에 집중하는 문화로의 전환은 선택이 아닌 생존의 문제가 될 것이다. 이 전환을 주도하는 개인과 조직만이 지속 가능한 경쟁력을 유지할 수 있을 것이라고 믿어 의심치 않는다.

3부

전략

정밀한 복합판매 프로세스를 수행한다

정 밀 하 게   실 행 하 기

1 성공적인 세일즈를 위한 내재적 접근법

세일즈는 크게 외재적 측면과 내재적 측면 두 가지 관점에서 바라볼 수 있다.

먼저 외재적 측면은, 예를 들어 "소통을 잘하는 영업자 A가 고객을 잘 설득해서 성과를 얻었다"라고 판단할 경우이다. 원인과 결과가 분명해 보이므로 회사는 다른 영업자들에게도 동일하게 소통 기술을 훈련시키기로 한다. 그런데 웬일인지 교육 훈련을 열심히 시켰는데도 성과가 나아지기는커녕 고객사들로부터 계약 해지 사태가 연이어 발생한다. 도대체 무엇이 문제인 것일까?

이는 복합판매complex sale라 불리는 정통 B2B 세일즈의 세계에서 외재적 측면보다 내재적 측면에 더욱 치중해야 함을 시사한다. 내재적 측면을 이해하는 데 가장 도움이 되는 복합판매의 개념은 다음과 같다. "복합판매란 고객사 내부에 존재하는 불확실성의 제거 과정이다." 이때는 세일즈를 외재적 측면처럼 현상을 원인과 결과로만 해석하는 것이 아니라, 고객사 내에 존재하는 다양한 구매 영향력 행사자들 간에 끊임없이 생성되는 인식의 변화들을 하나의 큰 덩어리로 바라볼 수 있어야 함을 의미한다.

이때 '끊임없이 생성되는 그러나 발견되지 않은 인식의 변화 덩어리'가 바로 '위험'이며 영업자는 이러한 위험을 경고 상황으로 간주하고 빨간 경고 깃발Red Flag을 꽂아야 한다. 빨간 경고 깃발은 영업자가 위험을 감지했음을 나타내는 신호등과 같다고 보면 된다. 그러나 이는 복합판매 세계에서 꼭 부정적인 것으로만 간주되지는 않는다. 왜냐하면 공급자에게 가장 위험한 상태는 위험 자체를 인지하지도 못한 상황이기 때문이다. 예를 들어, 영업자가 고객사 B에게 제공한 제안이 최근 고객사 내에 새로 스카우트된 구매 본부장으로 인해 전면 유보될 가능성이 있으며, 그 이유가 우리 회사보다 경쟁사를 더 선호한다는 고객의 인식을 파악하지 못했을 때(즉, 위험 자체를 인지하지 못했을 때)를 가장 위협적인 상황으로 볼 수 있다는 해석이다. 유감스럽게도 여기엔 위험을 개선할 여지가 거의 없다.

하지만 반대로 이러한 위험을 사전에 미리 파악할 수만 있다면 영업자는 100% 보장은 없어도 적절한 조치를 통해 얼마든지 상황을 긍정적인 쪽으로 진전시킬 수 있다. 그리고 이러한 때를 복합판매에서는 '불확실성에서 벗어난 상태'라고 말한다. 또한 자주 고객사들에게 이러한 주문을 받는다. "저희 회사 영업 직원들이 열정과 근성이 부족한 것 같아요." "패배주의에서 벗어나 자신감을 가지고 영업에 임할 수 있었으면 좋겠어요." 이때에도 외재적 측면보다는 내재적 측면에 더욱 힘을 기울여야 한다. 비유하면, 감염의 원인을 바이러스로 보고 그 결과로 감기나 코로나에 걸렸다고 단정하면 곤란하며, 오히려 바이러스 자체보다는 면역력이 떨어져 제 기능을 상실한 인체의 면역력 상실 시스템 전체를 하나의 덩어리로 봐야 문제를 해결할 수 있음을 의미한다.

이에 대해 강의할 때 이렇게 강조한다. "성과가 나지 않는 영업 조직에는 여러 가지 특징이 있습니다. 그중 하나가 영업 조직 내에 만연한 '현상 유지 마인드'입니다. 현상 유지 마인드는 아예 성과가 바닥을 친 것보다 더 나쁩니다. 왜냐하면 성과가 바닥을 친 영업 조직은 이러한 상황을 깨닫고 반성과 개선의 기회로 삼게 될 확률이 높지만, 현상 유지 마인드에 팽배한 영업 조직은 자신들이 어떠한 문제에 봉착했는지조차 인지하지 못한 채 곧 닥칠 엄청난 위험에 그대로 노출된 꼴이기 때문입니다. 따라서 열정 없음, 근성 부족, 패배주의로만 원인을 단정하고 이를 해결하려고 하면 안 되고, 보다 근본적으로 조직 내에 존재하는 문제들을 입체적으로 (덩어리로) 살펴보면서 그에 적절한 질문들을 자신들에게 던지고, 고객에게는 논리적이고 가시적이며 반복 가능한 전략적 도구들을 활용해 보이지 않는 불확실성들을 제거해 갈 수 있도록 하는 영업 프로세스를 내재화해야 합니다."

그 방법적인 팁으로는 첫째, 여러 가지 질문들이 있지만 대표적으로 "나는 왜 이 일을 하는가?"에서부터 "내가 하는 일은 나에게 그리고 고객에게 어떠한 의미와 가치가 있는가?"에 이르기까지 보다 근원적이고 본질적인 질문들을 위주로 자신과 동료에게 서로 던지면서 깊고 진지한 피드백 과정을 거쳐야 한다. 둘째, 전략적 도구를 활용할 때 가장 중요한 팁은 먼저 포지션의 개념을 이해하는 것에서부터 출발해야 한다는 것이다. 포지션이란 당신이 제안한 혹은 제안할 판매 목표에 대한 현재 고객의 인식 상태를 편견이나 고정관념 없이 바라보고 분석한 상태를 의미한다. 이를 제대로 이해하고 적용하기 위해서는 체계적인 지도가 필요하나, 가장 쉽고 빠르게 현장에서 활용할 수 있는 것으로 우선은 자신의 직관에서부터 시작해 볼 것을 추천한다.

    예를 들어, 이번 판매의 성공 가능성에 대해 내가 지금 현재 이 상황을 어떻게 전망하는지 냉철하면서도 직관적으로 바라보며 느껴보는 것이다. 직관이 전체 영업 프로세스에서 아주 중요한 부분은 아니지만 결코 가볍게 볼 수 없으니 고객을 만나기 전/중/후로 나누어 계속해서 자문하고 평가해 보기 바란다. (세분화된 전문적인 평가 기준이 있지만 일단은 단순하게 +5(긍정 수준)에서 -5(부정 수준) 척도로 평가해 보자.) 이 역시 직관의 기능이 현상을 원인과 결과로만 판단하는 외재적 측면보다는 현재 시점에서 영업자가 달성하고 싶은 판매 목표에 대한 고객의 인식을 하나의 덩어리로 파악하는 내재적 측면에서 바라본다는 데 그 의미와 가치가 있다. 사실 눈치가 빠른 분들이라면 지금까지 기술한 내용들이 비단 세일즈 세계에서만 적용될 수 있는 것이 아님을 간파했을 것이다. 모쪼록 다양한 조직, 개인들에게 상기의 내용들이 유용하게 활용될 수 있기를 바란다.

2 B2B 세일즈의 본질과 성공을 향한 생명줄

실로 일을 잘하기 위한 기술과 매뉴얼이 넘쳐나는 세상이다. 최근에는 AI 기반의 각종 분석 도구 등이 등장하면서 업무 효율화에 대한 추구가 그 어느 때보다 뜨거운 것 같다. 물론 세일즈의 영역도 예외가 아니다. 이 점에 대해선 나 역시 긍정적으로 본다. 반면 다음의 우려도 있다. 즉, 일에 대한 본질, 더 구체적으로는 업에 대한 본질에 대해 이야기하는 사람들은 보기 드물다는 것이다. 최근 SNS에 포스팅되는 글들을 보면 내용들이 ○○○ 잘하는 방법/기법/기술/스킬에 대한 이야기를 주로 다루는 것 같다. 균형을 맞추는 차원에서 오늘은 복합판매라 불리는 정통 B2B 세일즈가 가지는 업의 본질에 관해 몇 가지 언급하고자 한다. 사실 이를 늘 자각하면서 일하는 영업자가 장기적으로는 더 큰 성과를 낸다는 공공연한 비밀을 먼저 밝히고 시작한다.

그리스 신화를 보면 크레타의 왕 미노스는 궁전 근처에 탈출 불가능한 지하 미로를 만든다. 미로는 사람의 몸에 소의 머리를 가진 미노타우로스라는 괴물을 감금하기 위해 만든 것이다. 늘 굶주려 있던 괴물은 미로에서 길을 잃고 헤매는 사람들을 잡아먹곤 했다. 그러나 젊은 영웅 테세우스가 아리아드네 공주의 도움으로 괴물을 죽이고 지하 미로에서 빠져나오면서 이 끔찍한 신화는 끝이 난다. 테세우스는 뛰어난 영웅이었으므로 그에게 괴물을 죽이는 것쯤은 간단한 일이었다. 문제는 미로에서 빠져나오는 것이었다. 아리아드네 공주는 그의 탈출을 돕기 위해 긴 실을 사용했다. 미로를 향해 들어가는 그의 허리에 긴 실의 한쪽 끝을 감고, 다른 끝은 자신이 쥐고 있었던 것이다.

이 방법은 단순하지만 아주 효과적이었다. 괴물을 죽인 테세우스는 그 실을 따라서 복잡한 미로를 벗어나 지상으로 나올 수 있었다. 도대체 이러한 고대 신화가 오늘날의 판매와 무슨 관련이 있는 걸까? 잠시만 그러한 의문을 접고 테세우스가 오늘날의 B2B 영업인이라고 가정해 보자. B2B 영업자는 오늘날, 특히 고객사 내 구매 영향력자 조직으로 불리는 거대하고 복잡한 미로 속을 늘 헤매야 한다. 내가 처음 세일즈를 시작한 1990년대 후반까지만 해도 의사결정권자 한 사람을 만족시키는 것만으로도 충분했던 세일즈가 분명 있었다. 그러나 시대가 달라져도 너무 많이 달라졌다. 비유하자면 이제는 고객사 내 경비견의 의사까지도 파악해야 할 판이다.

오늘날에는 사업의 모든 중요한 일들이 복합판매의 전형적 특징이라 할 수 있는 여러 번의 의사결정 과정을 통해 이루어진다. 단순하면서도 명쾌하게 복합판매의 개념을 설명하자면 '고객의 의사결정 과정이 너무나 복잡하기 때문에 지어진 이름'이다. 여러 번의 의사결정 과정을 거쳐야 할 뿐 아니라 매번 같은 사람이 결정을 내리지도 않는다. 비록 비대면 커뮤니케이션이 발달한 오늘날이지만 물리적 거리감을 상쇄하고 라포를 형성하는 가장 바람직한 방법은 직접 대면하는 휴먼터치에 있다. 만일 큰 규모의 딜을 최종 서명하는 의사결정권자가 일본이나 미국의 어느 중심 도시에서 장기간 체류하고 있다면 영업자는 여전히 직접 그곳으로 날아갈 필요가 있다. 직접 움직이는 영업자와 그렇지 않은 영업자의 이후를 각각 상상해 보라.

더 난감한 상황은 한 회사에서 최초로 거래를 승인한 사람이 그 후부터 2주 후, 아니 이틀 후의 두 번째 거래에서도 동일한 권한을 갖고 있을지 장담할 수 없다는 것이다. 게다가 겉으로는 잘 드러나지 않는 여러 기술적 구매 영향력자들이 영업자도 모르게 해당 판매 건의 성패를 좌우하기도 한다. 아! 물론 복합판매라는 미로에서 직면하게 되는 이와 같은 난감한 상황들이 꼭 굶주린 미노타우로스와 같은 괴물을 의미한다는 건 아니다. 다만 고객사의 조직 구조가 생각보다 이해하기 어려운 부분이 많고 변화무쌍하기에 비유적으로는 그러한 불확실성에 대처할 '전략'을 갖고 있지 않을 경우 사실상 피할 방법이 없다는 것을 강조하려는 것이다.

정리하면, B2B 영업자는 테세우스처럼 역동적인 실행 계획이 필요하며, 그 이전에 기나긴 복합판매의 여정에서 목표를 달성한 후 미로를 무사히 헤쳐나갈 수 있도록 도와주는 생명줄, 곧 아리아드네의 실(전략)이 필요하다. 늘 강조하지만 또다시 다음의 메시지를 강조하며 이 글을 마치고자 한다. "전략과 전술에 우열은 없지만 우선순위는 있다. 복합판매에서의 전술적 계획은 오직 전략이 선행되었을 때 유효하며 지속 가능하다."

3 전략적 판매의 실질적인 목표

영업 초보 시절의 이야기다. 당시 내 선임이었던 한 선배는 금융권의 고객사 A를 오랫동안 담당해 오고 있었다. 해당 고객사의 몇몇 임원들과의 친분을 늘 과시했던 선배는 해당 임원들과 자주 술자리도 갖고 종종 골프도 치곤 했다. 그랬기에 당시 진행하던 수주 프로젝트도 무난하게 따내리라 자신했다. 그런데 결과적으로 해당 수주건은 다른 경쟁사에게로 넘어가 버리고 말았다. 왜 이러한 일이 벌어졌을까? 당시로선 그 선배의 영업 방식에 크게 문제가 될 만한 것은 없어 보였다. 다만 예기치 못했던 경쟁사의 역공에 당하고 만 것이다.

요약하면 이렇다. 고객사 A에서 구매하려던 해당 수주 건의 최종 승인권자는 얼마 전 타 회사로부터 스카우트된 알려지지 않은 임원이었으며, 견적 내역 역시 우리가 최초로 제안한 그것과는 비교할 수도 없을 만큼 다양하고 규모도 컸다. 경쟁사는 최초 고객의 요구사항에 대해 오더 테이킹(주문 내역 그대로 납품하는 방식) 방식이 아닌 전방위적인 면밀한 조사와 진단을 통해 소위 컨설팅 방식으로 고객을 설득, 최종적으로 수주의 퀄러티와 규모를 높여 해당 프로젝트를 따낸 것이었다. 참고로 해당 경쟁사는 국내에선 규모가 작은 외국계 기업이었다.

공교롭게도 그 이후 우리 회사는 B2B 사업을 본격적으로 드라이브한다. 먼저 사람부터 교체해 나가기 시작했다. 선진 글로벌 기업들의 영업 리더들을 대거 스카우트했는데, 일주일이 멀다 하고 대하던 상사나 임원진들이 아침에 출근하면 그들로 대체되었다. 그들은 처음부터 전략적 판매를 강조했다. 제품 중심을 떠나 고객사 내부에 깊숙이 침투해 들어가기를 주문했고, 이를 통해 고객의 이슈와 불편 요소를 찾아내 하나의 단품 영업이 아닌 시스템 중심의 솔루션 영업을 할 것을 강조했다. 당시 우리들은 처음 들어본 영업 방식에 어리둥절하기도 했지만 이내 학습과 실전 적용을 통해 차츰차츰 적응하기 시작했다.

위의 사례를 정리해 보자. 당시 내 사수는 고객을 대상으로 전술 영업에서는 탁월했으나 전략 영업에서 부족함을 드러냈다고 할 수 있다. 소위 복합판매로 개념화된 정통 기업 간 거래에서 전략적 판매의 실질적인 목표는 영업대표로 하여금 적절한 때 right time에 적절한 사람 right people과 적절한 장소 right place에서 만나게 하여 적절한 전술적 프레젠테이션을 할 수 있게 하는 것에 있다. 이후, 다양한 구매 영향력자들의 개인적 성취 요소를 통합해 고객가치를 실현하면 공급자는 제값 이상의 부가가치를, 고객은 기대 이상의 만족을 누리게 된다.

참고로 전략과 전술이라는 말은 고대 그리스어에서 파생되었다. 그리스어로 '탁티코스tatikos(전술)'는 배열이나 기동의 훈련을 의미하며, 주로 전투에서 병력을 이동하는 기술로 언급되었다. 반면 '스트라테고스strategos(전략)'는 장군을 의미한다. 그러므로 원래 전략이란 장군의 병법 또는 전투를 하기 전 군대를 배치하는 기술이자 전쟁에서 승리하는 설계도의 개념이었다. 전장에서는 단기적이고 부분적인 전투에서는 이기면서도 전쟁의 큰 흐름을 제대로 파악하지 못해 정작 이겨야 할 큰 전투에서는 참패를 당하는 경우도 적지 않은데, 우리가 살펴보고자 하는 복합판매에서도 이 원리는 동일하게 적용된다.

4 복합판매 수행 역량 이해 돕기

전략적 판매는 복합판매의 수행을 의미한다. 복합판매란 대체적으로 거래의 기간이 길고 거래의 규모가 큰 구매 결정을 위해 '여러 사람들'이 승인하거나 의견을 제시해야 하는 판매를 말하는 것으로, 흔히 B2B 영업을 지칭한다. 하지만 B2B 영업이라는 단순한 표현보다 복합판매라는 용어로 이해해야 하는 이유는 그 안에 많은 함축적 의미가 담겨 있기 때문이다. 복합판매는 본질적으로 고객사 내의 복잡한 의사결정 구조와 긴 거래 주기에서 오는 고유의 특성을 지니며, 이를 효과적으로 관리하고 성과를 창출해 내기 위해서는 단순한 영업 방식으로는 한계가 있다.

특히 복합판매에서 가장 중요하게 다루어지는 것은 전략이다. 복합판매는 단순한 방법이나 기술적 세일즈 전술만으로 해결할 수 없는 수많은 변수를 가지고 있다. 전술했듯이, 6개월 전에 특정 구매를 승인한 구매 결정자가 여전히 동일한 영향력을 행사하고 있을 거라는 보장을 할 수 없다. 이러한 상황에서 성공적인 거래를 위해 영업자는 거래선 내 다양한 구매 영향력 행사자들의 개인적 성취 요소, 즉 그들의 니즈, 개인적 상황, 그리고 회사적 배경 변화까지 깊이 있게 파악해야 한다. 이 모든 정보를 체계적으로 수집하고 분석하는 과정이 바로 복합판매에서의 거래선별 판매 전략 수립 활동의 핵심이다.

전략과 더불어 복합판매에서는 전술의 역할 또한 역시 중요하다. 전략과 짝을 이루는 전술은 고객을 직접 만나 데이터를 획득하고 신뢰를 쌓는 활동들로 구성된다. 전술은 주로 대화 기법이나 인간관계를 중심으로 한 기술적 요소에 초점을 맞춘다. 여기서 우리가 주목해야 할 점은 전략과 전술 간에 우열은 없지만 우선순위는 존재한다는 것이다. 국내 기업들은 오랜 세월 전술 중심의 영업 교육에 치중해 온 측면이 많았다. 그러나 전략 없이 전술만으로 지속 가능한 성과를 기대하기에는 한계가 있다. 단 한 번의 거래를 목표로 한다면 이러한 과정이 필요 없을 수도 있다. 하지만 복합판매의 고유 조건을 갖춘 비즈니스를 수행하고 있다면, 전략이 전술과 긴밀히 조화를 이루어야만 예측 가능하고 지속적인 성과를 만들어낼 수 있다.

이러한 전략과 전술을 통해 고객과 강력한 관계를 구축하고 지속적인 성과를 창출하는 영업인을 우리는 전략적 판매 전문가(또는 복합판매 전문가)라 부른다. 이 전문가들은 단순히 운에 의존하지 않으며, 승부 근성을 기반으로 논리적이고 가시적이며 반복 가능한 전략적 판매 도구를 활용해 뛰어난 결과를 만들어낸다. 회사 내 상위 1%의 영업인은 이러한 전략적 사고와 판매 기술로 그들의 판매 전법을 지속적으로 개발해 나가며, 이들은 종종 회사 매출의 몇 년 치, 혹은 그 이상의 성과를 만들어내기도 한다. 판매 성과는 결코 우연히 이루어지지 않는다. 그것은 치밀한 분석, 끈질긴 실행, 그리고 고도로 정밀한 복합판매 전문성을 통해 만들어지는 결과다.

5 선행학습: 산업별 복합판매 시나리오

이번 장에서는 산업별 복합판매 시나리오 5가지 사례를 살펴볼 예정이다. 사례에 나오는 모든 내용과 등장 인물들은 AI와 함께 만들어낸 가상의 상황임을 밝혀둔다. 독자 여러분은 자신들의 업종이 아니더라도 시나리오별 상황의 흐름을 따라 복합판매 수행 프로세스의 관점에서 살펴봐 주기 바란다.

IT/데이터센터 인프라 IT & Datacenter Infra

시나리오 1

개인적 성취를 충족시키는 여정
데이터센터 전환 프로젝트의 게임 체인저

배경

대한민국 대표 통신사 커넥스텔(ConnexTel Co., Ltd.)은 IoT와 5G 네트워크 서비스를 선도하며 매일 수십억 개의 데이터 트래픽을 처리하고 있다. 그러나 급증하는 데이터량과 서비스 품질 보장을 위한 노력이 계속되면서 데이터센터 인프라 전면 재구축이 필요해졌다.

- 기술적 도전 과제:
    - IoT 및 5G 데이터 처리의 한계 → 서비스 중단 리스크 증가
    - 노후화된 스토리지와 네트워크
      → SLA(서비스 수준 협약) 위반 가능성 증가
    - 글로벌 경쟁사와 기술 격차 확대 우려

이에 따라 커넥스텔은 데이터센터 혁신 프로젝트를 시작했고, 복합적인 솔루션

제공이 가능한 공급자를 물색하고 있었다. 제네스텍 솔루션(Genestech Solutions)은 최첨단 Hyperscale Storage, AI 기반 네트워크 복구 솔루션, 그리고 스케일아웃 아키텍처로 구성된 제안을 통해 영업을 전개해 나갔다. 그러나 데이터센터 전환과 같은 프로젝트는 기술적 성과만으로 결정되지 않았다. 커넥스텔 내부 구매 영향력 행사자들의 개인적인 목표와 성공에 대한 욕구가 다양하게 얽혀 있었고, 이를 이해하고 충족시키는 과정이 핵심이었다. 제네스텍 솔루션의 영업 컨설턴트 박세나는 단순히 기술적 장점에 의존하지 않고, 각 이해관계자의 개인적 성취 요소를 파악하여 이를 고객가치 실현으로 연결하며 신중하게 프로젝트의 방향을 이끌기 시작했다.

1. 박세나의 구매 영향력자별 개인적 성취를 향한 단계별 접근

A. IT 인프라 부서장의 성취 목표 – 안정성 보장과 리더십 증명

문제 상황

커넥스텔의 IT 인프라 부서장 문지혁은 회사 내에서 오랜 경력을 자랑하는 베테랑으로, 데이터센터 안정화가 그의 주요 책임이었다. 문 부서장은 실패 없는 안정적인 솔루션 도입을 통해 본인의 리더십을 사내외에 확고히 증명하고자 했다. 그러나 그는 과거 유사한 프로젝트에서 발생한 다운타임 문제로 인해 신뢰 문제가 생긴 경험이 있었다.

박세나의 접근 전략:

- 관찰과 질문:
    - 박세나는 초기 회의에서 문 부서장이 기술 안정성을 반복적으로 강조하며 '리더십'과 관련된 단어를 빈번히 사용하는 점에 주목했다.
    - 박세나는 "문 부서장님, 개인적으로 이 프로젝트에서 가장 중요하게 생각하시는 부분은 무엇인가요?"라고 직접 질문하며 그가 느끼는 부담감을 세심히 탐색했다.
- 공감과 설득:
    - 문 부서장은 "우리 데이터센터가 하루라도 장애가 생기면 제가 책임질 일이 큽니다. 안정성이 보장되지 않으면 어떤 솔루션도 의미가 없습니다"라고 토로했다.
    - 이에 박세나는 성공적인 도입 사례로 유럽 최대 통신사 EuroLink Telcom을 언급하며, 제네스텍의 솔루션이 99.999%(5 Nine)의 가용성을 유지한 데이터를 제공했다.
- 개인적 성취 실현 접근:
    - 박세나는 문 부서장의 리더십을 돋보이게 하도록 "이 솔루션을 통해 커넥스텔이 SLA 목표를 초과 달성하고, 내부에서 새로운 기준을 세우는 부서장님의 비전을 지원하겠습니다"라고 말하며 문 부서장의 개인적 성취 욕구를 자극했다.

B. 재무팀장의 성취 목표 – 비용 절감과 조직 내 신뢰 구축

문제 상황:

재무팀장 이하경은 커넥스텔 내에서 합리적 재정 전략의 대가로 알려져 있었다. 그러나 그는 이전 투자 프로젝트의 ROI(투자 대비 수익률)가 기대치에 미치지 못해 사내 신뢰도를 높일 새로운 사례가 절실한 상황이었다.

박세나의 접근 전략:

- 관찰과 질문:
  - 초기에 이하경 팀장은 투자 비용에 대한 우려를 강조하며 "ROI와 TCO가 명확하지 않으면 이 프로젝트를 추진할 수 없습니다"라고 반복했다.
  - 박세나는 "팀장님께서 보셔야 하는 명확한 ROI 기준은 무엇인가요?"라고 질문하며 그의 우선순위를 명확히 파악하려 했다.
- 공감과 설득:
  - 이하경 팀장이 "과거 프로젝트 실패로 예산 검토에서 압박을 받는 상황입니다"라고 고백하자, 박세나는 "팀장님의 판단에서 스마트하고 혁신적인 선택을 하시는 점은 업계에서도 인정받고 있습니다. 저희의 구독형 서비스(Data Center as a Subscription)는 초기 부담을 줄이고, 장기 운영 비용 절감을 최대화할 수 있는 대안입니다"라고 제안했다.
- 개인적 성취 실현 접근:
  - 이후 박세나는 다음과 같이 강조했다. "이번 프로젝트가 성공하면, 팀장님께서는 커넥스텔의 재정 최적화와 미래 전략 지휘자로서 새로운 신

뢰를 확립할 수 있는 기회가 될 것입니다."

C. 네트워크 운영본부 본부장의 성취 목표 – SLA 준수와 중장기 성과 창출

문제 상황:

네트워크 운영본부장 한정우는 SLA(서비스 수준 협약) 준수가 곧 본인의 평판과 연결된다는 강한 인식을 가지고 있었다. 그는 특히 긴급 상황에서 네트워크 안정성을 유지할 수 있는 기술적 솔루션을 요구했다.

박세나의 접근 전략:

- 관찰과 질문:
    - 박세나는 본부장이 '네트워크 장애 복구 시간'을 집요하게 질문하며 SLA 위반 경험을 언급하는 것을 듣고, 그의 초점이 '긴급 상황 대응 능력'임을 파악했다.
    - 박세나는 "본부장님께서는 SLA 준수가 여러분 부서와 개인적으로 어떤 의미가 있다고 생각하시나요?"라고 질문하며 그의 숨은 니즈를 구체화했다.
- 공감과 설득:
    - 한정우 본부장은 "정확히 말하면 SLA는 저의 명성과 연결되어 있습니다"라고 답했다.
    - 박세나는 이에 "제네스텍 솔루션의 AI 복구 기술은 데이터 복구 시간을 평균 70% 단축하며 중단 리스크를 최소화합니다. 이를 통해 본부장님의 SLA 목표를 안정적으로 달성할 수 있을 것입니다"라고 대응했다.

- 개인적 성취 실현 접근:
    - 박세나는 "이 기술은 본부장님의 장기적 성공과 커넥스텔 서비스 품질 향상을 위한 기반이 될 것입니다"라고 한정우 본부장의 비전을 지원했다.

2. 영업자의 조치 방안 시나리오

박세나의 핵심 목표:

1. 데이터센터 프로젝트의 기술적, 재정적, 실무적 성과를 명확히 정의하고 이를 실현.
2. 각 이해관계자들의 개인적 성취 요소를 조화롭게 충족시키면서 계약을 성사시킴.
3. 복합판매의 복잡성을 최소화하며 커넥스텔의 주요 의사결정권자들을 설득.

(1단계) **기술적 신뢰 구축**

조치 방안:

- PoC(Proof of Concept) 테스트 실시:
    - 커넥스텔의 IT 인프라 부서가 직접 제네스텍 솔루션의 성능을 확인할 수 있도록 PoC 테스트 환경을 제공.
    - 테스트 환경에서 데이터 트래픽의 처리 속도, 네트워크 안정성, 장애 복

구 기술(AI 기반)을 고객의 기존 데이터센터와 비교.
- 성능 데이터 제공 및 기술 담당자 워크숍:
  - 글로벌 고객사 성공 사례(유럽 통신사 EuroLink Telcom) 데이터를 기반으로 커넥스텔과 유사한 환경에서의 성능을 제시.
  - 커넥스텔 IT 팀과 제네스텍 솔루션 기술 엔지니어 간의 실무적 워크숍을 개최해 솔루션의 구축 과정을 시뮬레이션.

성과:
- PoC 결과, 제네스텍의 스토리지가 기존 스토리지 대비 데이터 처리 속도를 2.5배 향상시킴을 확인.
- 장애 복구 테스트에서 복구 시간을 기존 대비 70% 단축하여 실내 시뮬레이션 환경 설계 성공.
- IT 인프라 부서장이 기술적인 신뢰를 확보 후 솔루션에 대한 내부 보고서 제출.

(2단계) 재정적 부담 완화와 맞춤형 제안

조치 방안:
- 구독형 모델 제안:
  - 초기 구매 부담을 최소화하기 위해 "Data Center as a Subscription(구독형 데이터센터)" 모델 제안. 초기 비용은 기존의 50% 수준으로 낮추고, 월간 운영 비용 형태로 전환.
- TCO(Total Cost of Ownership) 분석 제공:

- 기존 시스템 대비 전력 소비 절감(30%) 및 유지보수 비용 절감(40%) 등 구체적인 재정 절감 모델을 자료로 제시.
- 커넥스텔 데이터센터의 운영 예산 내에서 실행 가능하도록 연단위 (Annual) ROI 목표를 정량적으로 계산하여 제안.
• 장기적인 ROI 타임라인 시각화:
- 커넥스텔의 투자 회수 시점을 명확히 보여주는 ROI 타임라인 자료(3년 내 회수 가능)를 가시적으로 작성하여 재무팀 전달.

성과:
• 재무팀장이 초기 투자 리스크 부담을 느끼지 않고, 구독형 모델로 인해 안전한 예산 할당을 승인.
• TCO 분석 데이터를 통해 CEO 및 경영진들에게 구체적이고 설득력 있는 재정보고서를 제출.
• 박세나의 대응 방식이 "현실적이고 맞춤형"이라는 재무팀장의 긍정적 평가 획득.

(3단계) 통합성과 개인적 성취 요소의 동기부여

조치 방안:
• 호환성과 실행 계획 보장:
- 네트워크 운영본부를 대상으로, 멀티 프로토콜 호환성(NFS, iSCSI 등)의 상세 시연을 제공.
- 데이터 이전(Migration)을 단계적으로 진행하는 Incremental

Migration Plan(비가동 시간 최소화 계획)을 제안.
- 중장기적 SLA 기준 달성 강조:
    - 네트워크 안정성과 SLA 목표(99.999% 가용성)를 실험 데이터를 통해 검증.
    - 솔루션 도입 후 SLA 미달 사례를 90% 이상 감소시킨 사례 보고서와 시연 자료 제공.
- 고객사 신뢰 회복을 위한 공개 데모 행사 개최:
    - 커넥스텔의 주요 고객사 대상 성능 개선 데모 및 SLA 향상 사례 설명회를 제안.
    - 커넥스텔 경영진과 주요 고객사 운영 관리자 간의 실질적인 신뢰 회복 기회 마련.

성과:
- 네트워크 운영본부장이 제네스텍 솔루션 도입으로 본부 명성과 실질 성과를 동시에 달성할 수 있다는 자신감을 가지게 됨.
- 고객사 데모 이후 고객사 관리자들의 긍정적 피드백을 통해 커넥스텔의 대외 신뢰도가 재확립됨.
- 네트워크 운영본부 내부적으로 신규 솔루션 구축을 위한 실행팀(Task Force)이 빠르게 조직됨.

(4단계) 최종 결정권자의 결단 유도

조치 방안:

- 성과 보고서 작성:
    - IT 인프라 부서, 재무팀, 네트워크 본부가 각각 경험한 성과를 하나의 통합 성과 보고서로 작성해 경영진에 전달.
    - 각 팀이 성취할 수 있었던 구체적인 개인적 성취 내역과, 회사 차원의 성과를 연결.
- 최적의 타이밍에 경영진 설득:
    - 경영진의 관심도를 높이기 위해, 회사 차원의 브랜드 신뢰와 기술 경쟁력을 부각하는 언어로 설명.
    - 계약 서명을 독려하기 위해 "구독형 솔루션으로 즉각 도입 가능"하다는 점과 "경쟁사의 선제적 움직임 대비" 필요성을 강조.

성과:

- 커넥스텔 경영진이 각 부서의 내부 성과를 인정하면서 데이터센터 전환 프로젝트 승인을 최종 결정.
- 구체적이고 실행 가능한 솔루션 계획 덕분에 계약 확정까지 소요 시간이 당초 예상을 크게 단축.

3. 최종 성과 요약

- 계약 체결: 제네스텍 솔루션과 커넥스텔 간의 데이터센터 인프라 전환 프로

젝트 계약 체결 성공.

- 성과 달성:
    - SLA 준수율 99.999%(5 Nine) 목표 성취.
    - 데이터 처리 속도 2배 이상 향상.
    - 회사의 연간 유지비용 약 40억 원 절감.
- 개인적 성취: 이해관계자들의 개인적 성취를 만족하는 성과(리더십 증명, 재정 전략 신뢰 확보, 기술 경쟁 우위) 모두 충족.
- 내부 평가: 회사 내부에서 박세나의 역할은 '모범적인 고객가치 실현'과 '프로젝트 성공의 핵심 요인'으로 평가받음.

| 의사결정권자별 성과 요소와 성취 요소 분석 |

의사결정권자	조직적 성과 요소	개인적 성취 요소
IT 인프라 부서장 문지혁	- 데이터 처리 성능 2배 향상 - 장애 복구 시간 70% 단축 - SLA(99.999%) 안정적 유지	- 데이터센터 전환 프로젝트의 성공을 통해 사내에서 본인의 리더십과 전문성 입증 - 기술적 안정성을 확보하여 실패 없는 기록 유지
재무팀장 이하경	- 초기 투자 비용 절감 (50%↓) - 유지보수 비용 40% 절감 - ROI 3년 이내 실현	- 회사 내에서 재무 전략 전문가로 인정받고 신뢰 형성 - 성공적인 투자 계획의 사례를 남겨 자신의 커리어에 성과로 기록

네트워크 운영본부장 한정우	- SLA 준수율 99.999% 달성 - 네트워크 다운타임 최소화 - 고객사의 신뢰도 회복	- SLA 준수율을 완벽히 지켜 자신의 관리 능력과 과거 실패를 극복한 리더로서의 명예 회복 - 중장기적으로 네트워크 성과를 안정화하여 부서를 성공으로 이끄는 인물로 부각
경영진 및 최종 결정권자	- 커넥스텔의 경쟁력 강화 (시장 점유율↑) - 운영 비용 절감 및 차세대 서비스 지원 - 대외 신뢰도 향상	- 회사의 성장과 성공을 통해 경영진으로서 결정적 리더십 발휘 - 데이터센터 플랫폼 혁신으로 업계 선구자 이미지 형성

농업 Agriculture

시나리오 2

스마트 농업

고객의 내적 가치를 실현하는 복합판매 전략

배경

2025년, 농업은 기후 변화와 급증하는 식량 수요, 기존 재배 시스템의 비효율성으로 심각한 도전에 직면했다. 대형 농업회사 에버그린 농업 그룹은 다음 세 가지 주요 문제를 해결해야 하는 상황에 놓였다:

1. 증가하는 운영 비용(물, 비료 등 자원 낭비)과 감소하는 작물 수확량.
2. 작물 질병 관리 실패로 인한 손실 확대.
3. 정부가 요구하는 환경 규제를 충족하지 못하면 기업 이미지 훼손뿐 아니라 보조금 지급 중단이라는 위기에 직면.

공급자 등장: 스마트 농업 솔루션 '그린테크'

스마트 농업 기술 회사 그린테크의 영업 책임자인 정현우는 에버그린의 문제를 충분히 분석한 후, 단순히 기술을 제공하는 것을 넘어 고객의 내재적인 성취 요소까지 해결하는 데 목표를 두고 프로젝트를 준비한다.

1. 구매 영향력 행사자 분류 및 분석

정현우는 내부 리서치와 초기 미팅을 통해 에버그린의 주요 이해관계자를 분석한 결과를 아래와 같이 분류했다.

1) 제안 가능 그룹(Positive Influencers)

　(1) 코치(Coach Buyer): 최정아
　　○ 에버그린 내부 프로젝트 컨설턴트.
　　○ 이전 스마트 농업 도입 사례를 주도했던 경험자.
　　○ 기술 도입에 적극적이며 영업자가 내부 문제를 파악하는 데 도움을 제공.

　(2) 경제적 구매자(Economic Buyer): 김수혁(CEO)
　　○ ROI(투자 대비 수익)에 대한 명확한 데이터가 제시되면 긍정적으로 검토.
　　○ 이번 분기까지 성과 목표를 달성해야 회사의 주주들에게 신뢰 유지 가능.

2) 제안 불가 그룹(Resistant Influencers)

- 사용자(User Buyer): 이철민(현장 관리자)
  ○ "기술보다 사람이 더 정확하다"는 전통 농업 관점을 고수.
  ○ 과거 기술 도입 실패 사례로 인해 강한 회의감을 표현하며 기술 도입에 저항.
- 기술적 구매자(Technical Buyer): 박윤아(규제 담당자)

- 환경 규정을 초과 충족해야 한다는 압박감을 강하게 느끼는 중.
- 공급자들이 제시하는 환경 효과 데이터 신뢰 부족으로 도입에 소극적.

2. 성과 요소 및 성취 요소 분석

정현우는 코치 최정아와 긴밀히 협력하여 회사 차원의 성과 요소와 각 영향력 행사자의 개인적 성취 요소를 도출했다.

1) 조직의 성과 요소

(1) 단기 성과 목표:
- 수율 10% 증가 및 물과 비료 사용량 20% 절감을 통해 운영 효율성 개선.

(2) 장기 성과 목표:
- 탄소 배출량 15% 감소 및 정부 환경 규정 충족.

2) 각 구매 영향력 행사자의 개인적 성취 요소

- CEO 김수혁(경제 구매자)
  - 회사의 재무 성과와 주주 신뢰를 유지해야 하는 책임.
  - 이번 분기에 목표를 달성하면 주주 보너스 지급 요건 충족. 개인적으로 가족과 함께 3년 만에 해외 여행을 가겠다는 소박한 바람을 이루고자 함.
- 현장 관리자 이철민(사용 구매자)
  - 새로운 기술을 안정적으로 처음부터 이해할 수 있을지 우려.

- ○ 만약 이 프로젝트가 성공하면 개인적으로 이번 분기에 현장 최적화 평가에서 높은 등급을 받아 승진 가능성이 높아지는 상황. 인생을 새롭게 시작하려는 의지가 있으나 두려움도 큼.
- 규제 담당자 박윤아(기술 구매자)
  - ○ 회사의 환경 규제를 넘어서면 상위 임원이 신뢰도를 높이 평가, 개인적으로 다음 해 팀 리더 진급 가능성이 있음.
  - ○ 그러나 실패 사례에 민감해 신뢰도를 걸 수 있는 데이터가 필수.

3. 영업자의 조치 방안 시나리오

1) 코치 '최정아' 활용

(1) 정현우는 코치 최정아를 통해 핵심 정보를 수집하며 내부 정책과 각 영향력 행사자의 우려와 니즈를 사전에 분석.

(2) 이를 기반으로 에버그린의 니즈를 만족시킬 세 가지 제안서를 준비:

- ○ 성과 목표 달성을 위한 ROI 중심 데이터 리포트.
- ○ 사용자 친화적이고 직관적인 기술 시연.
- ○ 환경 규제 준수 및 동종업계 성공 사례 보고서.

2) 점진적 설득 전략

(1) 제안 가능 그룹 공략:

- ○ CEO 김수혁에게는 단기 ROI 데이터를 중심으로, 목표를 성공적으로 달성할 경우의 재무적 성과를 상세히 시뮬레이션.

- 김수혁 개인의 바람(가족 해외 여행 계획)에 대해서는 직접 언급하지 않으나 암시적으로 시간이 여유로워질 수 있는 결과를 부각.

(2) 저항 그룹 설득:

- 사용 구매자 이철민에게 사용자 친화적이고 간단한 기술 테스트를 제공하며 '현장 직원을 보조하는 역할'임을 강조.
- 성공 시 타사 사례를 인용해 승진 가능성이 있다는 점을 코치 최정아를 통해 암시적 표현으로 전달.
- 기술적 구매자인 박윤아에게 구체적인 환경 규제 준수 데이터를 제공. 동종업계 사례 보고서를 통해 신뢰를 쌓으며 회사 내에서 강력한 입지를 쌓을 수 있음을 시사.

4. 결과 및 성과

(1) 첫해 성과:

- 물 사용량 35% 감소, 비료 사용량 25% 절감.
- 수율 20% 증가로 예상 ROI인 250% 초과 달성.

(2) 구매 영향력 행사자 성취:

- CEO 김수혁: 목표를 성공적으로 달성하며 주주 신뢰를 확보. 가족과 해외 여행 계획이 현실화됨.
- 사용자 이철민: 기술 성공 경험을 인정받아 현장 최적화 평가에서 높은 등급을 받아 승진.

○ 규제 담당 박윤아: 환경 규제 준수로 팀 내부 신뢰도 상승, 차기 팀 리더로 발탁.

(3) 공급자: 그린테크는 핵심 고객사의 신뢰를 획득하며 장기 계약 체결.

| 의사결정권자별 성과 요소와 성취 요소 분석 |

의사결정권자	역할	조직적 성과 요소	개인적 성취 요소
김수혁 (CEO, 경제적 구매자)	재무/투자 의사결정 최 종 책임자	- 단기 ROI 250% 달성 - 물/비료 사용량 20% 절감 - 수율 10% 이상 증가	- 이번 분기에 성과 달성 시 주주 신뢰 확보 및 보너스 받기 가능 - 가족과 함께 3년 만의 해외 여행 계획 실현
최정아 (코치, 프로젝트 컨설턴트)	내부 프로젝 트 조율자	- 스마트 농업 솔루션 도 입 성공적 유도 - 내부 팀 조율 완료 및 이 해관계자 간 협업 성과 확대	- 프로젝트 성공으로 개인 커리어 상승 평가 - 대표 프로젝트로 포트폴리오 등 록, 외부 컨설턴트로 글로벌 진 출 기회 계기 마련
이철민 (현장 관리자, 사용자)	농장 운영 및 실무 책임자	- 농업 운영 효율성 지표 개선: 생산성 및 품질 동 시 향상 - 현장 관리 시간 단축 및 자원 절약 목표 달성	- 기술 적용 성공 시 현장 최적화 평가에서 높은 등급을 받아 승진 - 안정적인 직책 유지로 가족 생계 를 보장하며 삶의 질 향상 희망
박윤아 (기술적 구매자, 규제 담당자)	환경 및 규제 준수 관리 책 임자	- 탄소 배출량 15% 감소 - 물 낭비 30% 절감 및 환 경 규제 완벽 충족	- 프로젝트 성공으로 상위 임원 신 뢰도 획득, 차기 팀 리더로 발탁 - 안정적인 경력을 바탕으로 개인 업무 성과 평가에서 최고 점수 획득 및 승진 가능성 강화

IT/소프트웨어 IT & Software

시나리오 3

"디지털 혁신으로 조직의 불협화음을 넘어서다"

배경

클라우드 기반 SaaS 회사인 클라우드파라다임(CloudParadigm)은 대한민국 중견 제조업체인 네오팩스(NeoPax Corporation)와 접촉했다. 네오팩스는 영업 데이터 관리와 프로세스 자동화를 위해 새로운 CRM 솔루션을 도입하려 했으나, 조직 내의 이해관계와 복잡한 의사결정 구조 탓에 매번 도입이 지연되고 있었다. 솔루션 도입을 책임진 클라우드파라다임의 영업 컨설턴트, 정우석 팀장은 네오팩스 내부에서 벌어지는 부서 간 갈등과 우선순위 충돌 문제를 파악하고 이를 해결하기 위한 복합판매 전략을 실행하게 된다.

1. 첫 만남: 표면 아래에 숨겨진 조직의 갈등

정우석 팀장은 첫 번째 프레젠테이션 자리에서 네오팩스의 의사결정권자들과 마주했다.

- 재무팀장 조현우: 15년 경력의 실무형 관리자. SaaS 같은 신규 프로젝트에 대해 매우 신중하고, 도입 비용에 민감했다.

- IT 디렉터 김태영: 기술 중심 사고에 치우친 성향으로, 신중한 스타일의 조용한 비판가. 기술 리스크나 통합 문제를 가장 우려했다.
- 영업본부장 이수진: 적극적이고 직설적인 리더로, 데이터 작동 속도와 실질적 효용성 강화를 절실히 요구했다.

정우석 팀장은 프레젠테이션 중 이 세 사람 사이의 미묘한 긴장을 감지했다.

- 조현우 재무팀장이 비용 얘기 중 끊임없이 반론을 제기하면 김태영 IT 디렉터는 묵묵히 듣기만 했고, 이수진 영업본부장은 답답한 듯 짜증섞인 표정을 숨기지 않았다.
- 재무팀은 "이 프로젝트가 ROI를 보장할 수 있나요?"라는 말로 시작하며 솔루션 채택 근거를 달라고 했고, IT는 "기존의 ERP 시스템과 충돌 문제를 누가 책임지죠?"라고 날카롭게 질문했다.

정우석 팀장은 이 첫 대면을 통해 네오팩스의 주요 갈등 지점을 파악했:

1. 각 부서가 각기 다른 목표와 우선순위를 가지고 있었다.
2. 내부에서 협력적인 의사결정의 메커니즘이 부재했다.

2. 내부 충돌을 조율하기 위한 전략: 의사결정자 매핑과 니즈 맞춤화

정우석 팀장은 의사결정권자들의 역할과 우선순위를 명확히 이해하려고 했다. 그는 각 부서의 주요 인사와 개인 미팅을 제안하며, 각자의 숨겨진 의도를 체계적으로 분석했다.

- 조현우(재무): "솔직히 말해서요, 영업팀은 늘 새로운 도구를 원합니다. 하지만 그들이 도입하라는 시스템마다 ROI가 나오는 건 아니거든요."

- 분석 결과: 조현우 팀장은 프로젝트 성사가 회사의 재정적 안정성에 위협이 되지 않길 원했고, 단기 ROI(투자 수익률)가 성과 판단의 핵심 기준이었다.
- 김태영(IT): "이 솔루션이 정말 우리 기존 시스템과 충돌하지 않는다고 확신할 수 있나요? 우리에게 리스크를 주는 시스템이라면 고려조차 하고 싶지 않습니다."
  - 분석 결과: 김태영 디렉터는 통합 리스크가 가장 큰 우려였으며, 부실한 기술적 통합이 실패의 주요 원인이라 믿었다.
- 이수진(영업): "사실 현장에서 데이터를 제대로 활용할 수 없어서 답답합니다. 우리 팀은 이번에야말로 가시적 결과를 내는 솔루션이 필요해요."
  - 분석 결과: 이수진 본부장은 성과와 속도에 민감했으며, 기존 CRM의 데이터 정확성과 접근 문제가 가장 큰 불만이었다.

3. 공통의 목표를 설계하다

정우석 팀장은 각 부서와의 대화를 바탕으로 공통의 기반을 마련했다.
- 프로젝트의 공식 목표는 "자원의 효율성을 극대화하고, 영업 데이터의 품질을 개선하며, 전체 프로세스의 안정성을 보장하는 것"으로 정의되었다.
- 이후 프레젠테이션 자리에서는 모든 부서가 자신의 의견이 반영된 데모 시연을 경험할 수 있도록 맞춤형 사례를 준비했다.
  - 조현우 팀장을 위해 ROI 데이터 및 비용 최적화 도구를 공유.

- 김태영 디렉터를 위해 기술 통합의 안정성을 입증하는 3개 기업 사례 제공.
- 이수진 본부장에게는 실시간 데이터 기능 및 영업 지원 시뮬레이션을 데모로 시연.

4. 소규모 파일럿 프로젝트로 결정을 이끌다

정우석 팀장은 모든 부서가 계약 전 솔루션의 실제 효용성을 경험할 수 있도록 제한된 범위와 기간의 파일럿 프로젝트를 제안했다.

- 파일럿 기간 동안 영업 본부는 데이터 활용성을 테스트하고, IT 팀은 기술적 통합을 검토하며, 재무팀은 비용 대비 효율성을 확인했다.
- 이 데이터는 세 부서 간의 의견 충돌을 완화하는 데 큰 역할을 했다.

5. 결론: 협의와 조율을 통한 최종 계약 체결

- 파일럿 종료 후, 모든 부서는 솔루션의 실질적 효과에 대해 긍정적 피드백을 제공했다.
- 네오팩스는 클라우드파라다임의 SaaS 솔루션 계약을 체결했고, 영업 데이터 생산성은 3개월 만에 25% 증가했다!

6. 영업자의 조치 방안 시나리오

영업자의 조치 방안을 실제 대화 또는 사례로 확장한 다양한 응용 버전 살펴보기

1. 재무팀장 조현우 - "책임 안정성 확보에 대한 불안 해소"

- 위협 요소: 프로젝트 실패 시 재무팀장 본인이 모든 책임을 떠안게 될 경우, 그는 강하게 거부감을 느낀다. 또한 ROI(투자 대비 효과)가 명확히 수치화되지 않으면 프로젝트를 진행하지 않는다.
- 조치 방안:
    - 정우석 팀장은 고객사에서 비슷한 규모로 진행했던 사례 데이터를 준비해 ROI를 정량적으로 제시.
    - 그는 조 팀장을 만나는 자리에서 이렇게 말했다:

    "조 팀장님, 이 솔루션은 첫 6개월 동안 ROI가 150% 이상 달성된 실적을 보였고, 비용 대비 효과 데이터를 이 보고서에서 확인하실 수 있습니다. 또한, 만일 프로젝트가 실패할 경우 네오팩스의 내재적 부담을 덜어드리기 위해 저희가 모든 기술적 책임을 떠안을 것을 계약서에 명시하겠습니다."

2. IT 디렉터 김태영 - "리스크 최소화 및 전문가적 인정 욕구 충족"

- 위협 요소: 시스템 통합 실패 또는 데이터 손실이 발생해 IT팀이 비난을 받을까 두려워한다. 이러한 상황은 김 디렉터의 입지에 타격을 준다.
- 조치 방안:

- 정우석 팀장은 경쟁사의 실패 사례를 분석해 통합 실패의 원인을 설명하고, 자사의 솔루션에서는 동일한 문제가 발생하지 않을 것임을 시뮬레이션으로 입증.
- 김 디렉터와의 대화에서 이렇게 말했다:

  "김 디렉터님, 저희 솔루션은 기존 ERP 시스템의 데이터와 100% 호환성을 보장하며, 그 점을 이 테스트 데이터와 3D 시뮬레이션을 통해 확인하실 수 있습니다. 그리고 혹시라도 통합 과정에서 문제가 발생할 경우, 저희 팀의 엔지니어가 직접 디렉터님의 팀과 협력해 문제를 해결할 것을 약속드리겠습니다."

3. 영업본부장 이수진 - "성과 욕구와 불확실성 제거"

- 위협 요소: 새로운 솔루션이 실제 성과나 속도에 도움이 되지 않거나, 오히려 복잡성을 증가시킨다면 프로젝트를 강하게 반대할 것이다.
- 조치 방안:
  - 정우석 팀장은 영업 현장에서 바로 사용할 수 있는 실시간 시연 데이터를 이수진 본부장에게 제공.
  - 이수진 본부장에게 직접 경험하게 한 후 이렇게 덧붙였다:

    "이 본부장님, 새 솔루션을 통해 데이터를 실시간으로 활용한 결과, 영업 성과가 30% 증가한 사례를 보여드리겠습니다. 이것은 지금 본부장님께서 요구하셨던 실질적인 데이터 활용 효율 강화와 성과 직접 연결을 가능하게 합니다."

| 의사결정권자별 성과 요소와 성취 요소 분석 |

구분	조직적 성과요소	개인적 성취요소	위협요소	기타
재무팀장 조현우	- ROI 달성 및 비용 절감 - 재무 안정성 확보 - 경영진 보고 데이터를 간단 명료하게 구성	- 재무팀장으로서의 책임 안정성 확보 (프로젝트 실패 시 본인 책임 피하려는 니즈가 있음) - 조직 내 자신의 입지 보호	- 투자 비용 대비 실익이 적다면 프로젝트를 중단 - ROI가 명확히 보이지 않으면 반대 의견 강력히 제기	- 초기 투자 회수 가능성을 명확히 계산해 ROI 데이터 제공 - 프로젝트 실패 시 책임 소재는 공급자가 맡도록 보증 - 유사 업계 사례 제시로 재무 안정성 강조
IT 디렉터 김태영	- 시스템 안정적 통합 - 기존 IT 시스템(ERP 등)과의 충돌 문제 없음 - 유지보수 부담이 최소화된 기술 신뢰성 확보	- 팀의 업무 부담 증가에 대한 경계심 - 기술적 장애가 본인의 책임으로 귀결되는 상황 회피 - 전문가로서 인정받고자 하는 심리	- 통합 실패 시 본인의 관리 책임 증가 - 기존 IT 시스템 보안 및 데이터 손실 위험 발생 - 재작업 부담이 늘어날 가능성	- 시스템 호환성 테스트 데이터를 제시 - IT 팀이 최소 리소스로 통합 가능토록 지원 - 외부 전문가 참여를 통한 리스크 분담
영업본부장 이수진	- 영업 데이터 활용 및 실적 개선 - 팀 목표 달성 및 성과 측정 데이터 명확도 향상 - KPI 강화를 통한 상향 보고 가능	- 변화 불확실성 감소 - 개인과 팀의 성과를 인정받고 보상받고자 하는 욕구 - 실질적인 데이터 활용의 즉각적 체감	- 새로운 도구가 복잡하거나 느려 기존 프로세스 방해 - 기대한 결과치(성과)가 나오지 않으면 강하게 불만 제시	- 초기 테스트 단계에서 실시간 데이터 시연 및 결과 공유 - 속도와 정확도가 기존보다 빠르다는 점 직접 체감 - 성공 시 본인 리더십 강조

| 복합판매 전략의 핵심 시사점 |

1. 의사결정자의 개인적 성취 요소 발견:

고객이 겉으로 말하지 않는 불안, 욕구, 동기를 파악하는 것은 복합판매 성공의 핵심이다.

2. 위협 요소를 경고 신호로 인식:

구매 의사결정 과정에서 각 담당자가 겪을 수 있는 미묘한 위협 요소를 경고 신호로 인지하여 이를 해결하는 방식으로 신뢰를 쌓는다.

3. 개인과 조직의 니즈를 모두 충족시키는 맞춤형 대안 제시:

각 의사결정자의 조직적 역할(성과 요소)과 개인적 입장(성취 요소)를 통합적으로 만족시킬 수 있는 전략을 설계한다.

제조업Manufacturing

시나리오 4

제조업 디지털 전환으로 부서 간 갈등을 극복하다

배경

대한민국의 자동차 부품 제조업체 메탈엔지는 전기차 부품 시장의 경쟁이 치열해짐에 따라 제조 프로세스를 디지털화하지 않으면 뒤처질 수 있다는 판단을 내렸다. 기존 방식으로는 품질 문제 대응과 비용 관리가 계속해서 어려워졌기 때문이다. 그러나 회사 내부적으로는 부서별 관점 차이와 이견으로 인해 프로젝트가 진전되지 못하고 있었다. 과연 디지털 전환은 부서의 갈등을 초래하는 장애물이 될 것인가, 아니면 회사의 미래를 위한 통합의 도구가 될 것인가? 스마트팩토리 컨설팅사에서 근무하는 강민혁 컨설턴트는 이러한 난제를 해결하기 위해 투입되었다.

1. 회사의 현재 상황: 회의실에 모이는 갈등들

강민혁은 각 부서 의사결정권자들과 직접 만나 프로젝트 실패 위험의 주요 원인을 분석했다.

생산본부장 김성규

- "우리의 생산 라인이 핵심이다. 계획대로 돌아가는 시스템을 망치는 건 안 됩니다!"
    - 김 본부장은 공정 안정성을 최우선 순위로 두었다.
    - 새로운 기술 도입으로 생산 라인이 잠시라도 중단된다면 본인의 책임이 커질까 두려워했다.

품질관리팀장 이은영

- "AI를 통해 뭔가 눈에 띄는 성과를 빨리 보여줘야 우리 부서의 입지가 강화될 수 있어요."
    - 이 팀장은 AI와 데이터 분석을 통해 불량률을 개선하려는 강한 의지를 보였다.
    - 그러나 기술의 결과가 기대에 미치지 못한다면 모든 책임이 자신의 부서에 귀속될 가능성을 우려했다.

물류부문장 최종현

- "데이터가 엉키거나 통합이 실패하면 우리 전체 납기 일정이 망가집니다."
    - 최 부문장은 공급망과 데이터가 원활히 연계되고 호환되지 않을 가능성을 우려했다.
    - 초기 기술 도입 과정에서 협력사 관계가 악화되지 않을까 걱정했다.

2. 모두 다른 목소리: 조율의 필요성

강민혁은 각 부서의 갈등을 조율하기 위해 다음 세 가지 원칙으로 전략을 수립했다.

1) 작은 신뢰의 시작 – 소규모 파일럿 프로젝트

- 각 부서의 요구와 우려를 반영하여 기술 도입을 단계적으로 실행.
- 제한된 범위에서 테스트를 진행해 초기 성과를 가시적으로 보여주는 방식 선택.

2) 모두를 아우르는 이야기 – 공통 이해와 목표 설계

- 모든 부서를 아우르는 중립적 언어로 전사적인 목표를 공유.
- 디지털 전환의 궁극적인 비전(효율성 강화, 비용 절감)을 재정의하여 각 부서가 목표에 동의하게 함.

3) 위험을 미리 관리 – 데이터 기반 의사소통

- 각 부문의 불안을 해소하기 위해 기존 성공 사례와 예상 데이터를 적극 활용.
- 실질적 데이터 기반으로 오해를 차단하며 협업을 유도.

3. 붕괴 대신 화합: 실행 전략으로 마음을 열다

강민혁은 부서 간 긴장 구조를 해소하고 프로젝트를 추진하기 위해 다음과 같은 맞춤형 솔루션을 제시했다.

1) 생산부문: 예측 가능한 안정성

- 문제: 생산 라인 중단 위험과 투자 대비 성과 불확실성.
- 솔루션: 다섯 대의 주요 장비를 대상으로 IoT 센서 기반 예측 유지보수 파일럿 실행.
    - 6개월간 데이터 수집 후, 다운타임 35% 감소를 증명.
    - 초기 실패 가능성을 최소화하기 위해 시뮬레이션 도구 사용.

    "김 본부장님, 기존 시스템에 방해를 주지 않고 소규모로 시작할 수 있습니다. 5대 장비 데이터로 프로젝트 효과를 확인하신 뒤 확장을 결정하시게 됩니다."

2) 품질부문: 데이터로 성공을 증명하다

- 문제: 초기 AI 분석 도입 성과 부진 시 책임 전가 우려.
- 솔루션: AI 기술 파일럿 프로그램을 통해 불량률 감소 입증.
    - 초도 샘플 1,000개를 대상으로 AI를 통해 불량률이 최소 30% 감소할 수 있음을 제시.
    - 시뮬레이션 결과를 시각적으로 제시해 이해도를 높임.

    "이 팀장님, 1,000개 샘플 데이터에 AI 분석을 적용해 결과를 검증하도록 하겠습니다. 초기 순차적인 확산으로 리스크를 최소화하겠습니다."

3) 물류부문: 원활한 연계를 약속하다

- 문제: 데이터 통합 실패와 협력 네트워크 마찰 가능성.
- 솔루션: 디지털 트윈 시뮬레이션을 통해 물류 데이터 통합 가능성을 실시간으로 제시.
    - 전담 엔지니어링팀 상시 배치로 협력사와의 데이터 연계를 지속적으로 관리.
    - 초기에는 제한된 범위를 통해 안전성을 확인.

    "디지털 트윈으로 공급망 데이터를 실시간으로 시뮬레이션하겠습니다. 초기 3개월간 저희 상주 엔지니어가 협력사 관리까지 직접 지원합니다."

4. 갈등을 넘어 성과로: 최종 결과와 변화

프로젝트가 계획대로 진행되면서 전사적 성과가 가시화되었고, 각 부서는 디지털 전환의 결과에 만족해 긴밀한 신뢰 관계를 형성하였다.

최종 성과: 조직적 아웃풋

- 생산성 22% 증가: 다운타임 감소와 예측 유지보수의 성공적 적용.
- 불량률 45% 감소: AI 분석 데이터 활용으로 즉각적 효과 발생.
- 납기율 98% 도달: 물류 네트워크 통합 성과로 신속하고 안정적인 공급망 구축.

최종 성과: 개인적 성취

- 김성규 본부장: "생산본부는 안정된 성과와 비용 절감을 한 번에 이뤄냈습니다."
- 이은영 팀장: "품질 데이터 분석 덕분에 불량률 개선 효과를 명확히 입증했습니다."
- 최종현 부문장: "공급망 효율화가 어려운 목표가 아니라는 걸 알게 되었습니다."

5. 새로운 시작: 디지털 트랜스포메이션의 확장

메탈엔지는 갈등을 극복한 성공을 토대로 디지털 전환 프로젝트를 다른 제조 프로세스에 확대 적용하기로 결정했다. 강민혁은 "소규모 성공을 통해 전사적으로 확장한다"는 전략의 중요성을 강조하며 프로젝트에서 물러났다.
결과적으로, 디지털 전환은 조직 내 갈등을 유발할 뻔했지만, 이를 해결하고 조직을 하나로 묶는 촉매제로 탈바꿈했다.

| 영업자의 조치 방안 시나리오 |

1) 생산본부장 김성규 – 기술 리스크를 최소화한 공정 안정성 강조

- 성공 사례 제시를 통한 신뢰 확보:
  강민혁은 타 제조업체에서 동일한 유지보수 기술로 다운타임을 40% 개선한 사례를 상세 보고했다. 과거 해당 프로젝트에서 비슷한 우려를 극복한 방법과 결과를 문서화하여, 김 본부장에게 제시했다.
- 파일럿 테스트로 안정성 검증:
파일럿 단계에서는 핵심 생산 장비 5대에만 IoT 센서를 설치하고 예측 유지보수 시스템을 가동. 6개월 동안 장비 데이터를 수집하고 분석한 결과 안정성이 확인되면, 전사적 확장 논의를 이어가기로 합의했다.

"김 본부장님, 모든 공정과 생산 라인에 기술을 일괄적으로 적용하는 것은 저도 조심스럽습니다. 하지만 저희가 제안 드리는 방식은 파일럿 장비를 통해 프로젝트 성공 가능성을 사전에 검증하는 과정입니다. 이미 타 업체에서는 다운타임 감소로 큰 성과를 보았습니다."

2) 품질관리팀장 이은영 – AI 분석 성공을 위한 명확한 가이드
- 초기 목표를 예측 가능한 데이터로 설정:
이 팀장이 우려하던 'AI 분석 성과 부족' 문제를 해소하기 위해 가상 테스트 데이터로 성과를 시연. 실제 데이터 적용 이전에 초도 1,000 샘플에서 불량률 변화와 원인 분석 정확도를 확인하며, AI 분석의 효과를 확인할 기회를 제공했다.
- 프로세스와 분석 가이드 제공:
품질보증팀의 내부 역량을 강화하기 위해, 무료 교육 세션과 데이터 활용 가이드를 제안. 추가로 외부 AI 전문가를 초빙하여 예측 분석의 품질을 한 단계 높이기로 했다.

"이 팀장님, 초기에 부담 없이 프로젝트 성과를 검증하실 수 있도록

1,000개 테스트 샘플 데이터로 AI 분석 과정을 시뮬레이션해 드리겠습니다. 또한 품질 점검 데이터의 효용성을 극대화하기 위해 무료 교육 세션과 한 번의 기술 지원 서비스를 추가로 제공하겠습니다."

3) 물류부문장 최종현 – 협력사와의 데이터 통합을 위한 협력

- 실시간 디지털 트윈 사용 시연:
  강민혁은 최 부문장이 가장 걱정하던 데이터 통합 문제를 해결하기 위해, 디지털 트윈 기술을 활용한 물류 시뮬레이션을 구현해 보였다. 데이터를 시각적으로 설명하며 초기 단계의 효율성을 실시간으로 보여줌.
- 엔지니어링 전문가 투입 및 리스크 분담:
  초기 3개월 동안 데이터 연계 및 통합을 지원하는 전담 전문가를 최 부문장의 팀과 협업하게 하고, 모든 기술적 리스크는 컨설팅사에서 부담하겠다는 확약을 제공.

"최 부문장님, 협력사 데이터 연계 문제는 전담 매니저를 배치하여 초기에만 집중적으로 관리하겠습니다. 3개월 내로 관련 리스크는 저희가 모두 책임지고 해결하겠습니다. 또한 저희 디지털 트윈 기술을 통해 데이터 통합이 얼마나 원활히 이루어지는지를 직접 보실 수 있습니다."

| 의사결정권자별 성과 요소와 성취 요소 분석 |

구분	조직적성과요소	개인적성취요소	위험요소	기타
생산 본부장 김성규	- 다운타임 30% 감소 - 생산공정의 투자 대비 비용 절감 - 유지보수 효율성 증대	- 장기적 공정 안정성과 책임 회피 - 조직 내 성과 입증을 통한 개인적 입지 강화 - 실패 시 프로젝트 책임이 외부 공급자로 전가되길 희망	- 파일럿 프로젝트 중 생산이 중단될 가능성 우려 - 초기 투자 대비 ROI 불확실성 발생 우려 - 유지보수 예정 시간의 지나친 증가	- 초기 파일럿 단계를 최적화하여 핵심 장비 5대를 대상으로 테스트 진행 - 간단한 ROI 계산 툴 활용해 투자 대비 예상 회수 기간 제공 - 유지보수 실패 시, 전담 컨설팅 팀을 배치하여 비용 및 시간 보증 - 다운타임이 감소된 다른 제조업 성공 사례(20% 감소)를 시각적으로 제시 - "저희가 프로젝트 실패 책임을 100% 보장하겠습니다"라는 신뢰의 메시지로 초기 우려 해소
품질 관리팀장 이은영	- AI 불량률 분석 도입으로 불량률 40% 개선 - 데이터 기반 문제 해결 효율성 강화 - 고객 불만 건수 감소	- 품질관리 리더로서 인정받고자 함 - 디지털 전환 초기 단계에서 팀 성과를 확실히 증명하고자 함 - 직속 부서 팀원과의 신뢰 관계 견고화	- 도입 후 AI 분석 결과가 부정확하거나 효과를 예상만큼 내지 못할 경우 - 팀 내부의 데이터 활용 교육 부족으로 성과 미흡 발생 위험	- AI 파일럿 테스트 이전에 샘플 데이터 1,000개의 가상 분석 보여주기 - 프로젝트 성과 시뮬레이션을 통해 예상 성과를 현실적으로 제시 - AI 분석 활용 방법에 대한 추가 교육 세션 제공 - 분석 데이터의 명확성과 품질을 개선하기 위해 외부 AI 전문가 추가 투입 제안 - "품질에서 성공 경험을 남긴 리더로 자리매김할 수 있다는 점" 강조

| 물류 부문장 최종현 | - 물류 처리 시간 25% 감소
- 납기율 98% 이상 달성
- 물류비용 절감으로 예산 재배분 가능 | - 기술 도입 성공으로 리더십 증명
- 협력사와의 관계 강화 및 주도권 확보
- 디지털 선도자로서의 개인적 매력 어필 | - 데이터 통합 실패로 운영 비효율화 발생 가능성
- 협력사 데이터 연동 문제로 신뢰도가 하락할 위험
- 초기 테스트 일정이 상당히 지연될 가능성 | - 협력사와 실시간 데이터 연동 시뮬레이션 제공
- 초기 납기 테스트 과정 구체화로 불안감 최소화
- 디지털 트윈의 실시간 효용성을 눈으로 확인시키는 데 주력
- 통합 실패 시 전담 엔지니어링 인력 투입을 통한 재작업 보장
- "해당 프로젝트로 물류 비용 절감 목표를 확실히 달성하게 도와드리겠습니다"라는 메시지 전달 |

유통/물류 Retail & Logistics

시나리오 5

강력한 독점 체제를 뚫는 에코푸드의 설득 과정

배경

대한민국 대표 식자재 공급업체 에코푸드(EcoFood)는 국내 최대 유통 체인 그린마트(GreenMart)의 공급 파트너로 자리잡기를 목표로 했다. 특히, 에코푸드는 2차 공급사(전체 물량의 30% 공급) 진입 목표를 세우고 프라임푸드의 독점적 위치를 분산시키는 기회를 노렸다. 그러나 그린마트 내부에는 몇 가지 장애물이 존재했다.

① 프라임푸드의 독점적 지위(5년간 공급 체제): 프라임푸드는 지난 5년 동안 뛰어난 신선식품 납품을 기반으로 그린마트와의 독점적 관계를 유지해 왔다.

② 강력한 관계망: 그린마트 임원진과 프라임푸드 주요 경영진 간의 끈끈한 네트워크가 존재하여 새로운 공급사를 받아들이는 데 높은 장벽이 형성되어 있었다.

에코푸드는 이러한 관계를 단순히 데이터와 품질로만 뚫기 어렵다는 점을 인지했다. 이에, 기존 고객사의 숨겨진 불만과 니즈를 점진적으로 파악하고, 이를 코치를 활용한 설득 과정과 동등 직위 간 접근 방식으로 해결하려는 6개월 설득 계획을 수립했다. 특히, 에코푸드의 영업 리더 강민혁은 그린마트 내 조달팀장 이소영(코치 역할)을 중심으로 정보를 입수하고, 에코푸드의 대표이사와 김태준 그린마트 대표 간 동등 직위 접근 전략을 통해 설득을 체계적으로 진행하기로 결정했다.

1. 코치를 통해 드러난 숨겨진 문제

초기 단계에서 에코푸드는 고객사의 공식적으로 드러나지 않은 문제를 파악하기 위해 내부적으로 신뢰할 수 있는 조달팀장 이소영과의 네트워크를 강화했다. 이 과정에서 이소영 팀장은 프라임푸드 독점 체제 아래에서도 해결되지 않는 내부 문제를 조심스럽게 언급했다.

- 공급 문제:
  최근 프라임푸드의 농작물 수급 일정이 꼬이며 일부 주요 신선식품의 납품이 지연되었다. 이는 매장 내 재고 부족과 소비자 불만으로 이어졌다.
- 물류 문제:
  외곽 지역 매장을 중심으로 오배송과 납품 지연이 반복되는 내부 물류 문제도 거론되었다.
- 대체 공급사의 필요성:
  공식적으로 언급되지는 않지만, 일부 임원진이 단일 공급사 체제의 리스크를 인지하고 점진적인 다변화 필요성을 논의하고 있다는 점도 포착되었다.

이소영 팀장은 직접적으로 말하지는 않았지만, 다음과 같은 힌트를 남겼다.
"우리가 늘 프라임푸드의 안정성을 이야기하곤 하지만, 최근 들어 그 안정성이 흔들렸어요. 공식적으로 대체 방안을 찾으려는 건 아니지만, 내부에서도 개선될 부분이 필요하다는 건 모두 공감하고 있죠."
이 정보를 바탕으로 에코푸드는 그린마트 내부의 숨겨진 니즈를 전략적으로 해결하고, 의사결정권자를 설득할 구체적인 설계에 돌입했다.

2. 의사결정권자 분석 및 우려 사항

에코푸드는 그린마트의 주요 의사결정권자 4명을 중심으로, 각자의 입장과 우려 사항을 정리하고 니즈에 맞춘 접근법을 설계했다.

조달팀장 이소영(코치 역할)

- 입장:

    "공급이 지연되었을 때 긴급 대체품을 조달하느라 추가 비용이 발생했습니다. 새로운 공급사가 이를 개선할 수 있으면 좋겠지만, 이에 대한 내부적인 반발도 있을 수 있습니다."

- 우려:
    - 새로운 공급사가 동일한 문제를 반복하면 책임론이 발생할 가능성

존재.

- ○ 초기 전환으로 인한 비용 소요가 반감을 살 가능성.
- 요구사항:
    - ○ 구체적인 공급 안정성 계획 제시 및 관련 데이터 제공.
    - ○ 초기 비용 최소화와 장기적 비용 절감 가능성 시뮬레이션.

상품기획팀장 한승우

- 입장:

    "프라임푸드가 제공하던 신뢰 수준을 다른 곳에서 찾을 수 있을까요? 고객이 신선식품의 품질 문제를 민감하게 여기니, 품질 보증이 가장 중요합니다."

- 우려:
    - ○ 초기 전환 시 소비자 신뢰가 저하될 가능성.
    - ○ 품질 문제 발생 시 신속한 대응 불가능성.
- 요구사항:
    - ○ 소비자를 대상으로 한 품질 테스트와 긍정적 피드백 데이터 확보.
    - ○ 긴급 품질 문제 발생 시 대응 가능하도록 체계 확립.

물류본부장 최나현

- 입장:

    "물류는 매장 전반의 기반입니다. 변경이 있으면 전체 운영의 안정성이 흔들릴 수 있기에 매우 조심스럽네요."

- 우려:
    - 대체 공급사의 물류 적응 실패로 시스템 불안정성 확대.
    - 외곽 지역 매장에서 지속적인 배송 지연이 발생할 가능성.
- 요구사항:
    - 초기 안정화를 위한 맞춤형 물류 전략 설계 및 데이터 기반 입증.
    - 긴급 대처를 고려한 납품 체계의 유연성 확보.

대표이사 김태준

- 입장:

    "프라임푸드와의 관계는 긴밀합니다. 다만, 장기적으로는 리스크를 분산할 대안 공급사를 찾아야 한다는 요청이 있다는 걸 압니다."

- 우려:
    - 대체 공급 체제로 인해 조직 내부 혼란 발생 가능성.
    - 기존 파트너사와의 관계 악화를 초래할 우려.
- 요구사항:
    - 프라임푸드와의 관계는 유지하면서도 대체 공급사 도입의 필요성을 합리적으로 설명할 데이터와 사례 필요.

3. 영업자의 조치 방안 시나리오 - 에코푸드의 6개월 설득 전략

1) 조달팀장 이소영 – 공급 안정성 데이터로 신뢰 구축

- 성공 사례를 통한 공급 안정성 강조:

  에코푸드는 다른 대형 유통체인과의 과거 협력 사례를 바탕으로 공급 안정성을 입증하는 데이터를 준비했다.

  강민혁은 에코푸드가 유사한 수급 불안정을 겪던 상황에서도 주 98% 이상의 납기율을 유지했던 사례를 문서화하여 이소영 팀장에게 제시했다.

  > "이소영 팀장님, 저희 에코푸드는 과거 비슷한 사례에서도 공급 안정성을 유지한 경험이 있습니다. 이 데이터를 보시면, 에코푸드가 닥친 위기를 성공적으로 해결한 방법을 직접 확인하실 수 있습니다."

- 파일럿 테스트로 안정성 검증:

  이소영 팀장에게 전사적 공급 변화를 요구하지 않고, 5개 주요 품목(채소 2종, 제철 과일 2종, 육류 1종)을 대상으로 2개월간의 파일럿 테스트를 제안했다. 테스트 기간 동안 정시 납품률과 초과 비용 감소율 데이터를 수집하여 검증이 완료되면 초기 도입 논의를 이어가기로 합의했다.

  > "이소영 팀장님, 무리하지 않고 일부 주요 품목에서 소규모 테스트로 시작하길 제안드립니다. 이를 통해 공급 안정성과 비용 절감 가능성을 직접 검증하신다면, 큰 부담 없이 신뢰를 쌓으실 수 있을 것입니다."

2) 상품기획팀장 한승우 - 소비자 만족도 중심의 품질 검증

- 소비자 데이터 기반 품질 검증:

  일부 매장에서 에코푸드의 신선식품을 한정적으로 판매하는 파일럿 프로젝트를 진행, 소비자 피드백을 수집했다.

  강민혁은 해당 품목에서의 소비자 만족도 증가율(12%)을 반영한 데이터를 상품기획팀장 한승우에게 보고하며, 품질 우수성을 강조했다.

  > "한승우 팀장님, 저희 제품을 테스트한 소비자들로부터 만족도가 기존 대비 10% 이상 높다는 피드백을 받아냈습니다. 관련 데이터를 보시면, 에코푸드가 품질로도 차별화된 경쟁력을 갖추었음을 확인하실 수 있습니다."

- 긴급 품질 대응 프로세스 제시:

  해당 파일럿 프로젝트 중 발생했던 작은 품질 관련 클레임에 대해 문제 접수, 처리, 피드백 완료까지의 신속한 대응 사례를 구체적으로 문서화하여 보고했다.

  에코푸드는 한 팀장에게 기존 파트너보다 빠르고 체계적인 대응 능력을 입증했다.

  > "한 팀장님, 품질 문제는 예기치 않게 발생할 수 있습니다. 하지만 저희는 이를 실시간으로 처리하고 수정하는 프로세스를 통해 소비자 신뢰를 더욱 강화하고 있습니다. 파일럿 프로젝트를 통해 직접 확인되었듯이, 에코푸드는 언제나 대비가 되어 있습니다."

3) 물류본부장 최나현 – 외곽 매장 납기 문제 해결

- 성과 기반의 물류 운영 강조:

    에코푸드는 다른 유통 체인과의 협력에서 외곽 지역 물류 관리 효율성을 높인 성공 사례를 최 본부장에게 제시했다.

    강민혁은 기존 파트너 대비 외곽 매장에서의 배송 지연율을 20% 감소시킨 데이터를 활용해 물류 안정성을 입증했다.

    "최나현 본부장님, 저희 에코푸드는 외곽 지역에서 발생하는 납기 문제를 해결하는 데 강점이 있습니다. 과거 프로젝트 데이터를 보시면, 얼마나 효율적으로 문제를 개선할 수 있는지 확인하실 수 있습니다."

- 파일럿 기반으로 물류 검증:

    최 본부장이 우려를 표한 외곽 지역 매장 3곳을 대상으로 테스트를 실시, 에코푸드의 실시간 물류 관리 시스템을 적용했다.

    강민혁은 2개월 이내에 물류 실적을 개선하겠다는 목표를 전달하였고, 결과적으로 납품 시간 준수율은 97%로 확인되었다.

    "최 본부장님, 저희는 파일럿을 기반으로 데이터를 쌓아 납기 안정성을 보여드릴 수 있습니다. 이 과정을 진행하면, 단계적인 확장을 통해 본부장님께서 우려하시는 문제를 해결할 수 있습니다."

4) 대표이사 김태준 – 리스크 분산과 단계적 접근 전략

- 리스크 분산 사례를 통한 설득:

    강민혁은 타 대형 유통업체가 단일 공급 체계에서 다변화한 성공 사례를 통해,

리스크 분산의 필요성을 강조했다.

이를 통해 김 대표가 가지고 있는 내부 조직 혼란 우려를 단계적이고 점진적인 접근 방식으로 완화시키겠다고 약속했다.

> "김태준 대표님, 단일 공급 체계는 위기가 발생했을 때 복구가 어렵습니다. 타 유통업체들은 이를 해결하기 위해 점진적인 다변화 전략을 취했고, 성공적으로 시장 신뢰를 지켜내고 있습니다. 저희 에코푸드가 이를 지원할 준비가 되어 있습니다."

- 파일럿 기반의 단계적 도입 제안:

강민혁은 그린마트 내부의 조직적 혼란을 최소화하기 위해, 프라임푸드가 맡고 있는 총 물량의 70%는 유지하되 30%만 에코푸드를 통해 공급하는 점진적 접근을 제안했다.

이를 단계적으로 확장하며 수급 안정성과 품질 검증을 병행하겠다는 실행 가능한 방안을 문서화하여 논의했다.

> "대표님, 에코푸드는 기존 파트너사와의 관계를 존중하며, 다변화 전략을 위한 완만하고 안정적인 길을 제안드립니다. 저희가 제공하는 공급량은 30%로 시작하여, 기존 체계와의 균형을 유지할 수 있습니다."

4. 최종 성과: 목표 달성 및 구체적 결과

- 조달팀: 파일럿 테스트 성공으로 정시 납품률 95% 이상 달성.
- 소비자 피드백: 테스트 품목에서 기존 대비 소비자 만족도 12% 향상.

- 물류 안정성: 외곽 매장 대상 배송 지연율 20% 감소, 납품 시간 준수율 97% 기록.
- 파트너십 체결: 에코푸드는 그린마트의 2차 공급사(전체 물량 30%)로 최종 선정.

| 의사결정권자별 성과 요소와 성취 요소 분석 |

구분	조직적 성과 요소	개인적 성취 요소	타임라인
조달팀장 이소영	- 공급 안정성 보장 - 추가 비용 부담 최소화	- 책임 회피와 안정성을 보장받고자 하는 욕구: 새로운 공급사 도입으로 발생할 조직 내 비판 여론을 피해가길 원함 - 조직 내 공신력 상승 욕구: 파일럿 테스트 성공 시 본인의 역량과 책임감을 인정받고자 함 - 성과 입증 데이터 제공: 5개 주요 품목 2개월 파일럿을 통해 정시 납품률 95% 달성과 초과 비용 10% 감소 데이터를 공유	1~2개월: 파일럿 테스트 기획 및 협의 3~4개월: 초기 파일럿 데이터 분석 및 보고
상품기획팀장 한승우	- 소비자 신뢰 유지 - 품질 문제 대응 능력	- 소비자 중심의 신뢰 구축 욕구: 소비자로부터 유리한 피드백을 통계적으로 확보해 본인의 KPI(품질지수)를 강화하려 함 - 품질 리스크 최소화: 클레임 발생 시 즉시 조치를 취할 공급사의 능력을 필요로 함 - 파일럿 검증 완료 후 소비자 피드백 제공: 한정된 매장에서 테스트한 결과, 소비자 만족도가 기존 대비 12% 증가 - 긴급 대응력 입증 사례 제공: 테스트 중 발생한 1건의 품질 이슈에 대해 24시간 내 해결된 프로세스 결과 공유	1~3개월: 소비자 테스트 진행 및 데이터 수집 4~5개월: 클레임 대응 시나리오 검증 및 보고

물류 본부장 최나현	- 외곽 물류 납 기 장애 해결 - 물류 프로세 스 최적화	- 테크놀로지 기반 물류 개선 요구: 새로운 공급 파트너가 디지털화된 물류 관리 시스템으로 성과를 입증하길 기대 - 외곽 지역 물류 리스크 해소 욕구: 기존 외곽 물류 문제 해결을 본인의 관리 역량 향상의 기회로 삼고자 함 - 외곽 지역 납품 테스트 성공: 파일럿 프로젝트를 통해 외곽 매장 3곳의 시 간 준수율을 97%까지 개선 - 긴급 물류 대응 프로세스 정립: 긴급 요청 시 평균 대응 시간을 기존 2일에서 1일로 단축	2~3개월: 외곽 지역 물류 개선 테스트 기획 4~5개월: 실시 간 물류 관리 데 이터 보고 및 성 공 사례 공유
대표 이사 김태준	- 프라임푸드 의존도 분산 - 단계적 도입 으로 내부 혼 란 최소화	- 리스크 통제와 안정적 대체 공급 확보 욕구: 기존 공급사가 독점적 위치를 유지하며 발생 가능한 위험을 최소화하고자 함 - CEO로서의 신중함: 조직의 급격한 변화보다 균형을 유지하며 안 정적으로 시스템을 도입하기를 선호 - 향후 3년 이내 회사 성장 150% 신장 욕구: 단계적 도입 성공을 통해 시장 투자자들 및 업 계에 본인의 경영 능력을 명확히 입증하고자 함 - 리스크 다변화 성공 사례 제시: 경쟁 업체의 다변화 성공 사례를 통해 단일 공 급 체제의 위험성을 강조 - 단계적 도입 제안: 에코푸드 공급 물량을 초기 도입 30%로 제한 해 기존 체계와 균형을 유지하면서 충분히 검 증 시간을 가질 것을 제안	4~6개월: CEO 리스크 분산 논 의 및 단계적 도 입 설득 6개월: 최종 승 인 및 도입 결정

지금까지 산업별 복합판매 가상 시나리오들을 입체적으로 살펴보았다. 독자들은 각 시나리오에서 다른 듯 비슷하게 그러나 점진적으로 복잡해져 가는 이야기 구조와 주요 체크 포인트들을 통해 복합판매의 기본적인 전개 과정을 파악할 수 있었을 것으로 믿

는다. 영업대표가 고객의 조직적 성과 목표를 달성하는 것은 모든 판매의 기본이다. 복합판매 전략이 추구하는 중대형 장기거래의 핵심은 고객사 내에 있는 다양한 구매 영향력 행사자들의 개인적 성취 요소까지 파악하고 이를 충족시키는 데 있다. 그 과정에서 영업자는 정밀한 복합판매 실행 프로세스를 준수하게 되는데, 다음장부터 하나씩 살펴보도록 하자.

6 전투에서는 이기고 정작 전쟁에서는 패하는 판매

영업의 본질은 단순히 제품이나 서비스를 판매하는 것을 넘어, 고객의 문제를 해결하고 그들의 성공에 기여하는 것이다. 그러나 이 과정에서 많은 영업인들이 종종 간과하는 점이 있다. 바로 단기적 성공과 장기적 관계 형성 사이에 존재하는 균형이다. 눈앞의 계약을 성사시키는 데에만 집중한 나머지 고객과의 신뢰를 등한시하거나 조직적 관점을 놓쳐버리면, 거래는 일시적 승리로 끝나고 만다. 이는 전투에서는 승리했으나, 궁극적으로 전쟁에서는 패배한 격과 같다.

특히 복합판매가 요구되는 거래 환경에서는 이러한 단기적인 사고방식이 더욱 치명적이다. 복합판매란 단순한 대면 거래가 아닌, 고객 조직의 복잡한 의사결정 과정을 탐색하고 여러 이해관계자의 참여를 조정해 나가는 고도로 정밀한 판매전략을 의미한다. 이 과정에서 단기적 성과만을 추구하면 고객사의 신뢰를 잃거나 경쟁사와의 장기적 비교에서 제외될 위험이 크다. 즉, 복합판매에서는 개별 거래의 성공보다 고객사의 전체 비즈니스 목표와의 연계성, 그리고 다양한 구매 영향력 행사자들의 개인적 성취 요소들을 함께 고민해야 한다는 것이다.

단기적 접근법의 함정

단기적 시각이 큰 문제로 작용하는 사례를 하나 들어보자. 한 영업팀이 신규 고객사의 예산을 맞춰주기 위해 약간의 할인 조건을 제안하고 빠르게 계약을 성사시켰다고 하자. 계약 자체는 성공적이었을지 몰라도, 이후 고객사가 추가적으로 요구했던 맞춤형 조건들을 미리 준비하지 못했다면 어떻게 될까? 고객은 계약 초기에 작성된 조건이 만족스럽지 못하다고 느끼고, 차후 더 나은 선택지를 모색하게 될 가능성이 크다. 결국, 초기 계약 성사는 고객사의 불만으로 이어지게 되고, 이는 장기적인 관계를 손상시키는 결과를 낳는다.

이런 사례는 단지 계약서에 서명을 받는 행위에만 집중했을 때 흔히 발생한다. 고객의 조직 전체를 이해하지 않고, 특정 구매 담당자와의 협의에만 의존하면, 해당 담당자가 교체되거나 사내 우선순위가 바뀌었을 때 거래의 연속성을 유지할 매개가 사라지게 된다.

장기적 시각을 적용한 접근 전략

전쟁에서도 전투의 목적이 단순한 승리가 아니라 전체 전투의 흐름을 유리하게 만드는 데 있듯이, 복합판매에서도 각 거래는 고객과의 관계를 심화하는 데 중점을 두어야 한다. 이를 위해 복합판매에서 반드시 고려해야 할 몇 가지 중요한 사항이 있다.

(1) 고객 조직의 맥락 이해

고객사의 비즈니스를 전체적으로 이해하려면 숲을 보는 관점에서 접근해야 한다. 이는 의사결정 과정에서 영향을 미치는 다양한 이해관계자들의 동기를 파악하고, 그들에게 맞는 메시지를 설계하는 것을 포함한다. 예를 들어, 재무 담당자는 비용 효율성을 강조하지만, IT 부서는 기술 호환성과 안정성을 더 중시할 수 있다. 각 부서와 담당자의 우선순위를 제대로 이해한다면, 단순히 제품을 판매하는 것이 아니라, 고객 조직 전체를 설득할 수 있는 포괄적인 제안을 만들 수 있다.

(2) 결과 중심의 대화 설계

거래 자체보다 중요한 것은 고객이 이 거래를 통해 무엇을 달성할 수 있는가이다. 고객사를 단순한 구매자로 보는 것이 아니라,

신뢰 기반의 파트너로 삼아야 한다. 이를 위해 거래가 가져다줄 구체적이고도 장기적인 결과를 중심으로 대화를 진행하고, 고객의 성공을 함께 설계해야 한다. 예컨대, 단순히 "이 제품은 효율적입니다"라고 말하기보다는 "이 제품이 귀사의 생산 과정에서 20%의 효율성을 개선할 수 있습니다"와 같은 고객 중심적 결과를 강조해야 한다.

(3) 유연하고 지속적인 피드백 구조 구축

복합판매는 한 번의 거래로 끝나지 않는다. 계약 이후에도 지속 가능한 성과를 만들어내기 위해 고객과의 피드백 루프를 유지해야 한다. 이는 영업팀이 초기에 고객으로부터 얻었던 데이터에 기반해 끊임없이 새 정보를 업데이트하고, 고객사의 변화하는 니즈에 따라 유연하게 전략을 수정해 나가야 함을 의미한다. 이러한 피드백 구조는 고객과의 관계를 단지 '판매자 – 구매자' 수준이 아닌 상호 이익을 창출하는 장기적인 파트너십으로 승화시킬 수 있다.

정리하면 복합판매에서 영업자는 단기 성과에 치우칠 경우 장기적인 관계를 그르칠 수 있음을 늘 유념해야 한다. 눈앞의 계약에만 몰두하면 고객의 전체 조직의 맥락이나 미래에 발생할 니즈를 놓치게 되어 결국 신뢰를 잃게 된다. 성공적인 복합판매를 위해서는 고객 조직의 맥락 이해, 결과 중심의 대화, 그리고 지속적인 피드백 구조가 필요하다. 진정한 영업의 본질은 고객의 성공에 기여하며 이를 통해 얻은 신뢰를 통해 장기적인 파트너십을 유지하는데 있다.

7 복합판매 성공의 첫 번째 열쇠

앞서 산업별 복합판매 시나리오 5가지 사례에서 빼놓지 않고 등장하는 고객사 내 인물들이 바로 다양한 구매 영향력 행사자들이다. 오늘날 기업 간 거래에서 성공적이면서도 장기적인 판매 전략을 수립하기 위해서는 고객사 내부의 복잡한 구매 의사결정 과정을 이해하는 것이 필수적이다. 특히 '구매 영향력 행사자'를 파악하고 그들의 특성에 맞게 접근하는 것은 전략적 판매의 기본이자 핵심이다. 이는 조직이 점점 더 축소되는 AI 시대에서도 마찬가지다.

전략적 판매에는 총 네 가지 유형의 구매 영향력 행사자가 존재한다. 경제 구매자economic buyer, 사용 구매자user buyer, 기술 구매자technical buyer, 그리고 코치coach다. 이들은 각기 다른 관심사와 권한을 가지고 있으며, 세일즈 담당자는 이들 모두와 효과적으로 소통해야 한다. 물론, 각각의 역할은 철저하게 구분되기도 하지만 중복되는 경우도 존재한다.

경제 구매자: 최종 승인의 열쇠를 쥔 자

경제 구매자는 최종적으로 구매를 승인하는 권한을 가진 인물이다. 그들은 조직에 미치는 장기적 영향과 투자 대비 효과ROI를 중시한다. 주목할 점은 이들의 위치나 권한이 조직의 안정성, 거래 경험, 그리고 사업 환경에 따라 변동될 수 있다는 것이다. 불안정한 환경일수록 경제 구매자의 권한은 조직 상위 직급으로 이동하는 경향이 있으며, 반대로 세일즈팀과의 신뢰 관계가 구축된 경우 권한이 하위로 이동할 수 있다. 이러한 변화를 감지하고 적응하는 능력이 세일즈 성공에 큰 영향을 미친다.

사용 구매자: 실무적 효용성의 판단자

사용 구매자는 제품이나 서비스를 실제로 사용하거나 관리하는 사람들이다. 이들은 직접적인 구매 권한은 없지만, 제품의 실질적 가치에 대한 평가를 통해 의사결정에 상당한 영향을 미친다. CEO가 승인했다 하더라도 이들 사용 구매자를 세일즈 과정에서 배제할 경우, 다음 구매에서 배제될 수 있다. 이를 '구매자의 복수'라고 한다. 경제 구매자만 집중적으로 접촉하고 실제 사용자들의 의견을 무시한 세일즈팀이 최종 단계에서 경쟁사에 수주를 빼앗긴 경우가 적지 않다. 따라서 사용자의 관점과 니즈를 충분히 반영한 제안이 성공적인 판매의 기본 조건이 된다.

기술 구매자: 까다로운 문지기

기술 구매자는 제품이나 서비스가 조직의 기술 및 규격 기준에 부합하는지를 판단하는 '문지기' 역할을 한다. 이들은 최종 승인 권한은 없지만, 기술적 측면에서 제안을 거부할 수 있는 강력한 영향력을 행사한다. 기술 구매자들은 표면에 드러나지 않는 경우가 많아 쉽게 간과될 수 있다. 그러나 이들도 '구매자의 복수'를 실행할 수 있는 강력한 주체이므로, 그들을 찾아내고 적절히 대응하는 것이 매우 중요하다. 기술 구매자의 '기술'은 단순히 제품 중심의 기술만을 의미하지 않는다. 법률, 회계 등 다양한 전문 영역에서의 전문성을 포함하며, 이런 다양한 측면에서 세일즈 담당자의 제안이 조직의 기준에 맞는지를 평가한다.

코치: 판매 성공의 은밀한 조력자

코치는 네 가지 구매 영향력 행사자 중 가장 독특한 위치에 있다. 이들은 판매자에게 내부 정보를 제공하고 전략적 조언을 해주는 '안내자' 역할을 한다. 코치는 고객사 내부, 판매사 내부, 또는 제3자 영역에서 발굴될 수 있다. 코치는 판매자의 성공을 자신의 성취로 여기는 사람이다. 한마디로 내 편을 말하는데 이상적인 코치는 경제 구매자로, 이들의 영향력을 통해 까다로운 기술 구매자나 사용 구매자들을 설득하는 데 도움을 받을 수 있게 된다. 좋은 코치의 조건은 판매자에 대한 신뢰, 고객사 내부에서의 신뢰, 그리고 판매 성공을 위한 적극적인 조력 의지다. 다만, 코치에게 과도한 요청이나 부담을 주지 않도록 주의해야 하며, 정보와 방향성 제시에 초점을 맞춘 지속 가능한 관계 구축이 중요하다.

전략적 복합판매의 체크포인트

성공적인 복합 판매를 위해서는 전략적으로 몇 가지 중요한 체크포인트를 염두에 두어야 한다.

첫째, 모든 구매 영향력 행사자를 파악하고 접촉해야 한다. 특정 구매자에게만 편중된 세일즈 제안은 궁극적으로 판매 실패로 이어질 수 있다.

둘째, 각 구매자의 영향력 정도를 파악하고 그에 맞게 자원을 배분해야 한다. 예를 들어, 경제 구매자의 영향력이 50%라면 그에 맞게 접촉 빈도와 자원을 할당해야 한다.

셋째, '빨간 경고 깃발'에 주의해야 한다. 핵심 역할자가 한 명만 보일 경우, 판매 전략의 준비가 부족하다는 신호일 수 있다. 이에 대해선 다음 장에서 자세히 설명할 것이다.

넷째, 내부 역학 관계와 구매자의 개인적 우선순위를 파악해야 한다. 조직 내 변화(고용, 해고, 이동)에 따른 영향력 변동을 지속적으로 모니터링해야 한다.

균형 잡힌 접근이 성공의 열쇠

복합판매에서 성공하기 위해서는 네 가지 구매 영향력 행사자 모두에 대한 균형 잡힌 접근이 필수적이다. 단순히 제품을 판매하는 것을 넘어 구매 과정의 전반적인 흐름을 이해하고 각 역할자의 니즈를 충족시키는 맞춤형 접근법이 필요하다. 결국, 세일즈의 성공은 제품의 우수성만으로 결정되지 않는다. 고객사 내 다양한 구매 영향력 행사자들과의 전략적 관계 구축과 그들의 니즈를 정확히 파악하고 충족시키는 능력이 실질적인 세일즈의 첫 번째 경쟁력이라 할 수 있다.

8 위기 감지 능력이 있어야 기회를 만들어낼 수 있다

복합판매의 세계에서는 무수한 위험이 도사리고 있다. 고객의 선택을 받기 위한 경쟁은 끝이 없으며, 단순히 우수한 제품과 서비스를 보유했다고 해서 성공이 보장되지 않는다. 진정한 세일즈의 핵심은 고객의 심리와 상황을 현재의 수준에서 깊이 이해하고, 이를 기반으로 전략을 설계하는 데 있다. 특히 세일즈 과정에서 마주하게 되는 장애물과 위험 요소를 미리 감지하고 이를 효과적으로 극복하지 못한다면, 아무리 제품이 뛰어나더라도 성공적인 성과를 거두기 어렵다.

이때 중요한 도구가 바로 빨간 경고 깃발red flag이다. 빨간 경고 깃발은 세일즈 과정에서 예상치 못한 위험 신호를 감지하게 해주는 일종의 경보 시스템이다. 예를 들어, 고객사의 내부 의사결정 구조, 중요한 인물과의 접촉 부재, 고객사의 조직 개편 및 변화와 같은 요소가 여기에 해당한다. 이외에 산업별 시나리오에서도 볼 수 있었듯이 세일즈에 방해가 될 수 있는 모든 요소들을 위험 신호로 간주한다.

빨간 경고 깃발이 해결되지 않을 경우 언제든 세일즈 전체를 위태롭게 만들 수 있다. 예를 들어, 사용 구매자는 제품에 긍정적이지만 경제 구매자인 부사장이 승인하지 않는 상황을 상상해 보자. 단순히 긍정적 반응을 보이는 사용자에게 몰두하며 경제 구매자와의 접촉을 외면한다면, 최종 계약 승인은 불가능할 것이다. 이러한 이유로 빨간 경고 깃발은 단순히 문제를 식별하는 것에 그치지 않고, 이를 해결하기 위한 구체적인 행동으로 이어져야 한다. 문제가 있는 장애물이나 방해 요소를 무시하고 익숙한 영역에서의 친화적인 관계만을 고수한다면, 많은 노력이 아무런 결과도 가져오지 못하고 무산될 위험이 크다.

그렇다면 위험 신호를 제거하고 장애물을 뛰어넘는 방법은 무엇일까? 성공적인 세일즈에서는 강점 최대화leverage strength라는 개념이 해결책으로 제시될 수 있다. 강점 최대화는 고객이 느낄 수 있는 실제적이고 구체적인 가치를 활용해 세일즈 성과를 극대화하는 전략이다. 이는 단순히 제품의 물리적, 기술적 우수성을 강조하는 것을 넘어서, 고객이 절실히 필요로 하거나 해결하기 어려운 문제를 풀어주는 가치를 제공함으로써 달성된다. 강점의 진정한 힘은 고객에게 제대로 전달되고 고객이 이를 가치로 느낄 때 발휘된다는 점에서 차별화된다.

강점 최대화의 핵심은 네 가지 원칙으로 요약될 수 있다. 첫째, 강점은 경쟁사와 명확히 차별화될 필요가 있다. 단순히 '좋은 제품'이 아니라, '다른 제품이 제공하지 못하는 가치'를 전달해야 한다. 둘째, 강점은 현재 목표하고 있는 프로젝트와 구체적인 연결고리를 가져야 한다. 고객이 우선으로 해결을 원하는 문제에 즉각적인 효용을 제공하지 못한다면 아무리 뛰어난 강점이라도 효과적으로 작동하지 않을 것이다. 셋째, 강점은 가격 경쟁력을 상쇄할 수 있는 힘을 가져야 한다. 단순히 가격이 저렴하다는 것만으로는 고객의 신뢰를 얻을 수 없으며, 가격 이상의 가치를 제공해야만 세일즈에서 우위를 점할 수 있다. 마지막으로, 강점은 고객이 느끼는 심리적 가치에 기반해야 한다. 객관적으로 우수한 제품도 고객 입장에서 체감되거나 이해되지 않는다면 의미가 없기 때문이다.

이러한 강점을 효과적으로 활용하기 위해서는 세일즈 담당자가 지렛대 원리lever principle를 이해하고 이를 전략적으로 적용해야 한다. 지렛대의 핵심은 우리의 노력이 동일하더라도 강점을 적재적소에 배치하여 최대한의 효과를 끌어내는 것이다. 고객사의 상황과 니즈를 정확히 파악하고, 이를 해결하기 위한 가장 적합한 강점을 제시함으로써 설득력을 극대화할 수 있다. 지렛대는 단순히 제품의 특성에만 한정되지 않으며, 세일즈 과정에서 사용 구매자, 기술 구매자, 그리고 경제 구매자와의 관계를 어떻게 활용하느냐에 따라 달라질 수 있다.

예를 들어, 경제 구매자와 직접 대화를 나누기 어려운 상황에서는 사용 구매자나 기술 구매자를 지렛대로 삼아 상대를 간접적으로 설득할 수 있다. 경제 구매자를 설득하는 데 직접 접근이 불가하다면, 사용 구매자를 통해 경제 구매자가 필요로 하는 데이터를 준비하거나, 그들이 느끼는 실질적인 혜택을 강조하는 방식이 가능하다. 이를 통해 자연스럽게 경제 구매자에게 접근할 기회를 만들거나, 사용 구매자가 경제 구매자를 설득하도록 유도할 수 있다. 이는 정면 돌파처럼 무작정 접촉하려는 시도에서 발생할 수 있는 위험성을 줄이며, 관계의 신뢰를 높이는 효과가 있다.

강점 최대화를 통해 얻을 수 있는 결과는 크게 세 가지이다. 첫째, 코치 역할을 하는 사용 구매자나 기술 구매자가 경제 구매자를 직접 소개해 주는 경우이다. 둘째, 사용 구매자가 경제 구매자를 대신 설득하며, 우리의 제안을 긍정적으로 전달하는 상황이다. 셋째, 경제 구매자와 직접적인 만남이 이루어지는 경우로, 이때는 이미 사용 구매자의 신뢰를 바탕으로 한 긍정적 환경이 조성된 상태이기 때문에 협상이 훨씬 수월하게 진행될 수 있다. 이러한 결과들은 모두 강점을 효과적으로 활용하고 고객사의 니즈를 충족시키기 위한 치밀한 준비와 실행에서 비롯된다.

빨간 경고 깃발과 강점 최대화는 전략적 판매의 두 축으로서 서로 보완적인 역할을 한다. 빨간 경고 깃발은 세일즈 과정에서 발생할 수 있는 장애물을 조기 진단하고, 강점 최대화는 그 장애물을 넘어서려는 해결책을 제공한다. 두 도구를 동시에 사용할 수 있을 때 세일즈 담당자는 고객의 니즈에 더욱 효과적으로 대응할 수 있으며, 단순한 판매 활동을 넘어 고객과의 신뢰를 기반으로 한 장기적인 협력 관계를 구축할 수 있다.

성공적인 세일즈는 불확실성과 장애물 속에서 단순히 문제를 발견하는 것이 아니라, 이를 기회로 전환하는 능력에서 비롯된다. 세일즈 담당자는 고객이 마주한 장애물을 자신의 강점으로 해결해 주는 조력자가 되어야 한다. 그런 의미에서 빨간 경고 깃발은 우리에게 문제를 보여주고, 강점 최대화는 그 문제를 넘어서기 위한 다리를 놓아 고객 중심의 솔루션에 이르게 한다. 사실상 복합판매는 이 두 개의 축을 끊임없이 반복하는 과정이라고 할 수 있다.

9 성과는 시작일 뿐, 성취가 거래를 완성한다

판매는 단순히 제품을 전달하는 행위가 아니다. 이는 고객의 조직적 목표와 개인적 욕구 모두를 충족시키는 '성취를 주는 성과 제공의 과정'이다. 우리가 흔히 성과에만 초점을 맞춘다면, 눈앞의 단기적 성공에 만족할 수는 있겠지만, 장기적으로 고객의 마음을 얻는 데에는 실패할 것이다. 복합판매 세계에서 전략적 판매의 본질은 조직이 원하는 성과results를 제공하면서 동시에 개별 구매자가 진정으로 원하는 성취win를 충족시키는 것이다. 성과는 거래의 필수 조건일 수 있지만, 이를 최종 목표로 삼아서는 안 된다. 성취를 모르는 거래는 비유하자면 숲은 보되 나무는 보지 못하는 셈이다.

판매 사례 하나를 들여다보자. 중소기업을 대상으로 영업하는 사무용 가구 회사가 있었다. 이 회사의 영업 담당자는 확장 중인 한 스타트업을 대상으로 최신 사무 환경 구축을 제안했다. 그는 해당 가구의 내구성, 가격 경쟁력, 공간 활용도에 관한 철저한 분석과 투자 회수 계획까지 포함한 성과 중심 제안서를 준비했다. 제안은 스타트업의 재무 담당자와 시설 관리자로부터 높은 평가를 받았다. 하지만 최종 의사결정권자인 스타트업 대표는 의외로 결정을 미루다가 결국 경쟁사의 제품을 선택했다.

나중에 알게 된 사실이지만, 그 대표는 회사의 브랜드 이미지와 기업 문화를 중요시하는 사람이었다. 경쟁사의 가구는 비록 더 비쌌지만, 회사의 혁신적 이미지를 시각적으로 표현할 수 있는 독특한 디자인을 제공했던 것이다. 직원들의 창의성을 자극하고 투자자들에게 좋은 인상을 줄 수 있는 사무 공간을 만드는 것은 대표에게는 단순한 비용 절감보다 더 큰 개인적 성취였다. 이 사례는 뛰어난 성과 제안에도 불구하고, 핵심 의사결정자의 개인적 성취를 충족시키지 못했을 때 거래가 실패할 수 있음을 명확히 보여준다.

이처럼 판매자는 거래 과정에서 성과와 성취의 균형을 맞추어야 한다. 성과는 조직적 차원의 객관적 결과를 상징하는 반면, 성취는 고객의 개인적 만족과 심리적 욕구를 충족시키는 것이다. 두 가지는 거의 대부분 일치하지 않는다. 달리 말해, 동일한 제품을 판매한다고 해서 모든 고객이 똑같은 가치를 느끼지는 않는 이치다. 한 고객에겐 높은 ROI가 매력적일 수 있지만, 다른 고객은 그 제품이 자신의 업적을 돋보이게 하는지를 더 중요하게 생각할지도 모른다. 결국 구매자의 마음은 상품 자체의 객관적 속성에 의해 움직이기보다 각자에게 중요한 '개인적 성취 요소self-interest'에 의해 좌우된다.

판매자는 구매자의 성취를 단순히 추측하거나 어림짐작해서는 안 된다. 세 가지 접근법이 이를 돕는다.

첫 번째는 성취를 추론하는 일이다. 구매 영향을 미치는 사람들의 공통된 유형별 특성을 분석해 성취 요인을 예측하는 것이다. 예컨대, 경제 구매자는 비용 절감과 투자 대비 효율성을 우선시할 가능성이 크다. 반면, 기술 구매자는 높은 기술적 신뢰성과 규격 충족 여부를 중요하게 생각할 것이다. 테이블 위의 기본적인 정보를 활용해 성과를 성취와 연결하는 작은 실마리를 찾는 것이 바로 이 단계의 핵심이다.

두 번째는 구매자에게 직접 묻는 것이다. 그러나 여기에서 중요한 점은 어떻게 묻느냐다. 정답을 강요하거나 취조하듯 질문해서는 안 된다. 개방형 질문으로 시작해 구매자의 자유로운 의견을 유도하고, 심층적인 대답을 통해 구매자의 진정한 니즈를 찾아야 한다. "이 사무 공간이 귀사의 기업 문화에 미칠 영향은 무엇이라고 생각하십니까?" 혹은 "이 가구가 직원들의 일상에 어떤 변화를 가져올 것으로 기대하십니까?"와 같은 질문이 구매자의 숨겨진 성취 요소를 드러내는 열쇠가 될 수 있다.

마지막 접근 방식은 조직 내 코치를 활용하는 것이다. 내부 네트워크와의 신뢰를 통해 해당 구매 영향력 행사자가 진정으로 무엇을 원하는지 미리 사전에 파악하는 것이다. 하지만 판매자는 코치에게 자신의 역할을 완전히 위임해서는 안 된다. 코치와의 대화에서도 "김 대표님이 가장 중요하게 생각하는 성취 요소는 무엇인가요?" 혹은 "이 가구 구매를 통해 김 대표님이 얻고자 하는 개인적 성취는 어떤 것인가요?"와 같이 주도적인 질문을 던져야 한다.

이 모든 과정을 통해 판매자는 성과의 행간을 읽고 물 밑에 감춰진 구매자의 개인적 동기를 해석해야 한다. 이러한 통찰력은 단순히 조직 전반의 이익을 넘어, 고객 개개인이 느끼는 성취를 중심으로 맞춤형 솔루션을 제안하는 데 큰 영향을 미친다.

앞서 언급한 사무용 가구 판매 사례로 돌아가 보자. 만약 판매자가 스타트업 대표의 성취 요소를 미리 파악했다면 어떻게 접근했을까? 아마도 "저희 가구는 비용 효율성뿐만 아니라, 귀사의 혁신적 이미지를 반영할 수 있는 맞춤형 디자인 옵션도 제공합니다"라고 제안했을 것이다. 또는 "이 가구는 방문객과 투자자들에게 귀사의 기업 문화와 가치를 효과적으로 전달할 수 있는 시각적 요소를 갖추고 있습니다"라는 접근법으로 대표의 개인적 성취를 충족시켰을 수 있다. 결과적으로 대표의 개인적 성취를 충족시키지 못한 것은 고객의 내면적 니즈 분석의 실패였다고 볼 수밖에 없다.

성과는 성취의 전제조건이다. 하지만 그 두 개념을 동일시해서는 안 된다. 성과는 객관적 데이터로 증명 가능하지만, 성취는 다양한 구매 영향력자들의 마음에 자리 잡는 심리적 결과와 연결된다. 따라서 판매자는 최종 의사결정권자의 개인적 동기를 파악하고 이해하는 데 초점을 맞추어야 한다. "내가 그 자리에 있었다면 우리 같이 좋은 회사와의 계약에 바로 사인했을 텐데"라는 사고방식도 경계가 필요하다. 내 생각과 고객의 생각은 다를 수밖에 없다는 냉철한 인식을 갖추어야 한다는 의미다.

전략적 판매에서 최종 목표는 고객의 성취와 성과를 동시에 충족시켜 깊은 신뢰 관계를 구축하는 데 있다. 단기적 거래에 그치지 않고, 장기적 파트너십을 유지하기 위해서는 성과와 성취를 조화롭게 연결하는 복합판매 전략이 요구된다. 즉, 성과로 시작하되 성취로 완성하는 것이 전략적 판매의 진정한 성공이라 할 수 있다. 앞선 시나리오 5가지 사례가 이를 잘 보여주고 있다.

요약하면 "고객은 제품 자체가 아니라, 그것을 통해 느끼는 성취를 산다"는 것이다. 이 말이 곧 복합판매 세계에서 전략적 판매가 나아갈 방향을 단적으로 보여준다. 전략적 판매 전문가는 항상 이 점을 명심해야 한다.

10 전략적 파트너십을 위한 숨은 조력자를 찾아라

전략적 판매는 단지 상품을 전달하거나 서비스를 제공하는 것을 넘어, 고객사와 신뢰를 구축하고 장기적인 협력 관계를 형성하는 여정이다. 그러나 이 여정이 성공적이기 위해선 무엇보다 올바른 '코치'를 만나고 이들과 협력할 줄 아는 능력이 중요하다. 이른바 복합판매에서 가장 독특한 유형의 구매자인 코치는 단순한 정보 제공자를 넘어 판매 목표를 달성하기 위한 전략적 가이드 역할을 한다. 그렇다면 올바른 코치를 찾고, 육성하며, 재평가하는 과정은 어떻게 이루어져야 할까?

우선, 잠재 코치와 진정한 코치를 구별하는 것이 중요하다. 과연 나에게 실질적으로 도움을 줄 코치는 누구인가? 단순히 개인적으로 친분이 깊거나, 내 상품을 좋다고 말해주는 사람이 진정한 코치일까? 판매 목표에 실질적인 영향을 미치고, 나를 지원하며, 특정 목표를 달성할 수 있도록 직접적인 도움을 줄 수 있는 사람만이 진정한 코치라고 할 수 있다. 그렇기 때문에 코치 발굴의 첫 단계에서 반드시 세 가지 기준을 적용해야 한다. 첫째, 그 코치가 나와 신뢰 관계를 형성하고 있는가, 둘째, 코치가 고객사 내부에서도 신뢰를 받고 있는가, 셋째, 해당 코치에게 나의 성과가 그의 개인적 성취와 연결되어 있는가를 반드시 평가해야 한다. 이 세 가지를 충족하지 않는다면 그는 그저 잠재 코치일 뿐이다.

물론 잠재 코치를 진정한 코치로 변모시키는 과정도 필요하다. 이 과정에서 중요한 것은 끊임없는 재평가와 검증이다. 여기서 다다익선의 원칙이 적용된다. 고객사 내부에 코치들이 많을수록 판매자는 더욱 유리한 위치를 점할 수 있다. 하지만 단순히 수를 늘리기만 해서는 안 된다. 각 코치가 제공하는 정보가 정확한지 알아보기 위해 교차 검증을 진행해야 한다. 예를 들어, 기술 구매자, 사용 구매자, 경제 구매자 등 다양한 구매 영향력자들과 개별적으로 대화하며 서로 다른 의견들을 비교하는 방식으로 검증할 수 있다. 이러한 교차 검증 과정을 통해 코치의 신뢰성을 재확인하고, 고객사가 실제로 어떤 방향으로 움직이고 있는지 더 깊이 이해할 수 있다.

사례를 하나 들어보자. 한 컴퓨터 판매자가 자신의 친한 친구였던 고객사의 중간관리자를 통해 초기 두 번의 판매를 성공적으로 성사시킨 경우가 있었다. 하지만 친구는 직무가 변경되면서 더 이상 판매를 도와줄 수 없는 상황이 되었다. 이때 판매자는 솔직하게 친구에게 도움을 요청했고, 새로운 적합한 코치를 소개받아 세 번째 판매도 성공적으로 마무리할 수 있었다. 이 사례는 솔직함과 신뢰를 기반으로 한 코치 개발의 중요성을 잘 보여준다. 코치가 상황 변화로 인해 직접 도움을 줄 수 없게 되었을 때, 새로운 코치로 자연스럽게 이어지도록 관계를 확장하는 과정 또한 인맥 구축의 핵심이다.

때로는 경제 구매자의 입지나 영향력을 확인하는 데 어려움이 따를 수 있다. 이를 해결하기 위해서는 직접 미팅을 요청하거나 교차 검증을 통해 다양한 의견을 종합하여 명확한 결론을 도출해야 한다. 예를 들어, 같은 경제 구매자에 대해 기술 구매자는 긍정적인 평가를, 사용 구매자는 부정적인 평가를 내놓았다면, 객관적인 진실을 파악하기 위해 직접적인 접촉과 추가 검증이 필요하다. 이러한 과정에서 경제 구매자의 실제 입지와 회사 내 환경이 명확히 드러나게 된다. 특히 교차 검증을 통해 진정한 실세와 협력할 수 있는 전략적 판단이 가능해진다.

여기서 중요한 것은 영업자의 감각, 즉 직관도 무시해서는 안 된다는 점이다. 코치와의 모든 논의와 정보가 이상적으로 보이더라도, 만약 내면적으로 불편함이 느껴진다면 반드시 그 느낌을 점검해야 한다. 전략적 판매자는 코치에 대한 감정을 명확히 정리하고, 필요하다면 새로운 코치로 대체하는 유연함을 가져야 한다. 논리적 분석과 직관적 감각, 사실 확인의 조화를 통해 최적의 전략을 도출하는 것이 전략적 판매자의 진정한 능력이다.

결국, 코치는 단순한 조언자를 넘어 판매를 돕는 가장 중요한 조력자다. 이들은 정보와 전략의 기초를 제공하며, 때로는 장애물을 제거하는 데 도움을 줄 수 있는 귀중한 자원이다. 하지만 모든 코치가 완벽할 수는 없다. 따라서 다시금 강조하건대 전략적 판매자는 코치의 역할과 영향력을 끊임없이 재평가하고 검증해야 한다. 이 과정에서 진정한 코치가 되기 위해 필요한 자질을 갖춘 인물들을 발굴하고 이들과 신뢰 관계를 구축하는 여정이야말로 복합판매 전략 프로세스에서 가장 핵심이 되는 활동 중의 하나라고 말할 수 있다.

에필로그 ───────────────── AI 시대, 대체되지 않는 영업의 조건

AI 시대, 영업도 변하고 있다. 아직까지는 국가와 산업, 업종에 따라 편차가 심하지만 AI가 부상하면서 세일즈라는 업무 역시 변화해 가고 있다. 기업의 고객관계관리CRM 시스템부터 데이터 분석, e메일 작성과 일정 조율까지, 한때 영업사원의 필수 업무였던 상당 부분이 이미 AI 에이전트의 손에 넘어갔다.

클릭 몇 번이면 고객 데이터를 분석하고, 자동화된 맞춤형 e메일을 발송하며, 심지어 미팅 일정까지 스스로 잡아주는 서비스가 점점 더 보편화되고 있는 것이다. 이는 영업팀이 행정 업무 대신 본연의 판매 활동에 더 많은 시간을 쏟을 수 있게 만들었다. 겉으로 보면 긍정적인 변화다. 누구도 비효율을 고집하지는 않으니까.

하지만 여기서 다음과 같은 질문을 던져볼 필요가 있다. "AI가 넘보기 어려운 영업의 영역은 무엇인가?" "인간 영업대표 고유의 역할은 무엇인가?" 그 답은 '고맥락 영업'에 있다. 흔히 B2B 영업으로 불리는 '복합판매complex sale'의 영역은 AI에 대체되기 어려운 고유한 인간 영업대표의 역량을 요구한다. 이는 단순히 판매 스크립트의 문제도, 고객 데이터를 표준화한다고 해서 해결될 문제도 아니다. 오히려 이 영역은 데이터를 넘어선 고객사

내 다양한 구매 영향력자들 간의 맥락을 이해하고, 그것을 기반으로 의사결정을 끌어내는 능력이 핵심이다.

왜 AI는 B2B 영업을 완전히 대체할 수 없는가?

복합판매가 복잡한 이유는 그 본질이 단순한 거래가 아니기 때문이다. 특히, 중대형 엔터프라이즈 영업으로 갈수록 그렇다. 이 경우 기업 간 거래는 대체로 규모가 크고 거래 주기가 길다. 동시에 하나의 계약 성공을 위해 고객사 내부의 수많은 의사결정권자의 승인과 협조가 필요하다. 다시 말해, 단순한 개인 소비자 대상의 B2C 판매나 저맥락 기반의 B2B영업과는 차원이 다른 복잡성을 지닌다.

여기서 핵심은 두 가지다. 첫 번째는 파편화된 데이터다. 복합판매에서는 수많은 고객 정보를 다루어야 하지만, 기업마다 비즈니스 규모, 산업 유형, 조직 문화를 비롯한 맥락이 다 다르다. 데이터를 표준화하려고 들수록 오히려 유의미한 해석을 놓치게 된다. 언제나 정보와 맥락의 사각지대가 발생한다. AI는 정보를 관리할 수는 있으나, 이 파편화된 데이터를 맥락적으로 엮어 의미를 도출하기에는 역부족이다.

두 번째는 암묵지tacit knowledge다. 영업은 단순히 문제를 푸는 수학적 접근이 아니다. 고객의 니즈는 늘 드러나 있지 않으며, 그 니즈를 제대로 포착하려면 맥락적 이해와 공감 능력이 중요하다. 맥락을 따라 던지는 고차원의 질문 능력은 말할 것도 없다. 이는 고객사 내부의 정치적 역학관계, 구매 담당자의 개인적 동기, 그리고 끊임없이 변화하는 경제적 환경을 종합적으로 이해하는 인간의 통찰과 직관적 능력에 달려 있다.

사람만이 할 수 있는 일: 형식지와 암묵지의 조화

AI는 데이터를 기반으로 통찰을 만들어낼 수 있고, 놀라운 방대한 데이터를 효과적으로 분석해 준다. 하지만 그것만으로 판매의 성공을 보장할 수는 없다. 형식지explicit knowledge, 즉 데이터 기반의 사실과 정보는 하나의 초석일 뿐이다. 이를 바탕으로 축적된 인간 고유의 암묵지와 결합해야만 실제로 전략적인 영업이 가능해진다.

이 두 가지를 조화롭게 다루는 것이 바로 B2B 영업대표의 핵심 역량이다. 예를 들어, 영업대표는 단순히 데이터를 보고 가장 합리적인 매출 전략을 제안하는 데서 그치는 것이 아니라, 고객사 내부의 의사결정 네트워크를 이해하고, 각 이해관계자의 니즈와 우선순위를 감지하며, 그들의 신뢰를 얻어 최적의 결론을 이끌어 내는 것이 역할이다. 이것은 단순한 자동화로는 해결할 수 없는, 다차원적인 인간 영업대표 고유의 영역이다.

AI 시대, 고맥락 영업만이 살아남는다

AI가 가장 잘하는 것은 반복적이고 정형화된 업무다. 언급한 대로 CRM 시스템과 연동된 AI 에이전트는 고객 데이터를 분석하고 맞춤형 제안을 자동화하며, 일정 조율 및 미팅 예약까지 처리한다. 하지만 AI가 모든 것을 완벽히 대행하기는 어렵다. 그것은 AI가 본질적으로 인간적 맥락을 이해하는 척할 뿐 실제로 이해하지는 못하기 때문이다.

상상력을 좀 더 발휘하여 휴머노이드 로봇이 음성 변조를 한 후 직접 전화를 걸고 미팅도 하며 고맥락 기반의 전략을 수립한 후 계약까지 이끄는 날은—적어도—이 글을 보시는 여러분들 생에서는 보기 어려울 것이다. 설사 실현이 된다 하더라도 고위험이 따르는 판단과 책임 소재는 결국 인간 영업대표가 맡는다.

결국, B2B 영업은 단순 정보 전달자를 넘어, 기술을 활용하는 휴먼 터칭 영업의 고수가 되어야 하는 것이다. 이는 거래라는 행위 자체를 뛰어넘어, 상대방의 세계를 헤아리고 그 세계 속에서 스스로를 가장 적합한 파트너로 자리 잡는 과정이다. 이 복합적이고 인간적인 기술은 결코 자동화될 수 없다.

결론적으로 AI는 판매 현장에서 중요한 역할을 하고, 앞으로도 더 많은 혁신을 가져올 것이다. 그러나 잊지 말아야 할 점은 AI가 가장 잘할 수 있는 일은 어디까지나 자동화된 반복 업무와 복잡한 데이터 처리라는 점이다. 고객 접점의 고맥락 상황 속에서 신뢰와 관계를 기반으로 문제를 해결하고 가치를 창출하는 능력은 인간만이 감당할 수 있는 고유한 영역이다.

AI 시대로 빠르게 달려가고 있는 지금, 진정 중요한 질문은 이것이다. 당신은 단순히 데이터를 다루는 영업자인가, 아니면 맥락을 읽고 관계를 구축하며 인간의 고유 가치를 전달하는 전략 기반의 복합판매 전문가인가? AI 시대에도 살아남을 영업은 후자, 즉 고맥락 영업에 있음을 잊지 말아야 한다

격이 다른 세일즈 그들은 다르게 판다

초판 1쇄 발행 2025년 12월 5일

지은이 박주민

편집 윤소연, 공홍
마케팅 이유림, 임주성 **경영지원** 이지원
펴낸이 최익성 **펴낸곳** 파지트
표지 디자인 페이퍼컷 장상호 **내지 디자인** 공홍

출판등록 제2021-000049호
주소 경기도 화성시 동탄원천로 354-28 **전화** 070-7672-1001
이메일 pazit.book@gmail.com **인스타** @pazit.book

ISBN 979-11-7152-122-7 (03320)

- 이 책 내용의 일부 또는 전부를 재사용하려면
  반드시 저작권자와 파지트 양측의 동의를 받아야 합니다.
- 책값은 뒤표지에 있습니다.

THE STORY FILLS YOU
책으로 펴내고 싶은 이야기가 있다면, 원고를 메일로 보내주세요.
파지트는 당신의 이야기를 기다리고 있습니다.